U0456279

中华经典研习丛书

朱子治家格言

句解

钟茂森 著

团结出版社

图书在版编目（CIP）数据

朱子治家格言句解 / 钟茂森著. -- 北京：团结出
版社, 2024.3

（中华经典研习丛书）

ISBN 978-7-5234-0284-9

Ⅰ.①朱… Ⅱ.①钟… Ⅲ.①《朱子家训》—注释
Ⅳ.①B823.1

中国国家版本馆CIP数据核字(2023)第133261号

出版： 团结出版社

　　（北京市东城区东皇城根南街84号 邮编：100006）

电话： (010) 65228880　　65244790　（传真）

网址： www.tjpress.com

Email： 65244790@163.com

经销： 全国新华书店

印刷： 北京天宇万达印刷有限公司

开本： 145×210　1/32

印张： 61.25

字数： 1257千字

版次： 2024年3月　第1版

印次： 2024年3月　第1次印刷

书号： 978-7-5234-0284-9

定价： 192.00元（全六册）

前　言

　　《朱子治家格言》，作者朱柏庐，明末清初著名的理学家、教育家，他又名用纯，字致一，本文也称为"朱柏庐治家格言"，或者"朱用纯治家格言"。

　　朱子一生潜心学问，以礼自持，在"学而时习"中，做到知行合一，临终留给弟子们的遗嘱意味隽永："学问在性命，事业在忠孝。"

　　他一生著作很多，除了《朱子治家格言》，还有《四书讲义》、《春秋五传酌解》等等。

　　《朱子治家格言》，是讲求道德修养、行为规范的准则，是劝人勤俭治家、安分守己的一篇家训，故也称《朱子家训》。

　　《朱子家训》被陈弘谋先生选入《五种遗规》，是朱子综一生之学养，完全秉承圣哲祖先的教诲，给家族子孙的一篇训诫文。其内容涉及洒扫应对，择偶交友，求学立志，家业道业，修身齐家，治国平天下等社会人生的诸多方面，集儒家做人处世方法之大成，因其思想植根深厚，极富智慧涵养，所以300年来脍炙人口，家喻户晓，其中一些句子已成为至理名言，对当时以及后学者产生了极大影响，在复兴中华文化的今天，不仅是修身良箴，更成为伦理道德和因果教育的绝佳基础教材。

格言大多是以激励为主的语句，言简意赅，可以作为人们的行为规范。本篇格言是劝勤、勉学、励志、诲诚、修身乃至明德的一篇家训，篇幅短小，字字珠玑，虽义理宏深，而读来浅易，更切实用，也愈见朱柏庐夫子道德学问之深厚，我辈感念朱夫子垂诚训示之恩德，以至诚心读诵受持此文，必将于敦伦尽分中，实现家和人乐，乃至国清宇宁，社会和谐。

钟茂森博士几十年人生，得益于祖辈、父辈的传统教育，可谓家学渊源。作为一名著名金融学博士、教授，他心存高远，志在圣贤，放下世间名位，师从海内外闻名的传统文化大德，一门深入，专心学习，讲解儒释道三家经典，加之生活点滴之中笃实的力行，不断培养自己的真实智慧，所谓"修德有功，性德方显"，几年来累计做了1000多个小时的修学心得报告，把先祖先哲的圣贤之道解读得圆通自在，得到多方赞誉，深受海内外各界人士的推崇。

本研习报告20个小时，计15万字，是钟博士道德学问、涵养功夫的真实呈现。《朱子治家格言》五十四句话，博士每一句都先从事上来开解，以存养学人之仁心，然后再从心上提起我们的正念，升华我们学习的心境，又辅之以生动浅显的古今案例，让我们在细致领会圣贤教诲的过程中，从事上、心上提起观照，为日后的落实找到下手处，真正做到学以致用。

"记问之学，不足为人师"，博士的报告，让我们再次领悟智慧靠养，不是学来的；智慧是由定来的，不是外来的。道德是实学内功，养慧先要养心，一部《朱子治家格言》，孩童时母亲买回家，并亲自讲解，此后读诵受持，今年37岁的博士，体会、力行了整整30年。"逝者如斯夫"，几十年岁月流逝，而博士道德之根愈深，是智慧的母亲，卓尔不群，才有"志于道，据于德，依于仁，游于艺"为我们宣讲圣贤教诲的博士，感恩祖先，感恩钟妈妈！

博士在报告中，谆谆提醒，把圣贤教诲放在心中，就与圣贤心心相应；能够把圣贤风范力行实践到自己的生活中，我们便与圣贤无二无别。言为心声，语境心境，朴实无华，醇厚世情，含摄道义，我辈学人如果不能把自己的心境置换成圣贤心，那是入宝山而空手回，遇到圣贤，当面错过，枉负圣贤与博士同心同志之宣说演绎，更辜负一世为人，岂不哀哉可伤？

"业精于勤，荒于嬉"，勿再慨叹"一事无成人渐老，一钱不值何消说"！过去成为历史，未来还没有来到，只有今天可以把握；而未来的明天，是由一个个的今天构成，欲知明日结果，还看今朝造作，可不慎乎？

博士又教诫我们，什么事情，只要肯做，无有不至者。这是自己的事情，求人难，求自己简单，大道至简，何故还在因循守旧、固步难前？道业未成，无常至速！岂可再悠悠放任，蹉跎一生？不能够成圣成贤，是志愿不坚。愿我辈学人、同仁以及诸位有缘朋友、家门弟子，遵规守训，孝悌和顺，立志圣贤，一心向道，勉力精勤，切勿再误！圆满成就，即在当下，所谓"仁远乎哉？我欲仁，斯仁至矣！"

我们相信，《〈朱子治家格言〉句解》之成书，一定对导正人心、和谐社会大有裨益，因其字里行间，处处都是伦理道德因果的教育，有缘者学之，不仅修身齐家，也会治国平天下，乃至实现社会之和谐。

印光祖师遗训：若欲挽回世道人心，唯靠推动因果教育。安士先生曰："人人知因果，大治之道也；人人不信因果，大乱之道也。"当代大德也常以各位祖师之遗训教化社会人心，效果显著。

《朱子治家格言》，虽只有《弟子规》一半的篇幅，却圆满地明发修身乃齐家治平之本，不仅是儒家最好的一篇道德教育教材，更难得的，是其中道理都渗透着因果报应理念，且句句朗朗上口，便于读诵受持。

作为一篇深受推崇的优秀家训，可惜的是书店里或市面上很难见到其讲解、易解书籍，或者光盘。钟博士2009年9月在国内用普通话讲解20个小时之后，反响非常好，12月初又应邀在香港用粤语讲解一遍，许多人听了钟博士《朱子治家格言》的讲解，非常欢喜，有要刻碟的，有要等书稿整理之后印书的，还有的朋友希望能有一本《朱子治家格言》的句解。古德云"一时劝人以言，百世劝人以书"，为飨读者，我们不揣浅陋，尽快将博士的讲解打印校对，整理编辑成本书。由于时间有限，更是德能不足，一定会有疏漏，请各位朋友多多包涵，并真诚期望仁者、大德不吝赐教，无限感恩。

——编者敬书

目　录

朱子治家格言

黎明即起。洒扫庭除。要内外整洁。

既昏便息。关锁门户。必亲自检点。

一粥一饭。当思来处不易。半丝半缕。恒念物力维艰。

宜未雨而绸缪。毋临渴而掘井。

自奉必须俭约。燕客切勿留连。

器具质而洁。瓦缶胜金玉。饮食约而精。园蔬愈珍馐。

勿营华屋。勿谋良田。三姑六婆。实淫盗之媒。

婢美妾娇。非闺房之福。奴仆勿用俊美。妻妾切忌艳妆。

祖宗虽远。祭祀不可不诚。子孙虽愚。经书不可不读。

居身务其质朴。训子要有义方。

勿贪意外之财。莫饮过量之酒。

与肩挑贸易。毋占便宜。见贫苦亲邻。须加温恤。

刻薄成家。理无久享。伦常乖舛。立见消亡。

兄弟叔侄。须分多润寡。长幼内外。宜辞严法肃。

听妇言。乖骨肉。岂是丈夫。重赀财。薄父母。不成人子。

嫁女择佳婿。毋索重聘。娶妇求淑女。勿计厚奁。

见富贵而生谄容者。最可耻。见贫穷而作骄态者。贱莫甚。

居家戒争讼。讼则终凶。处世戒多言。言多必失。

毋恃势力而凌逼孤寡。勿贪口腹而恣杀牲禽。

乖僻自是。悔误必多。颓惰自甘。家道难成。

狎昵恶少。久必受其累。屈志老成。急则可相倚。

轻听发言。安知非人之谮。当忍耐三思。因事相争。

安知非我之不是。须平心再想。施惠无念。受恩莫忘。

凡事当留余地。得意不宜再往。

人有喜庆。不可生妒忌心。人有祸患。不可生喜幸心。

善欲人见。不是真善。恶恐人知。便是大恶。

见色而起淫心。报在妻女。匿怨而用暗箭。祸延子孙。

家门和顺。虽饔飧不继。亦有余欢。

国课早完。即囊橐无余。自得至乐。

读书志在圣贤。非徒科第。为官心存君国。岂计身家。

守分安命。顺时听天。为人若此。庶乎近焉。

第一讲　作者生平 内容简介

尊敬的诸位朋友,大家好!

我们今天一起来研读《朱子治家格言》。这一篇文章虽然很短,但是脍炙人口,流通非常广泛,清朝以来,孩童从小就开始诵读,大家都耳熟能详。

首先我们简单介绍一下朱子其人。

一听到朱子,很多人可能会误以为是南宋时代的朱熹。《朱子治家格言》的作者,是明末清初的朱柏庐先生。他是著名的理学家、教育家,他又名用纯,字致一,所以这篇文章有时候也称为"朱柏庐治家格言",或者"朱用纯治家格言"。

朱子是昆山人,在明朝末年考取秀才。后来清军入关,他的父亲在抵御清军的时候遇难,此事对他震动很大,他决心像父亲那样,绝不屈膝,一定要坚持民族气节。所以他一直没有在清朝做官,一生潜心治学,专学程朱理学,并在自己家乡教授学生,提倡"知行并进",也就是说学了一定要去实践,做到"学而时习"。

他以礼自持,对自己要求非常严格,本身就做到了知行合一。在临终的时候，他留给弟子们的遗嘱是"学问在性命，事业在忠孝"十个字。这是朱子其人。

他一生著作很多，除了《朱子治家格言》，还有《四书讲义》、《春秋五传酌解》等等。

《朱子治家格言》，是讲求道德修养，行为规范的准则，劝人勤俭治家，安分守己的一篇家训。作者归纳了日常生活中的各种事务，并给出正确处理的原则和方法，很容易在生活中去运用和落实；只有54句，500多个字，篇幅短小，语言凝练，读来朗朗上口。300多年来传诵于全国，乃至东南亚华人地区，其中一些句子已成为至理名言，对当时以及后来学者产生的影响极大。

《朱子治家格言》流通的版本不同，字句有一些出入，但是不大，本次我们选用的是清朝陈弘谋所编集的《五种遗规》第一辑《养正遗规》中的版本。

作为一篇养正教材，《朱子治家格言》是中华传统美德的细化，是流传最广的家庭教育读物之一，我们于当今之世，学习研读朱子家训，小则格物致知、修养身心，大则齐家治国、和谐社会，虽是一时开卷，而意义深远。

古大德说，一分诚敬得一分利益；让我们以殷重的心领受先儒教诲。

治家格言 修身良箴

我们先看题目里的"治家格言"，治家格言就是家训。家训, 当然首先是对家里子弟所讲的, 语言非常地平实, 但却是字字珠玑, 每一字每一句都是深入浅出, 把人生的哲理为我们讲述出来。这是一篇很好的家庭教育的文章, 说它是格言, 也就是真理的意思, 真理之言, 是真、善、美之言, 这才称为格言。这个"格", 有《大学》里面所讲的格物的意思。这个"格", 王阳明先生翻译成正, 就是真正的这种言语。这个"格"还有什么意思? 讲得浅近一点还有格斗的意思, 格物就是跟我们的物欲格斗, 把物欲能够格除掉, 我们的心才正。所谓格物正心, 格物致知, 诚意正心, 这是修身之始, 就在于格物。说到治家, 也就是《大学》里讲的齐家, 齐家也好, 治国也好, 平天下也好, 都是以修身为本。所以我们看通篇的治家格言, 就是讲一个修身的道理, 确实它是以修身为本的。

说治家, 必定就涵盖《大学》所说的三纲八目。所谓三纲: "明明德, 亲民, 止于至善。""明明德"就是恢复我们本来具有的性德, 这个性德本来是明的, 是觉悟的, 现在只是被我们的烦恼、习气、毛病, 种种这些污染给障蔽住了, 所以"明德"就不明了。修身就是把原本的明德, 给它复明起来。能明明德, 那是自己的事情, 他对人必然能做到亲民, 就是也令别人明其明德, 令天下人明其明德, 这就是平天下。我与一切大众都明其明德了, 这就叫止于至善。

修身的功夫在于"格物、致知、诚意、正心"。格物就是放下自己的习气、烦恼、物欲, 这个物欲泛滥起来不得了, 那是我们堕落的一个根源。所以我们每天要跟它格斗! 把它降伏住, 就是朱熹夫子所谓的"存天理,灭人欲",这是格物的功夫。有了格物的功夫,才能致知,使我们本有的良知现前,我们用这种良知来待人、处事、接物,自己必然能做到诚意,这是意念真诚了。人在的时候、人不在的时候、幽居独处的时候,都是一样,这叫慎独。诚意的表现就是慎独,有诚意的功夫,心也就正了。心正是什么?心里无私,大公无私就是心正。所以格物、致知、诚意、正心,就是修身。说到治家,必定前面要做到"格物、致知、诚意、正心,修身",那么后面也就通"治国、平天下"了。自己身修好了,家也治好了,就能够影响国家,影响社会乃至世界。这也是我们现在国家领导人提出的和谐社会、和谐世界。这都是要从自己一身、一家开始修起的。

少遇家训 落实教诲

《朱子治家格言》这篇文章,我们应该把它作为非常重要的修身的文章。

虽然它只有500多个字(版本不同),差不多只是《弟子规》的一半,《弟子规》是1080个字,但是它所说的这些义理,完全不亚于《弟子规》,可以作为相辅相成的教材。末学个人,和这篇文章,也是非常有缘分。"文革"过后,那时我还很小,母亲在书店都买不到这种关于修身的书本,偶然之间在路边看到有人在卖那种毛笔字帖,里面有这篇《朱子治家格言》,母亲就买回来教我念,教我背,给我讲解,所以我从小就会背这篇文章。随着这几十年的成长，其实都是在不断地领会、不断地落实这篇文章的教诲。

由事到心 逐句解析

我们习讲这篇文章，可能跟以往有所不同，这次详细分析每一句话，每一句话都从两个方面来分析，一个是就事上来讲，如何来学习实践，就是每一句都找到下手处；一个是从心上来讲，我们如何领会里头的深义，进而能够真正导归到自心，变成自己的人生态度。

第二讲　克己身心 和谐世界

【黎明即起。洒扫庭除。要内外整洁。】

这篇文章总共分成五十四句话，第一句话往往是一篇文章里很重要的一句。

从字面上看，这句话非常地简单。"黎明"就是早晨，天刚亮的时候，我们必定要起床了，起床之后要扫地、擦拭，打扫家里各个房间的卫生。"庭除"就是庭院内外，内外都需要整洁。这句话就是告诉你，起来之后要打扫卫生。乍看起来好像没什么内容，但值得一提的是，中国古代文化的典籍，它能够成为传世之作，一般来讲，首句都有极其深刻的意义。我们看儒家很多的典籍、很多文章，它的第一句话，往往都是提纲挈领，涵盖了全篇的义理。譬如说，我们刚刚习讲过的《大学》，它首句就是："大学之道，在明明德，在亲民，在止于至善。"这一句话就涵盖了《大学》之道，"大学"就是大人之学，圣贤之学。

《论语》二十篇，"学而第一"篇，第一句话："子曰：学而时习之，不亦说乎？有朋自远方来，不亦乐乎？人不知而不愠，不亦君子乎?"这一句话也把圣学之道总结概括出来了。我们并非生而知之,所以必定要学。整个圣贤之道就是以"学"字为宗,宗就是纲领。"学而时习之"的"习"就是实践,学了就真干,真正落实到自己的生活行为当中。所以,以习为趣,这个趣有道路的意思,你要真正通晓圣贤的道路,就得实践,学是从理论上明白;把理论付诸行动,这是习的意思。这个"时"是圣学的关键,你能不能成就,你是不是时常在做,常常在做,不间断地在做,不间断地学,不间断地行,知行合一,知行并进,不间断,那么你最终必定成就圣贤。"不亦说乎"的"说(悦)"字,是学的受用,修学圣贤之道得到的果实,是甜美的,这种从内心里涌出来的喜悦叫法喜,它是你学而时习的动力,一句话就涵盖了圣贤之道!自己学,慢慢地别人知道你的学问功夫很好,都向你来讨教,从师于你,那么有朋自远方来,大家一起共学,这是非常快乐的。如果大家不知道你也没关系,"人不知而不愠",你也不会烦恼,这是真正的君子,绝对不会影响你学习的兴趣,绝对不会打击你实践的积极性。假如你能做到天天"学而时习",你就能天天"不亦说乎",这不是涵盖了整部《论语》了吗?《论语》讲什么?就是这句话的衍生而已。

　　《中庸》首句"天命之谓性,率性之谓道,修道之谓教",这是把整个圣贤的学问,这种深奥的义理,给我们解释出来了。"天命"就是我们的自性,自性本觉本善,《三字经》讲的"人之初,性本善",这个天命就叫作性;"率性之谓道","率"就是顺的意思,"率性"就是随顺着自性。循着自性,顺着自性,这个称为道。

这个道我们要修，"修道之谓教，"圣贤之教就是让我们随顺自性而修，这是讲到整个圣贤之道！

《孟子》首句，"孟子见梁惠王，王曰：叟不远千里而来，亦将有以利吾国乎？"梁惠王见到孟子就问了，"您老人家不远千里而来，对我们国家有什么利益？"开头就问利益，"孟子对曰：王何必曰利？亦有仁义而已矣。"你只要有仁义，还谈什么利益？你有了仁义，便是最大的利益，以仁义治国。这一篇的第一句也总结了《孟子》整篇的义理，《孟子》说什么？就是谈仁义。

我们来看看儒家的基础教材，《弟子规》第一句话，"父母呼，应勿缓"，我在之前对这一句话，讲了11个小时，这整个意思，我们去探寻："父母"，当然对眼前的父母，我们要尽到孝，父母对我们的希望，我们一定要做到，这是"父母呼，应勿缓"。父母希望我们成圣成贤，能成才，能够光宗耀祖，能够扬名后世，这是行大孝，哪个父母不希望？我们一定要成圣成贤，才算是做到了"父母呼，应勿缓"。"父母"，也泛指一切大众，《弟子规》讲，"事诸父，如事父"，大众对我们有什么希望？我们如何来帮助大众？这也是"父母呼，应勿缓"。所以这一句话，不就是说尽了圣贤之道？因此每一部经典的首句，都是提纲挈领的，万万不可小视。

本文"黎明即起，洒扫庭除，要内外整洁"这一句，也是一样，提纲挈领，也是把整篇《朱子治家格言》的义理给提取出来了，也是说尽了圣贤之道。正所谓"一即一切"，一句话涵盖一切义理，看你是不是能够深解义趣。读圣贤典籍，朱熹所谓的，要"虚心涵泳"，要把心虚掉、空掉。仔细地去玩味每一句话的义理,随着我们修学境界的提升,会对这个义理体会得愈来愈深刻。像这第一句话,我在小的时候,就认为它是早上起来打扫卫生,现在回头再看,其中的意思无穷尽。

这里有三层意思,每一层意思都可以从事上讲、从心上讲,也就是总共六层意思。从事上来讲,它有三层意思。第一个是讲早起,"黎明即起"就是早起。第二个教我们勤劳,能够做家务,"洒扫庭除"。第三个要"内外整洁",这是要整洁。所以早起、勤劳、整洁,从事上讲是这三个意思。实际上这种美德,不就是从小父母给我们耳提面命天天讲的吗?这是修身的大根大本。从心上讲,早起就有自强的意思,勤劳是表示恭敬,整洁是表清净的意思。我们一层一层地来分析。

首先看第一小节,"黎明即起"从事上讲,就是早上要早起,不能够晚睡,不能够晚起床。从生理上来讲,早起对健康都有好处。清朝的官员李鸿章,他在其家书里面就说到,"清晨之气最佳,终夜紧闭卧室之内,浊气充塞,一吸清气,精神为之一爽,百病皆除。"这是讲到早上外面的空气最清新,因为我们晚上睡觉把门窗都关起来了,我们呼出来的浊气充塞了房间,早上早起,到户外呼吸呼吸新鲜空气,精神爽利了,就百病不生。确实早起的人健康,这是什么?与天同步。天亮了,我们就起来,天黑了,我们就得休息。下面讲的"既昏便息",这是到晚间,该睡眠了我们就睡眠。人能够与天同步,这是最健康的生活,比吃什么补药都强得多。从修身的角度来讲,早起对我们修养品德也有好处,正所谓"一日之计在于晨",一天最重要的就是早晨的时间。《弟子规》

也讲"朝起早，夜眠迟，老易至，惜此时"，人生短暂，要想成就学业、事业、道业，必须应该早起，抓紧命光，不浪费我们的时间。

对一个家庭来讲，早起也是非常重要的。曾国藩先生，他在家书中曾经多次提到早起，强调早起。他说："晏起，为败家之凶德。""晏起"就是晚起床，这是败家的凶德，对一个家来说就不吉祥。为什么？晚起会把很多的事情都耽搁了，而且人会变得愈来愈懒散，愈来愈不振作。你要成就学业、事业，必须要有一种振作的精神，要发奋图强，如果晚起床，这股正气往往就慢慢的消解掉了。所以曾国藩先生说："治家以不晏起为本。"治家是以早起为根本，不能够晚起床。

所以《朱子治家格言》，第一句就讲要早起。曾国藩又说："勤字工夫，第一贵早起，第二贵有恒。"这个勤劳的勤，是成就我们的事业的关键，这个勤字的工夫，第一个讲的就是早起。天还没亮就该起床了，所谓"三更灯火五更鸡，正是男儿读书时"。真正有志气的人，抓紧时间，一天只有24个小时，你要一睡，有的人一觉睡到中午十一二点，这半天就过去了，你说他能做多少事情？所以第一就贵早起。第二贵有恒，就是持之以恒，就譬如说早起，早起是要持之以恒的。这点我母亲给我做了一个很好的榜样，她一生都是早起，为什么？因为我的姥姥就有早起的习惯，所以母亲也带动我早起，持之以恒就成习惯，就自然了。有的人可能听到钟老师今天讲这个"黎明即起"，好了，第二天早上很早就起来，四点钟起来。再过一天四点半起来，再过一天五点钟起床，再过一两天恐怕七八点都不起来。就是愈来愈懈怠，不能够有恒，这个不管用。所以早起、有恒，这是勤字的功夫，这是治家的关键。古人讲勤俭治家，治家一个讲的是勤字，一个讲的是节俭的俭字，这都是从事上来讲，要早起。

那从心讲我们怎么样领会这里头的意思？《易经》上讲："天行健，君子以自强不息。"这是君子要效法天那样，天上有日月，日月运行天天都是这样有规律，它是不息的，不会停止的。太阳每天早上都是从东方起，到晚上从西方落下去。这是君子看到天像这样的有恒，这样的自强不息，那么他们学了天之德，也能够做到自强不息。所以这一句的意思，是让我们要培养自强不息的精神，这是修身治家的根本。

再看第二小节，"洒扫庭除"，这句话表面上意思就是打扫卫生，从事上讲这是要我们学会勤劳。谚语说："业精于勤，而荒于嬉。"这个业，是把学业、事业、道业都包括在内，我们怎么能够成就我们的学业、事业、道业？必须要勤奋，要精进，如果是懒惰嬉戏，好逸恶劳，懒散懈怠，这就荒废了。所以世间法，乃至出世间法的成就，就在于这个精勤。我们要从小培养勤劳的美德。从哪里培养？早起打扫卫生，从这里培养，能够养好这样的品德，长大了治学，他也能勤于学业，工作也能勤于事业，他要是修道，他也能够勤于道业。所以这个"勤"字非常重要。

从心上讲，勤劳，这是一种恭敬的心态，所谓主敬存诚。心里面能够敬人、敬事、敬物，他行为上的表现必定是勤勤恳恳。所以"洒扫庭除"也是认认真真，是内外都整洁的。反过来，这种勤恳也是培养自己的敬事、敬物之心，恭敬在圣贤之学里头是极其重要的态度。《礼记》首篇《曲礼》，第一句话就说："曲礼曰：毋不敬。"这是强调恭敬，没有不恭敬的。古德说："一分诚敬，得一分利益；十分诚敬，得十分利益。"你的真正成就，其实是从恭敬心得来的。

曾国藩先生家书里面说到："诸弟不好收拾洁净……此是败家气象……一代疏懒，二代淫佚，则必有昼睡夜坐，吸食鸦片之渐矣。"这是告诫诸子弟，如果"黎明即起，洒扫庭除"做不到，他不能够收拾得干干净净，这就是败家的气象。从小可以看到大，因小果大，第一代人疏忽，疏忽是没有恭敬心，他懒散、不能够精勤，那么第二代就学着第一代，可能比第一代更糟，产生淫逸，骄奢淫逸，慢慢就会有什么？晚上不睡觉，像打麻将，现在有打游戏机的，有在外面过这些夜生活的，甚至有吸毒的，当时清朝末年吸鸦片的现象就很严重，这是什么？败家的征兆。他晚上不睡觉早上肯定起不来，黎明即起就做不到。所以治家要从自己做起，带动整个家族，要防微杜渐，对于小小细节的修养都不能马虎。

第三层意思，第三小节"要内外整洁"，这从事上讲就是要整洁。《弟子规》讲的："房室清，墙壁净，几案洁，笔砚正。"这是说到我们的房间，我们的家居内外，都要清洁。墙壁干净，地上也干净，桌面上一尘不染，文房四宝摆得整整齐齐。这种清洁、整洁的环境对我们读书、治学、生活、修养，都有很重要的影响。我们能够在清净、清洁的环境里学习、生活，我们的心就容易得到清净。书房如果能够做到窗明几净，那么你的学习，也能有事半功倍的效果。从心上讲，环境清净表内心的清净，"要内外整洁"，内是讲心地，外是讲环境，所谓"心净则国土净"，如果你心是清净的，肯定就能够让家居、环境非常的清洁、整齐，因为心和境是一如的，是不二的。

所以《大学》里讲的要治国平天下，在修身，修身在正其心。你的心正了，你的身也正，你的家也正，整个国也正，天下也正，为什么？心和身、家、国、天下不二，一正一切正，一歪也就一切歪，一净一切净，一染就一切染。我们环视世界，现在污染非常严重，环境污染已经引起各国科学家的呼吁，再不整治，可能几十年后，人类就不适在地球上生存了。探究污染的根源，还是在心地的污染，所谓人有贪、嗔、痴、慢，这些种种的恶念、烦恼，便会带来对环境的侵害。所以天灾人祸，我们不能够随随便便把它推出去，认为这是自然灾害，好像跟自己一点关系都没有，难道这个气候的变化，跟我们人类没有关系吗？目前地震、海啸频繁，跟人类没有关系吗？这种流感病毒，跟我们人类没有关系吗？乃至战争冲突，跟人类没有关系吗？都有着密切的关系。人心善才能感得环境的善，人心恶，环境自然就有这些天灾人祸，这是如影、如响，古人讲的"如响应声，如影随形"，这个因果报应丝毫不爽。

所以我们要使环境清净，世界和谐，必须从我自心做起，每个人都能从自心做起，转变贪、嗔、痴、慢，这便是构造人间净土的根本方法。当然要让大家一起来转，首先要自己转，不能说别人去转，我就没事了，那不行，因为什么？别人也是我的环境，这环境包括物质环境和人事环境，别人是人事环境。我心转了，境界也跟着转。所以"欲明明德于天下"，必须自己从修身做起，

"自天子以至于庶人"，都是以修身为本的。不论你的身份高低贵贱，上至天子（就是国家领导），下至平民老百姓，都是修身为本，以修身来改造世界，能不能改造？必定能。要有信心，圣贤苦口婆心就是告诉我们这一条，以修身为本。

我们要记住古谚语中所说的，"天下兴亡，匹夫有责"。匹夫是平民老百姓，是谁？就是我。我就是一个匹夫，对于天下兴亡有没有责任？有责任，而且是负完全责任，为什么？这个天下是我的天下，不是别人的天下，我的心正则天下就和平，我的心不正就影响天下，就不和平。所以和谐世界要从心开始，从谁的心开始？从我的心开始。所以"要内外整洁"，内是自己内心当中的每一个念头，我们都要警醒自己，看看这个念头是善的还是恶的，什么是善的？为别人的就是善的，什么是恶的？为自己就是恶的。为自己是自私自利，那是恶。为别人是大公无私，那是善。所以要从内心中每一个念头去细致地检点，这是内整洁。外整洁，必定能够影响家、国、天下，随着你的清净和谐、充满仁爱的念头，这个磁场慢慢就扩展，而使得整个世界都和谐了。

不仅世界和谐，乃至整个宇宙都可以和谐，所谓"爱心遍法界，善意满人间"。法界，人间的这个环境，不离自性。真正能够把这个道理搞透彻、搞明白了，我们就能够信心十足的去承当，直下承当！和谐世界乃至和谐宇宙，不是外面的事情，完全是我分内的事情。《论语》里面有一段夫子跟他弟子颜回的对话，颜回是孔老夫子弟子当中最贤德的，最受夫子的赞叹。颜回问仁，仁爱的仁，是什么意思？夫子告诉他，"克己复礼为仁"。什么是仁？能够克服自己的烦恼、习气、毛病、恶念，复礼是讲随顺礼教，随顺圣贤的教诲，那就成为仁了。念念都能够克己复礼，念念都不离开仁。所以夫子讲："一日克己复礼，天下归仁。"这一日是哪一日？不是昨日，也不是明日，就是今日！今日24小时，是哪个小时？不是过去那个小时，也不是未来的那个小时，是当下这个小时，这个钟点，就在当下，此时此刻你能够克己复礼，天下归仁。这是孔子给我们讲的最高的心法。当下克己复礼，当下天下归仁。天下归仁，用现在话来讲，就是和谐世界，当下你能做到！问题是你能不能够念念克己复礼，日日克己复礼，你果然能做到，那和谐世界就日日都能做到。

所以夫子告诉我们："为仁由己，而由人乎哉？"这个事情是自己的事情、分内的事情，哪里是外面的事情？哪里是别人的事情？所以古德教导我们，"以天下为己任"，这句讲得还不够彻底。为什么？事实上，讲天下就是自己，自己就是天下，天下跟自己是一不是二，天下以外没有自己，自己以外也没有天下。所以自己克己复礼，自己能够为仁，天下也就归仁了。这里讲的是"要内外整洁"的深义。内整洁了，外也就整洁了，内外一如。实际上根本没有内外，内和外是一不是二，这是和谐世界的大道理。

这第一句话的深义就无穷尽，所以《朱子治家格言》不可以小看，每一句话的意思，都是极其深广，要详细说起来都是要很长的时间，尤其这首句更要特别留意。

《朱子治家格言》总共有五十四句，时间有限，我们底下就简要一点。

第三讲　修养身心　防心离过

【既昏便息。关锁门户。必亲自检点。】

这个"既"是已经的意思，已经到晚上了，该休息的时候便要休息了，休息之前要查看一下门户，有没有关锁，这个要亲自去检查。这一句有两层意思，每一层都可以从事上讲，从心上讲。从事上来讲，这第一层意思，就是我们的夜生活要清净，不要搞得太晚，太晚睡觉不利于身体，也不利于自己的修养。第二个是讲家居要谨防盗贼，关锁好门户，安全起见。从心上讲也有两层意思，第一层"既昏便息"，这是要知止。第二层意思，"关锁门户，必亲自检点。"这是讲要防心离过。

我们先来看第一层，也就是这句的第一小节，"既昏便息"。从事上来讲，这是夜生活要清净，一个人的精神体力是有限的，一天的工作，到晚上也就疲倦了，应该入睡了。尤其是孩子，正在发育，正在求学，晚上不可以睡得太晚，太晚伤身体，晚上就寝的最好时间是九点半左右，这个时间，也就是进入了一天当中的冬季。一天有四季，春、夏、秋、冬，"一年之计在于春，一日之计在于晨"，早上三点到九点，这是春天的时间，要起床，要早起，也就是说早上三点钟以后就可以起来了。现在人睡得少不行，四点五点，也该起来了。夏天是九点到下午的三点，这段时间正是精力旺盛的时候。下午三点到晚上九点，是秋天时间。晚上九点钟到凌晨三点，这是一天的冬天。

正所谓春生、夏长、秋收、冬藏，人一天也是有这样的运作，春生就是早上你该起来了，白天工作精力旺盛，精神很好，接着夏长；然后秋收，慢慢到黄昏了，就得收了，所以五点钟就下班了；下班之后到晚上九点钟以后，这是属于冬天，就该休息了。所以一天的睡眠时间，晚上九点到次日三点之间最好。现在如果人觉得太早睡做不到，那十点到四点，或者是五点，这一段时间睡眠，对身体也是很好的。现在人晚上都会有应酬，都会有夜生活，这些确实对健康不利。尤其是应酬，特别是做生意的朋友，晚上都要陪客人吃饭、喝酒，这一吃一喝就到很晚了。吃完之后还去什么卡拉OK一下，桑拿一下，搞到晚上十一二点，甚至一两点才回家，都过了睡眠的时间，睡眠的时候不睡眠，那么工作的时候就不能有很好的精力。

所以这既损害健康，又对自己的学业、事业没有利益，应该尽量减免掉，能免则免。应该蓄养我们的精神，放到最有意义的学习、工作上。特别是有些夜生活中不健康的活动，像喝酒、打麻将、到夜总会等等，孩子们有时候上网吧，这些都是非常不利于健康的，也不利于自己道德学问的活动。实际上人是不是一定要晚上不睡觉，才能够把工作做好？不是这样的，真正要用智慧去安排自己的工作，安排自己的时间，要相信我们用这种健康良善的安排，一样也能够工作好、学习好，做生意也能挣钱。

像北京的一位董事长，他给我们做了很好的榜样，过去没有学习传统文化之前，那就是像一般生意场上的人一样，晚上喝酒，喝到很晚，夜生活，结果把身体都搞坏了，得了焦虑症。后来学了《弟子规》，学习中国传统文化，把这些不良习惯统统改过来了，晚上也不再熬夜，不再喝酒了，身体好了，精神好了，心情也愉快了，生意比以前更好了。他能改过自新，大家更信赖他，生意场上你能诚信，就会赢得顾客的信任，只会愈来愈好。尤其晚上喝酒，这是伤我们的智慧，所谓饮酒乱性，这个应当戒除掉！这是从事上讲，晚上夜生活要清净。

从心上来讲，这句话是告诉我们懂得知止。"既昏便息"，"息"就是休息，就是停止。那么我们的心也要有所止，《大学》里面讲："知止而后有定，定而后能静，静而后能安，安而后能虑，虑而后能得。"这个是什么？懂得知止。止是什么意思？就是我们的心有所定向，我们的心志有一定的方向，方向是什么？《大学》里面第一句话就是："在明明德。"恢复我们本性的明德，志在圣贤，这就是我们的心志之定向。所以能够知止，心里就有方向，有了主宰了，他就有定。心定了之后不会再妄动，这就是静，静就是心不妄动。心不妄动，静来下了，就能够安了，我们讲随遇而安，在哪里都能够安。心安就理得了，理得就是"虑"，这样，你就能够有智慧，考虑问题就会精细、周详，而不会有错，这是智慧现前了。

正所谓: 知止就能得定, 定了之后就能开慧, 佛门里面讲的戒、定、慧, 叫三学, 这是相通的。开了智慧, 你的言语造作一切行动都能够得其正, 那么你就能得了。得是什么? 得其所止, 所止就是你的目标、方向, 你就到达目的地了, 也就是得到圣贤的境界了, 这是得。所以这是告诉我们懂得知止。

这句的第二层是"关锁门户, 必亲自检点"。从事上讲, 这是家居要谨防盗贼, 特别是晚上。古今都是一样, 现代社会往往会有一些盗贼, 晚上偷盗, 有撬门这些现象。甚至如果遇到冤家, 盗贼进来谋财, 而且还害命, 这是很危险的, 所以门户要关锁好。从心上讲, 它里头有寓意, 关锁门户, 这个门户不仅是家居的门户, 还有心上的门户。心不再往外去攀缘, 把心关起来, 这是防心离过, 防止自己的这种贪心、嗔心、慢心, 种种不善的恶念起来。能够防心, 身就能够离过, 就没有过失了。必亲自检点很重要, 检点什么? 检点自己的内心, 看看心里头是善念多还是恶念多, 也就是为别人的多, 还是为自己的多? 是公心多, 还是私心多? 要检点! 曾子所谓的"吾日三省吾身", 天天都要自我检查, 这个就是佛门讲的忏悔。能够发现自己的过失了, 这叫开悟。发现过失之后把它改正过来, 这叫修行。改过自新这才是进步。

所以《了凡四训》, 明朝袁了凡先生写的家训, 教导他的儿子, 里面有一句话说得好, "一日无过可改, 则一日无步可进"。我们学圣、学贤, 希望天天进步, 进步怎么得来? 改过而来。人不是圣人, 必定会有过失, 正所谓"人非圣贤, 孰能无过。过而能改, 善莫大焉"。有过错并不值得我们羞耻, 为什么? 不是圣人, 就肯

定有过错，关键是我们有过错要把它改过来，不肯改过错，这才
是值得我们羞耻的。所以"有过能改，善莫大焉"，这是最大的
善，再没有比这个更大的善了，善莫大焉。那么这一天如果没有发
现自己有过失怎么办？那这一天就是白过了，今天没有过失可改，
今天就没有进步了。

　　只有两种人没有过失，一种是圣人，过失毛病统统改了，什
么是真正的圣人？就像佛家讲的，诸佛如来，他们是真正的圣
人。孔子说连尧舜这样的大圣人，都难免会有他做不到的事情，
也就是说还会有过失，还是有所不能为。所以真正说没有过失
的，那就成佛了。还有一种人没有过失，是什么人？是愚痴到极
点、没有丝毫善根，就是没得救的人。这种人，他总以为自己没
错，满身的过失，自己看不到，还天天觉得自己了不起，得意忘
形，那这种人就没得救了。真正的君子，是真正想要在圣贤之道
上有所成就，立下志向了，这个人必定是天天改过自新。所谓："苟
日新，日日新，又日新。"这是商朝第一个君主汤王，刻在自己的
洗脸盆上的话，为什么要刻在洗脸盆上？天天洗脸的时候对照，
提醒自己，每天都要新，日新又新，这个新就是改过自新，天天进
步，进步就是从改过而来，所以洗脸也是洗心。这里讲到的"关
锁门户，必亲自检点"，里头的寓意很深，天天都要做！跟汤王每
天洗脸一样，洗脸我们天天要干，关锁门户也是天天干，这都是
比喻改过自新也是要天天干。

　　我们现在还是凡人，还没有成为圣人，往往容易受到环境
的影响、诱惑。特别是现在的时代，诱惑比过去要强、要多，什

么诱惑? 都是杀、盗、淫、妄的诱惑, 打开电视, 里面的节目是什么? 打开网络, 有多少不健康的内容; 乃至走在路上看到那些广告牌, 人身上穿的衣服, 人的打扮、穿着, 都充满了诱惑, 都是污染, 污染我们的心性。那我们要懂得关锁门户, 把心门给关闭上, 不要被外界污染, 断除恶缘。所以真正修道的人要懂得守净。古来儒家的圣贤, 大多都是不入公门, 不念世缘, 都能够守净治学。我们看朱熹, 还有跟朱熹同时代的陆象山先生, 就是陆九渊先生, 包括《朱子治家格言》的作者朱柏庐先生, 他们都是视名利如浮云, 不为名闻利养所诱惑, 都是潜心关起门来在家治学的。这是什么? 古人所讲的, 两耳不闻窗外事, 一心只读圣贤书。这是真正懂得知止, 他的道业的长进肯定特别快。

现在的条件比过去要方便, 过去人讲:"穷则独善其身, 达则兼善天下。"如果退下来独善其身, 就不能兼善天下, 关起门来就没办法广泛地利益大众, 好像不能两全。现在方便了, 我们可以通过网络、卫星电视、光盘的流通, 关起门来在家里讲课, 不跟外缘接触, 潜心治学、修道, 天天改过自新。所读的圣贤典籍, 我们天天来习讲, 把自己所学的心得体会跟大众分享。大众不在眼前, 我们在家里的一个简陋的摄影棚里, 眼前只有一个摄影机, 面对着摄影机讲, 录下的这个光盘上网流通, 或者是给有缘的人, 他们拿去复制。谁听到了谁就有缘, 度有缘人, 也能兼善天下, 这是可以两全的, 我们的条件比古人要优越多了。所以更显得修身、齐家、治国、平天下是一, 你能把身修好了, 你能给世间人做好榜样。世间人都重欲、贪利, 追求名闻利养, 你把这个放下,就给大众做好样子，也是给大众一个提醒，提醒什么？"君子忧道不忧贫，谋道不谋食"，孔夫子讲的，"不义而富且贵，于我如浮云"。你真正表演给大家看，这个就是教化，这就是在治国平天下。所以这一句"既昏便息，关锁门户，必亲自检点"也有极深广的意思，真正学人要细细涵泳体会。

第四讲　节约资源 惜福报恩

【一粥一饭。当思来处不易。半丝半缕。恒念物力维艰。】

简单讲这一句的表面意思，就是对于一顿粥、一餐饭，我们都要想到它来之不易，要珍惜；对衣服的半根丝、半条线，都要想到这种物质生产，是很不容易的，凝聚着很多人的血汗。

从事上讲，这是让我们珍惜粮食、物力。我们的地球，物质资源确实很有限，地球就这么大，而且很多资源不能够再生，即使再生，再生的时间也是很长的。如果我们用得很快，很浪费，就是把我们子孙后代的这些资源提前享用了，那我们怎么对得起后世子孙？后世的子孙将来物资贫乏，他会骂我们这些祖宗。

美国消费特别大，而且消费当中，有很大一部分是浪费掉的，27%的可消费食品被浪费掉了。据统计，平均每个美国人，每天要浪费一磅食品，也就是每年要扔掉4370万吨的食品，这个不得了。根据世界银行和国际货币组织联合发布的公告，世界长期饥饿的人口数，今年预计要超过10亿，10亿人在挨饿，我们怎么能够浪费食品？浪费食品是造业、造孽，会遭天谴。正所谓"朱门酒肉臭,路有冻死骨"。如果我们浪费粮食、浪费资源,于心何忍?更何况浪费的这些食品,会产生大量的垃圾,会释放出温室气体甲烷,这是产生全球温室效应,导致气候变化,气温升高的一个因素。所以我们"以人为镜,可以明得失",看到别人浪费,我们自己不能浪费,我们要做好榜样,不能够随波逐流,那是造恶业。

从心上讲,这句话是教导我们,常念惜福报恩。"当思来处不易","恒念物力维艰","当"是应当,"恒"是永恒的,常常都要这么思、这么念,这是惜福,自己的福分也是一定的,把福报浪费掉,就没有了。像我们存在银行里的存款,就这么多,你拼命地用,就花得很快,一下花完了,就没有福报了。你要省着点用,可以用得比较久,惜福。当年毛主席一件普通的睡衣,就用了20年,上面打了73个补丁。周总理的衣服,也是"新三年,旧三年,缝缝补补又三年",穿烂了再补起来,还能够再穿九年。你看看这些领袖的作风,给我们多好的一个榜样。领袖的福报多大,他们都这样惜福,那我们平民老百姓要是不肯修福,要是糟蹋自己的福报,等到福报尽了,就得死了。所谓禄尽人亡,你就得短命,早逝了。

我的父亲曾经给我说过一个故事,他小的时候,在广东,广州市郊区罗港,当时家在农村,村子里有一个地主,解放前的地主也很富裕,这家的儿子,小地主,奢侈、浪费,而且心还很恶,不知道去周济穷苦人。他家里的腊肠,吃不完也不肯布施给别人,宁愿扔到湖里头,喂鱼,也不给人吃。你看这个心人多恶,后来解放了，土改，斗地主，你想想，村里要斗地主，先斗谁？肯定找这家，为富不仁的，就先把他们家抄了，最后得的是饿死街头的报应！所以自己还有条件，能够周济别人的时候，赶紧去布施修福！怎么能够浪费自己的福报？这是讲惜福，要念念惜福！

另外还讲到报恩，念念都要报恩，能够想到我们所受用的衣食来之不易，就要生起报恩的心、感恩的心。像我们每天吃饭，饭前都念感恩词，这感恩词是："感恩国家培养护佑，感恩党的英明领导，感恩父母的养育之恩，感恩老师的培养之恩，感恩同学互相帮助之恩，感恩农民伯伯辛勤劳动以及为此付出的人。"念感恩词，要随文入观，不是口里这么念念就算了，念得有口无心、言不由衷，那一点用处没有，而且会让自己的心变得不真诚。要如是说，也如是观想，真诚感恩。感恩父母、老师和成就护持我们的一切人，自己就要用功勤奋，努力上进，报答他们的恩德。当然还有祖国人民的培育，要感谢国土恩、众生恩。饭前要感恩，饭后要懂得惜福，所以吃完饭，我们都用热水，把这个碗涮一涮，再把水喝进去，一点渣一点汁都不留，吃得干干净净，也便于洗碗，放的洗洁精都可以少一点，用的水也可以少一点，这不就是惜福吗？

人能够常常惜福、感恩，这就有福，就是大人之心。在汉朝，大将韩信，他就有感恩的心。有一段典故，讲他报一饭之恩。在韩信还没有发达之前，他是个普通人，生活非常困苦，在淮阴，甚至终日吃不上饭。有一天他走到河边，在河边洗衣服的一个妇女，见到韩信面有饥色，看起来好几天没吃什么东西了，于是就给他一顿饭吃。韩信非常感恩，跟她讲，说"如果我日后功名成就了，我一定重重报答你"。这个妇女就跟他讲，"行了行了，你不用跟我说这些了，我是可怜你没饭吃，你不用跟我发那种誓愿承诺了。"后来韩信真的做了刘邦的大将军，当上了楚王。他就派人去淮阴，寻找这位妇女，终于找到了，就赏赐给她一千两黄金，报答她的一饭之恩。

所以，真正有大心志的人，他都能够做到惜福感恩，这是贵人、富人！富贵之人必定有他的福报。福来源于他的德，而德莫过于知恩报恩。对我们恩德最重的，是我们的父母，父母生我养我，养育之恩是没有边际的。《诗经》上讲："哀哀父母，生我劬劳，欲报之德，昊天罔极。"你想要报恩，哪能报得尽？其次对我们恩德最深的是师长，父母是生养我们的身命，师长是长养我们的慧命，智慧的生命。所以父母和师长地位是平等的，我们都要报恩。不能报恩这是不孝，不能知恩就枉为人，古人有一句话，说是衣冠禽兽，实在讲是禽兽不如了，为什么？禽兽都能知恩报恩。君不见乌鸦有反哺之恩，小羊有跪乳之义，禽兽都能知恩报恩，要是我们人，还有人的形貌，身穿人的衣服，却不能知恩报恩，那是禽兽不如了。所以对父母叛逆、悖逆者，那个报应特别迅速，天谴是最惨烈的。

我们这有位同学，讲了她亲见亲闻的一个故事，是她的一个同班同学，一个女同学。2007年，那时她上初三，那个女同学18岁，为什么18岁才上初三？因为她不孝父母，乱交男朋友，不认真学习，所以留级。结果那年4月18日，她跟她不知是第几任的男朋友，要出去玩，她妈就拖着她不让她出去，她就甩手给了她妈一个耳光，非得要出去玩。结果她妈很气愤，顺口就说了一句："你就死在外头吧！"后来她的男朋友骑着摩托车，她坐在车尾，两人飞驰在路上，结果一下子就钻到了一个运载猪的大卡车的车轮底下，这个女孩子的胳膊当场就掉了下来，打她妈的那个胳膊，而且脑浆迸裂，当场死亡，惨死！那个男的重伤，两个腿也被压扁了，送到医院就截肢了。把他救过来之后，问他："当时你怎么会撞到车轮底下去了？"他说："我也不知道，当时好像车失去控制了，就往那车轮底下钻。"连那个司机都不知道他们钻到车轮底下了，后来司机走了，也不知去向。这个女孩的母亲当时赶到现场，发现那个掉下来的胳膊还在抽搐。你看死得多惨，用这只手打她母亲，所以天就把这个手给切下来了，打了母亲一个耳光，自己的脸就破掉了，脑浆都出来了。她的男友也是跟她同类的，也是不孝。

所以，古人所谓"孝为百善之先，淫为万恶之首"。一个不孝，一个邪淫，乱搞男女关系这是淫，最遭天谴，报应也最神速。所以死去的这个女孩，她有一个姐姐、一个妹妹，看到这一幕，吓得给她母亲下跪、忏悔："妈妈我以后再不敢不孝顺您了，不敢再乱交朋友了。"如果不知报恩，还反要悖逆父母的，那个恶报最惨。这是从"一粥一饭"、"半丝半缕"这种惜福报恩说起，培养我们自性美德。

第五讲　事豫则立　修心从善

【宜未雨而绸缪。毋临渴而掘井。】

这个"宜"是应该,"未雨绸缪",就是天还没下雨,就得先做好准备,把漏的屋顶修好,把门窗都修补好,以此来防雨。不要等到渴得没办法了再去挖井,去打水,那临时抱佛脚没用,要事先掘井,有水就不怕口渴了,这是字面上的解释。从事上讲这是教导我们,凡事要预先做好准备。古人讲"凡事豫则立",事先做好准备了,事情就容易成功,在那里急急忙忙的应付,事情是很难做好的。要深谋远虑,凡事先要做好准备,这是教导我们如何去处事。从心上讲,"未雨绸缪",我们希望得到福报,要懂得现在及时行善,所谓善有善报,恶有恶报,我们要明信因果。能够现前抓紧机会行善积德,将来必有后福无穷。

战国时候,四公子之一的孟尝君,他养了三千食客,所谓食客,就是他招揽来为他出谋划策办事的人。其中有一个叫冯谖,听说孟尝君乐于招揽食客,他就来了,孟尝君也收留了他。后来,孟尝君需要去家乡薛邑收债,因为他养了很多食客,需要有赋税收入，贷的款，放的债，或者是租的田地，这些税都要去收取，那么派谁去？就想到冯谖，于是让他去索债。冯谖临走的时候就问孟尝君："我回来的时候，您想要我买些什么东西？"孟尝君说："你就看着办吧，看我们家里缺什么，你就买什么。"于是冯谖就到了薛城，把欠债的百姓统统召集在一起，把他们的债券拿出来，跟他们讲："凡是还不起债的人，一概都免了。"结果大家还将信将疑，冯谖干脆点起一把火把这些债券都烧了，然后告诉大家说："孟尝君非常有仁德，特别是对家乡的父老乡亲，你们有困难的、还不起债的可以免除。"

冯谖回来后，孟尝君知道了这件事情，很气愤，他说："你怎么能把我的债券都烧了？"冯谖却不慌不忙地说："我临走的时候，您不是说过吗，家里缺什么就买什么，我觉得您家里什么都不缺，就缺人心和老百姓的情意，我帮您买来了这人心和情意。"孟尝君当时很不高兴，但是他也很大量，就没有跟冯谖计较。孟尝君是在齐国做宰相，后来他的声望愈来愈大。秦国当时也是个大国，秦国的昭襄王，就暗中派人到齐国散布谣言，说孟尝君收买民心，想要谋反，齐国国君听到之后，担心孟尝君威胁他的地位，所以就把孟尝君的相印给收回来了，把他革了职，让他回家乡薛城。有很多食客因此都散掉了，孟尝君就带着留下来的这些食客，冯谖也跟着他，他们驾着车，到了薛城。离薛城还有一百里路的时候，就看到薛城的老百姓扶老携幼，出来迎接，孟尝君看到这番情景，十分感动，对冯谖说："我现在真正看到了你给我买的情意，买的民心。"后来冯谖又用巧计，帮助孟尝君恢复了齐国的相位，使得孟尝君又重新恢复了他的家业。

我们看到孟尝君，当然，人总是有吉凶祸福，正如月亮也有阴晴圆缺，孟尝君能够宽宏大度，所以有人来帮助；他能够去布施，譬如说冯谖烧掉债券，这是布施，是得民心，这是他的食客为他未雨绸缪。《大学》里说："是故财聚则民散，财散则民聚。"人能够散财，能够帮助老百姓，就得到了民心，如果你不肯散财，不能帮助别人，最后也就会失掉民心。所以"百乘之家，不畜聚敛之臣；与其有聚敛之臣，宁有盗臣。此谓国不以利为利，以义为利也"。百乘之家，大家族，像孟尝君就属于百乘之家，"乘"就是车乘，在古代，有一百辆车，这个家就是大家了。它不应该有聚敛之臣，聚敛之臣就是敛财的，天天搜刮民脂民膏，这实际上是败家。倒不如有一个盗臣，盗臣是偷你们家的东西，那个还好一点。所以一个国家也好，一个家族也好，不能以利为利，应该以仁义为真正的利。如果只追求利益，而不讲求仁义，那么最后一定是失民心、失天下。所以未雨绸缪，这是给我们很重要的提醒。要我们及时行善积德，不要等到家业已经败掉了，那时候才后悔为什么没有及时行善？所以有两件事，人生不能等，一个是行孝不能等，一个是行善不能等。孝顺父母不能等，所谓"树欲静而风不止，子欲养而亲不待"。如果我们失去了机会，父母都走了，我们再想孝养父母、报恩，就来不及了。行善也是这样，行善积德是积福，现在还有力量，赶紧去帮助别人，等到没有力量帮助别人，自己也都福报享尽了，那就后悔莫及。这是讲到"宜未雨而绸缪，毋临渴而掘井"的深义。

第六讲　俭约奉己 积功累德

【自奉必须俭约。】

这句字面上的意思是说自己的生活必须要节约，因为节俭是一个美德。古人所谓"俭以养德"，又说骄奢淫逸的结果是必定会败家。在上古时期，夏朝的最后一个国君夏桀，就不能够自奉俭约，而是骄奢之至。历史上记载，他为了享乐，建了很漂亮的宫台，用玉来做门，还在各地搜寻很多美女，天天饮酒作乐，宠幸妹喜。当时百姓民不聊生，生活极其痛苦，可以说已经陷入水深火热之中，但是夏桀，竟毫不顾人民的疾苦，仍寻欢作乐，自己的享受可以说是穷奢极欲，到了极点了。据说他所修建的酒池很大很大，可以航船，甚至还会有人掉在这个池子里溺死。结果商汤起义，把他推翻了，他自己也死于战乱。夏桀所享受的只是瞬间，换来的那是千古的骂名，现世就有这样的报应，那来世的报应，我们相信必定是堕地狱。如果能够自奉俭约，德行方能得以保全；要是骄奢淫逸，德行必定会亏欠。

我们看到另外一个例子，跟夏桀是相反的，那真正是做到了自奉俭约。宋朝的范仲淹先生,他自小就丧父,跟随母亲改嫁到朱家。长大之后,朱家人排挤他,他才知道自己不是朱家人,是姓范的,因为他很有骨气,于是就离开了朱家,跟母亲拜别时说:"妈妈你等我十年,十年之后我考取功名,衣锦还乡,接你去奉养。"范仲淹当时找到一个破旧的书院,发奋苦读,过着断虀划粥、闻鸡起舞的生活。什么叫"断虀划粥"?吃的东西很简单,就是每天煮一锅粥,冷凝后切成几块,一餐吃一块,"虀"是野菜,把它腌成咸菜,切成一条条,断虀,粥块就咸菜,这是他的饮食。他有一个朋友见到他吃得这么俭约,看不过去,就给他送来一桌酒席,希望他改善一下生活,补充补充营养。可是过了好长一段时间又去看他的时候,发现这桌酒席原封未动。他就问范仲淹了:"你难道不喜欢我给你的酒菜吗?"范先生说:"不是我不想吃您的饭菜,是怕我今日吃了您的饭菜,来日就吃不下我的虀粥了。"

范仲淹先生,能够这样以苦为师,俭以养德,用清苦的生活激励自己的志向,把自己对名闻利养、五欲六尘这种的享受,舍弃得干干净净。

记载中又说,他在一个寺院里读书的时候,有一天偶然间在大树下发现了一大坛白银。对于一个贫苦的书生来讲,看到这么多的钱能不动心吗?大概会想:是不是老天爷怜悯我?特别给我一些钱用。但是范仲淹先生,看到之后丝毫没动心,静静地把这坛白银还是原地埋起来,没告诉任何一个人,好像什么事都没发生,继续专心读他的书,一点不受影响。掘金不动,真有管宁的那种气概，见金不动。一直到他后来当了宰相，家乡的那个寺院派人来找他化缘："我们这儿出了一位宰相，这是地方的荣耀，现在我们寺院需要修复，可不可以来化点缘。"范先生对来者说："不必来化缘，你们寺院就有，在那大树底下，你们去挖，有一坛白银，足够你们修复寺院使用。"果然回去一挖，才知道原来有这坛白银，范先生早年就见到了，但是丝毫贪心都没有，这是一代名相的风范，所以有这么高的德行才会有这么高的地位，才有这么大的福报！

能够放下对于身外物的攀缘追求，这个人他的德行一定会高。这是从事上来讲，要我们养成节俭的美德，这个利益是无穷尽的。那么从心上讲，这句话是让我们放下对五欲六尘妄境的贪求。这五欲是：财、色、名、食、睡，凡人所追求的这些欲望。六尘就是佛法里所讲的：色、声、香、味、触、法。也就是我们所接触到的一切境界，都是虚妄。试想想，当我们享受的时候，请问真得到享受了吗？当我们沉浸在五欲享受的时候，那只是外部刺激而已，刺激过后就更苦了。就像人吸毒似的，毒瘾发作的时候，那个欲望来了，一定要去吸毒，吸的时候好像过了一些瘾，过完之后就更苦！五欲的享受都是这样的，它过了之后，就了不可得。之所以称为妄境，不仅虚妄，而且会给你带来苦恼。

所以儒释道三家的圣人，都教诲我们要断欲望。《大学》里面讲的，要格物。格物是什么？格除物欲。朱子所谓的"存天理，灭人欲"。可能我们会问为什么要灭人欲？人的欲望有什么不好？确实是不好，为什么？因为人性本善，人性本觉。即你本来是纯善的, 本来是觉悟的, 而且自性中本自具足一切万法, 什么都有, 这是你本来的面目。可是现在我们好像什么都没有了, 所得到的就那么一点点, 而且好像常常生烦恼, 这个本善也好像失去了, 常常都处在迷惑颠倒中, 本觉也好像失去了。问题出在哪里? 就是因为在我们面对境界的时候, 不能够提起鉴察、观照。所以让种种的欲望、好恶、情鉴(情鉴是用感情来判断好恶, 不是理智, 这是愚痴), 这些烦恼把我们本性埋没了, 因此得不到本性中本有的受用。

本性的受用是什么? 本性中有圆满的觉悟、圆满的智慧、圆满的福德, 什么都具足。可是现在失去了, 失去也不是真的失去, 是迷失。因为迷惑, 有种种欲望、烦恼, 把本性给障覆住了。就像乌云挡住太阳, 不是说太阳真没有了, 只是挡住了, 暂时见不到, 只要把乌云拨开了, 阳光就会透出来。所以圣人立教, 就是为我们拨云见日, 把烦恼、欲望的乌云拨开, 自性的慧日就现前。因此大学之道, 开头告诉我们, "在明明德", 明德就好像慧日当空, 把乌云拨开, 就明明德, 自性明德就显明出来了。明明德的方法, 儒家讲到修身, 修身在于正心, 正心在于诚意, 诚意在于格物致知, 说到究竟处, 就是格物, 格除我们的物欲, 当我们的心对种种妄尘境界, 能做到不为其所转, 就叫格物; 如果为其所转, 就为物所格, 不是格物了。格物之后才能致知, 自性本具的智慧、良知才能现前。

所以"自奉俭约"是从节俭的美德养我们的性德, 把欲望降到最低程度。儒家讲欲不可长, 佛家讲得更彻底, 欲必须要断,你不断，留着根在，将来有缘它还会增长，所以要断除欲望。断除欲望你的本来面目才能恢复。所以成圣成贤不是说在你头上加点什么，而是把你原来一些杂七杂八的烦恼、欲望和障碍给全部断除掉，自性现前你就成圣。

第七讲　行事有度　适可而止

【燕客切勿留连。】

这个意思是说，招待客人，大家在一起聚会吃饭，不要流连忘返，要适可而止。那么这句话也可以从事上和心上讲。从事上讲，君子待客之道，必定很有礼数，也很有节制，所谓君子之交淡如水。不以酒肉交朋友，而以真正的德行、学识来交朋友。可能很多做生意的朋友们，就觉得这一点挺难做。君子之交淡如水，那我们要请客户吃饭，也是淡如水，粗茶淡饭，又不能够陪着客人宵夜、卡拉OK、桑拿、过夜生活，客人不欢喜，那生意怎么做？其实，这点是对因果信心不足。古人告诉我们："命里有时终须有，命里无时莫强求。"人一生该有多少财富，随着他出生，那个八字就显现出来了，也就是说有定数。哪里是说靠我们拼命喝酒，招待客人招待得很晚，就能够赚到钱呢？

我们刚说到的那位董事长，他过去做生意，就不懂这个道理，天天喝酒陪客人，搞得很晚，半夜两三点钟才回家。结果，生意做得马马虎虎，因为命中有财，当然怎么做都有财。但是，平添了一个焦虑症,折磨得他死去活来。后来学传统文化明白了,明白了之后,再也不以酒肉交朋友,他不但吃素而且也不喝酒了,跟客人谈生意,该怎么样就怎么样。诚诚恳恳,保持信用,赢得了客户的信赖,生意反而做得更好,焦虑症也好了。由此可见,能不能赚钱,不是说招待客人要到多晚,喝多少酒,那个不是赚钱的因。赚钱的因,古德告诉我们,在于布施、行善。

世界第二大富豪,华伦·巴菲特(Warren E. Buffett),他是个金融家,也是一位慈善家,他慈善捐款总数已经达370亿美金。可是他自己生活,自奉很俭约,住的房子还是五十年前的那个房子,三个房间,普普通通,外面也没有围杆,栏杆篱笆都没有,更没有保镖。开车都自己开,不用司机,也从来不搭私人的喷射机,虽然他自己拥有世界最大的私人喷射机公司,但他从来不坐。这是自奉俭约,他也从来不参加上流社会的社交活动,每天回家休闲活动,弄点爆米花,看看电视,过的是清静的生活。"燕客切勿留连",根本也没有去宴客,从来不带手机,桌上也没计算机,可是他还是有钱,命中该有钱,怎么样都有钱,他拿这个钱来做慈善,结果感动了世界首富比尔·盖茨。他们俩在第一次见面的时候,本来比尔·盖茨觉得巴菲特是一种另类,并没有安排很多时间,只安排半小时跟他见面。没想到他俩一谈,真是好像逢到知己了,谈了十个多小时。后来,盖茨也成了巴菲特的信徒,也成为大慈善家,他的身家超过400亿美金,他要他的资产拿来布施,给子女只留很少一点钱。

这就说明能够布施,这是得财富的因。他这一生喜欢布施,必定他前生就喜欢布施，这个习惯就接下来了。赚不赚得了钱不是看你接待客人时间的长久，好像接待的时间长了，觉得这个感情不错，实际上，互相大都是为了利，才走到一起。有利的时候，大家都拍着肩膀叫哥们，没有利的时候，都不认识你，那你不生烦恼？而且与一般这种为利益而来的人，关系太紧密了，绝对没有好处，倒不如是交往淡如水好。这是从事上讲，保持一定的距离，恬淡的交情反而能长久。小人之交才浓如蜜，一拍即合，表面看好像关系很融洽，可是时间不会很长。

那从心上来讲，是教我们待人、处事、接物，用心一定要清净，要用智慧不能用感情。为什么君子之交能淡如水？因为君子交往用理智，理智的心是静的，它不是动的。它是一种互相仰慕德行学问的往来，不是以利益相交，更不是以情相交，所以与人交往他不生烦恼。我们看到现前社会，离婚愈来愈普遍，夫妻俩刚刚结婚的时候，那真是浓如蜜，比火还热。没过多久就凉快了，凉快之后，整天吵吵闹闹，甚至打架、骂街的都有，最后的结果可能是就离婚了，这都不是长久之计。反而夫妻之间，相敬如宾的，他们能白头偕老。这都是给我们启示。

第八讲　淡泊修身　勤俭养德

【器具质而洁。瓦缶胜金玉。饮食约而精。园蔬愈珍馐。】

　　"瓦缶"就是瓦制的器皿，"珍馐"是讲珍奇精美的食品，这个话是说餐具非常质朴，但是很干净，虽然是用泥土做的瓦器，但也比金玉做的器皿要好。饮食能够节约，如果精心制作，即使是天天吃园子里种的蔬菜，粗茶淡饭，也胜过山珍海味。这也可以从事上和心上两方面来谈，从事上讲，这是培养我们节俭的美德。《朱子治家格言》反复在强调节俭，前面刚讲完"自奉必须俭约"，这里又讲节俭之德。前面那几句，"黎明即起，洒扫庭除，要内外整洁。既昏便息，关锁门户，必亲自检点"，这是讲勤劳。所以一个勤劳，一个节俭，这是持家最为重要的，叫勤俭持家。

孔明诫子　俭以养德

　　三国时代的诸葛亮，写了一篇《诫子书》，教育他儿子的一篇家训。其中说到："夫君子之行，静以修身，俭以养德。非澹泊无以明志,非宁静无以致远。"这是告诉我们,君子修身养德,必须要守静,如果是羡慕荣华,那个心就静不下来,而且必须要节俭,以节俭来养自己的德行。如果是生活很奢侈,那个德行不会很高的。即使是有这个条件可以过很好的日子,也应该节俭。也应该以苦为师。淡泊是讲他的生活清淡,减少外缘。这样心能够专注,能够清净,志向就明了了。念念可以不忘志向,修行成长就快速。宁静是讲他的心能够致远,能够深谋远虑,就有智慧。这些都要在节俭宁静的生活里面得到。所以这一句再给我们强调节俭、淡泊宁静的这样一种生活方式。

留学海外 克勤克俭

我到美国留学的时候,那时家里带的钱少,在美国的生活费用比在国内要高,所以样样都节俭。带到美国去的东西,不够,看能不能够尽量当地解决。譬如说没有锅,有一位学长要毕业了,他用了好多年的高压锅就不想要了,高压锅上面的那个高压阀都不见了,也不高压了,我就把它捡回来用,煮饭做菜做汤,都用它,一用就是四年。每个礼拜跟同学搭便车去超市买一次菜,都是挑最便宜的,天天都是吃胡萝卜加包心菜,包心菜加胡萝卜,那是最便宜的菜,也很健康,真是"园蔬愈珍馐"!现在人吃的山珍海味,反而不健康。什么三高,血脂高、血糖高、血压高,什么脑血栓、心脑血管疾病,种种的肝病、肾病都跟饮食有一定关系。病从口入,喜欢吃肉的就容易得病,吃素食不得病,你看我吃了十五年的素，到现在真的没得过什么病，十五年以来没有去医院看过病，不需要去找医生，吃素本身是健康的饮食。

守戒七年 学业早完

当时冬天冷的时候，在国内带来的一条毛毯不够用。晚上睡觉，我把所有的衣服都盖上，还不够，连书本都盖上。就是不想去开空调、开暖气，为了省电，俭以养德。我给自己规定了七条戒律，叫七不，不看电影电视，不逛商场，不留长头发，不穿奇装异服，不乱花钱，不乱交朋友玩乐，不谈恋爱。守住七条，静以修身，淡泊明志，宁静致远。人家到周末去哪里玩，去Party，去旅游，我都没有参加。真的每天都过单调的生活，三点一线，图书馆、宿舍、教室。每天穿同样的衣服，吃同样的饭菜，走同样的路，读同样的书，可是没想到，学业提升得很快速。自己好像并不是很辛苦，我从来没有熬夜，没有开夜车干到三四点钟，从来没有，都是规律的作息，持之以恒的。没想到每次考试全班第一名，本来要读硕士、博士，平均得七年的时间才能完成，我四年就完成了。我的博士导师，在他的推荐函里面提到，我能够在大学里用四年完成硕士博士学业，这在学校里是第一例，他说我是他二十多年学术生涯里见到的最优秀的学生，这是我没想到的。

并不是我资质比别人高，这是得力于什么？静以修身、俭以养德的好处，所以古圣先贤的教诲不是让我们去吃苦，让我们受这个罪，不是的。这真对我们有好处！从事上讲，节俭；从心上讲，人为什么能做到"瓦缶胜金玉","园蔬愈珍馐"？一般人所追求的是金玉，是珍馐，但是人为什么能够安于"瓦缶"、"园蔬"和粗茶淡饭？这里头有深意。真正的喜乐，说实在的，不是从外面物质的刺激得来的，而是内心涌现出来的。像孔子所说的"学而时习之，不亦说乎"，他的喜悦从哪来的？学而时习！不是说他生活多么奢华，那不一定有喜乐。多少大富大贵的人生活很痛苦，天天烦恼。譬如说那些金融家，天天盯着股市，心情就会随着股票价格的升降，在那里波动，多苦。

　　顺便插一句，我过去就是做金融研究的，曾经在美国最好的一个经济学杂志《American Economic Review》里面，有一篇文章：华尔街的天气竟然对股市有很显著的影响。奇怪了，为什么会有影响？实在讲，股市的价格，影响了人的心情，那么这个心情也能影响天气！为什么？境随心转！要是你看到价格跌了，心情很痛苦、很悲哀，是灰色的心情，所以你看到天也变成灰色的，天真的就变成灰色了。价格升了，太阳也出来了。当然天气也对心情有影响，天气影响心情，心情又影响股市，所以才发现它们有显著的关联。正说明什么？心随着境在转，不像圣人，他能够不随境转。

颜回之乐　在学在道

　　像孔子的学生颜回，《论语》里面讲，他是"一箪食、一瓢饮、居陋巷，人不堪其忧"，可是孔子赞叹他"回也不改其乐"。颜回为什么箪食、瓢饮、居陋巷还不改其乐，别人在他这样的境遇里面受不了，忧患得不得了，你看吃饭连碗都没有，只能拿一个竹子编的小箩，箪食；喝水连杯子都没有，只能够拿一个葫芦瓢当杯子，瓢饮；居住在陋巷里头，可是他快乐得不得了，不改其乐。正是因为他能够从圣贤之学当中得到无穷喜悦，人本来就是喜悦的，叫法喜充满，就是因为我们有欲望、有烦恼、有迷惑，就把这种本来喜悦的心境给抹杀了。现在把那些欲望、烦恼、迷惑去除掉，你的喜悦就汩汩流出来，像泉水一样不断。这种喜悦能推动我们继续不断地修学，不仅自己学，还能为人讲，自利利他。这个精神动力就在于这种法喜，这种"不亦说乎"的喜悦，所以能够学而不厌、诲人不倦。

所以从淡泊宁静、节俭的生活里头，我们可以得到无穷的妙用。学习圣贤之道，是人生最高的享受。那些天天吃着山珍海味、住着豪华房宅、开着名车，天天享受财色名利的，不快乐，那不是享受，那是麻醉自己的灵魂。朱熹有一句诗说"读书之乐乐何如，绿满窗前草不除"，这个意境我们就能想象一下：他生活在一个偏僻的山区，周围很宁静，只有他这一户，可能有个小菜园，自己种菜，每天吃着园蔬，读书也非常投入，野草都长得高到窗前了，他都不知道，都不懂得除草。你就体会一下这种读书乐，这种学习圣贤之道的喜悦，哪里是五欲六尘之乐可以同日而语的？

第九讲　德义为公　庇荫子孙

【勿营华屋。勿谋良田。】

荣华富贵　无德难守

这是讲不要营造华丽的房屋,不要希图买良好的田园。这一句从事上讲,是教我们不要奢侈,要讲节俭,反复强调。因为家业不是在我们的华屋良田,即使你有万贯家财,但如果没有德行,你就没有可以传家的东西,甚至可能自己会有身败名裂、败家的后果,当时所营造的华屋良田,都不知落到谁手里了。所以到头来,可能是为他人作嫁衣裳,这是愚痴!

憨山大师《劝世文》当中,有四句话说得好,"荣华终是三更梦,富贵还同九月霜;老病生死谁替得,酸甜苦辣自承当。"我们又看到菲律宾前总统马科斯,他当时聚敛财富不知多少亿,位高权重,权倾一时,自己贪污很多很多,后来被推翻了,仓皇逃亡,最后病死他乡,境况很凄凉。报上登载,马科斯夫人当年仅皮鞋就达到几千双,可是到最后四面楚歌,她在打官司的时候连律师费都支付不起了，所以正是"生前枉费心千万，死后空持手一双"。你所苦心经营得到的财富，得到的华屋良田，今日又哪里能够受用得了？如果没有德行，最后都是死无葬身之地。

范公厚德 子孙千年

我们反过来看，刚才讲到的宋朝名相范仲淹先生，范文正公，他一生是忠孝传家，而且把自己所有的俸禄都捐出来，用来支持学子、办义学，以及布施给那些贫苦的亲友。有一次儿子给他买了一所花园，准备给他退休养老的时候用，他拒绝了。后来他又找到苏州南园一处住宅，别人告诉他那个住宅风水特别好："你们家住在里面，一定是代代都会出贤人。"结果范先生听到之后，马上把这个住宅捐出来作学宫，办学校，为国家来培养人才。既然是代代出人才，就为国家培养人才，不要为自己。

范公把华屋良田布施出来，还办了很多义田，用俸禄买了很多田地，捐出来给人耕种，养活读书人。自己不要华屋良田，是不是就没有家业可以传家？不是，范公的四个儿子都做了宰相、公卿、侍郎，虽然他自己把所有的俸禄都布施出来了，去世的时候，连棺材都买不起，丧葬费都不够，家里的人都是只穿布衣，可是家业传八百年不衰，直到现在，我们听到是范仲淹先生的后代，都会肃然起敬。

所以孟子所说，"为富不仁，为仁不富"，这句话讲得真有道理！司马温公（司马光）家训里面说"积金以遗子孙，子孙未必能守。积书以遗子孙，子孙未必能读。不如积阴德于冥冥之中，以为子孙长久之计"，这是真有智慧。所以华屋良田留给子孙，这是把财产留给他们，他们未必能守，你把书给他们，他们也未必能读，真正布施行善积德，积阴德，子孙受我们的庇荫。

这是从事上来讲的，教我们不要奢侈。传家不要用财富，也不要刻意去追求财富，因为容易偏到利这一边，而轻忽了德和义。古人教我们要重德而轻财。即使是没有华屋良田，过着很简单的生活，但是自己的精神世界很充实。

《论语》中有一句话说得好，"子欲居九夷。或曰：'陋，如之何！'子曰：'君子居之，何陋之有？'"孔老夫子有一次要到九夷这个地方去居住。有人说，这个地方很简陋，很鄙陋，怎么能够居住？结果孔子说："君子居之，何陋之有？"君子到那个地方去居住，虽然那个地方并不富足，很鄙陋，或者说物质生活精神生活都很匮乏，可是君子在那里，凭着他的德行、学问，能够乐于其中，随遇而安，而且还能够教化那里的百姓，所以君子所居之处就没有简陋了。

《大学》也告诉我们："君子先慎乎德，有德此有人，有人此有土，有土此有财，有财此有用。德者本也，财者末也。"财是财富、财产；华屋良田，这是财产，圣贤告诉我们，这些都是枝末。根本是什么？根本是德。

所以君子先谨慎他的道德。有了道德，自然就有人追随他，向他学习。有了人就会有土地、有房屋、有良田，那个不用刻意妄求。有了土地自然就会有财，有了财怎么办？"有财此有用"，是用财来帮助世人，因为世人他得过日子，他得温饱，他首先需要财富，那么你先帮助他，先让他能够衣食足，而后令他知仁义、知道德、知荣辱。这是君子之所为。

圣人讲先慎乎德，说"德者，本也"，因为我们自性当中本来就具有无量福德，不必心外妄求。你先慎乎德了，也就是你能够悟明心性，你就得到了自性的受用，那你就能够懂得用人之道，懂得生财之道。所以君子不去刻意谋取华屋良田，他所做的事情，就是每天进德修业，人和财自然就会来了。来了也不是自己享用，也是为世间人，为苦难的众生，去帮助他们，所以儒家讲"人不独亲其亲，不独子其子"，不只是孝敬自己的父母而已，而是对所有人的父母都孝敬；不仅是对自己的儿女，去爱他们，关怀他们，对所有的儿女都关怀。倘若我们专为自己去营造华屋，谋取良田，哪有心思去想别人。所以有了财了，德也就丧失掉了。

要知道，你有多少财，命中本来就有，你不去花心思谋取，该来的它会来。可是只为自己谋财，那就损德了，就真正有所失了。甚至有人以不法手段，不道德的手段，获取不义之财。殊不知，你能获取的不义之财，还是命中有的财，你没有额外得到。反而因为损人利己、做出不义的行为，把命中的福报减损了，其实是失了财富。譬如说你命中本来有一千万财富，但是用不法手段，例如偷税漏税、贪污受贿、损人利己，打妄言绮语等等，不法卑鄙手段谋得的财，可能你只能谋得一百万，其实已经打了大折扣了。内损德，外损财，内外双失，愚痴小人才干的事情。君子做什么？君子先慎乎德，有了德他就有财，而且他善于布施，布施是因，得财是果，德也长进了，财也增加了，内外双得。所以"君子乐得作君子，小人冤枉作小人"，因为不明白道理，迷惑颠倒了才去造这个业，可怜！所以从心上讲，"勿营华屋，勿谋良田"这句话，教我们要重德轻财。

德是什么？德是对一切众生的仁爱之心。能够重德的，他就会轻财，有大公之心，他就能够有无私之念。佛家《华严经》里面讲到"不为自己求安乐，但愿众生得离苦"。这是能够将自己浑然放下，大公无私，方可见之本性。因为我们的本性被欲望、财利这些贪念给障覆住了，现在把障碍去除尽了，本性自然现前。你舍尽了，所得到的是整个宇宙，那真叫内外双得，得到圆满。

了凡明理　无我布施

明朝袁了凡先生，他有四篇家训，即《了凡四训》，里头说到"达者内舍六根，外舍六尘，一切所有，无不舍者，苟非能然，先从财上布施"。这是告诉我们，真正圣贤人，什么都能舍。不仅是舍财，内能舍六根，六根是六个感知方面，即眼、耳、鼻、舌、身、意；"外舍六尘"，六尘是外面的境界，所谓色、声、香、味、触、法，这是六根所对的六尘境界。眼能见到的是色，眼对色；耳能闻的是声；鼻能嗅香；舌能尝味；身它有触的受感，它能够接触，触物；意它能够思维，这叫法。所以能缘的是六根，所缘的是外面六尘境界。真正圣人都能舍，所以一切所有没有不能舍的。这个境界很高。

那么一开始做不到怎么办? 先从财上布施。先舍财,财是身外物,这个比较容易。叫你舍自己的身,甚至是舍自己的意,这个难。先从财上去舍。"内以破吾之悭,外以济人之急;始而勉强,终则泰然,最可以荡涤私情,祛除执吝",这是讲舍财利益很大。对内来讲,破我们贪悭的心。贪悭之心对我们害处很大,是烦恼的根源,要破掉。怎么破? 舍。"外以济人之急",舍财可以帮助别人,救人急难。开始做,要勉强为之,做的时候不容易。从来没有布施过,现在要你布施,好像割肉一样。那怎么办? 咬着牙干,一点点来,从小开始布施。

始舍难为 终将泰然

像我的恩师,他在年轻的时候刚学佛,遇到他的老师章嘉大师,教他布施,他就真干,年轻的时候福报小,所以钱少,没有钱,养活自己都困难,哪来的钱布施? 拿出一块钱,拿出一毛钱,能不能? 先从这里开始布施起,"始而勉强,终则泰然",布施到最后,愈施愈痛快、愈自然。到现在,老人家告诉我,每年经他手布施出去的大概有一千万美金。布施到最后没有感觉了,泰然。为什么? 对于钱财的执著完全放下了,钱有和没有都无所谓,在财上得自在了。所以舍财妙用无穷,"最可以荡涤私情",荡涤是洗除我们自私自利的这种错误的知见,转私为公,驱除我们的执著和吝啬。我跟从恩师学习,学了十几年,学什么? 概括起来就是两个字"舍得"。中国的"舍得"这个词很妙,这里头把因果关系给你说明白了,舍是因,得是果,舍财是因,得财是果,这是布施。

那么布施无畏,譬如说别人恐惧、忧虑、痛苦,你帮助他解脱。譬如说照顾病人,照顾老人,不杀生,不害命,这是无畏布施。你得到的是健康长寿。你能布施法,把你懂得的能够跟人家分享,能够教导别人,那么你就能得到聪明智慧。布施什么你得什么,你舍了就必定得。得了之后怎么办?得了之后还要舍,不能得了之后就定在哪儿,享受你的所得,这不能进步,要把你所得的都舍掉,舍你所得。第二层意思,又更高了,把你所得的都舍尽,你就得到圆满了。

放下名利 志在圣贤

我曾经在美国和澳洲大学教过书。母亲对我的希望,是能当上大学教授,我就努力满足她老人家的心愿。等我拿到了澳洲昆士兰大学终身的教职之后,有一天,我跟母亲去拜访恩师。当时老人家在澳洲,他住的地方是一个很清静的田园,我们去那里拜访他老人家。用过餐后,我妈妈就跟随恩师散步。因为当时我在学术界也有一点点的成就,所以国内厦门大学聘请我做主席教授,我妈妈也很想叶落归根,回到国内,她就向恩师请教,她说:"师父,你看我儿子在澳洲工作好,还是到国内工作好?"结果恩师回答一句话"要做圣贤!"这个话好像答非所问,令我妈妈非常震撼。

回来后她就去思悟,真的,我们所想的,都是自己的发展,个人的名利，这个不是"营华屋，谋良田"吗？圣贤教我们"勿营华屋，勿谋良田"，所以不能想自己的事，要想众生的事，现在众生需要什么？我们跟着恩师学了那么久，也明白了当前社会最需要的是伦理、道德、因果的圣贤教育。社会有种种的天灾人祸，这是果报，要帮助社会改善风气，挽救世道人心，需要有圣贤教育，所以社会不是缺乏教金融的教授，是缺乏圣贤教育的师资。想到这些，我们就做了决定，放弃自己的终身教职，跟随恩师学习圣贤教育，弘扬圣贤教育。虽然拿到了终身教职，也满足了母亲对我的人生愿望，但是母亲提出了更高要求，她说："茂森儿，做母亲的希望你更上一层楼。希望你做君子、做圣贤，你能满我的愿吗？"于是我就用行动做了回答。

把工作辞掉之后，有一次，我随着恩师到新加坡访问，访问中国驻新加坡大使馆，那里大使听说我放弃这么好的职业，就不解地问："你把工作、薪水都放弃掉了，你总得吃饭吧？你吃饭怎么解决？"我当时就随口答了一句话："君子谋道不谋食，忧道不忧贫。"我们所思虑的，不是自己有没有饭吃，不谋食，要谋道，自己的德行怎么样，道业有没有长进，要谋这个，能不能帮助众生，所忧的是道，不是忧贫，我们有没有得吃，能不能生活下去，说老实话，命里有的终须有，何必去忧？你舍了之后不是真的失去了，舍了你得到的更圆满，更自在，这点我已经体证了。

在澳洲，我原来有房子，有汽车，薪水也挺高的，生活过得还不错。现在都舍掉了，把房子舍掉了，我现在到哪都有房子住，不用住自己的房子，不操心。很多人都想请我去讲课，可是我现在是要"关锁门户，必亲自检点"，改过自新，闭关净修。现在我们住得简简单单，过得去就很好了，"身安则道隆"。把汽车舍掉了，我到哪都有汽车坐，还不用自己开车。把薪水舍掉了，我发现现在用不上钱了，这叫作"置金银于无用之地"。把名位舍掉了，原来在学术界有一点小名气，2004年有一个比较权威的网站，根据其学术成果，对澳洲和新西兰的金融教授做了排名，我当时被排在第四位，有点小名气。把这些舍掉了，你得到的是尊重，是更加的自在。当然，得到了千万不要躺在这个上面自满，要更上一层楼，不断地往上提升。像了凡先生所讲的，舍尽了，"内舍六根，外舍六尘，一切所有无不舍者"，一切都舍掉了，你就得到圆满的自性，你就成圣、成佛了。

所以修学圣贤之道，关键在于"舍得"二字，这里头妙义无穷。学者如果真能在这上面去深入地领会，努力地实践，必定得到真实的利益。

第十讲　言行谨慎 守心护念

【三姑六婆。实淫盗之媒。】

"三姑六婆"是泛指社会上那些不正派的女人，这些人往往是邪淫和盗窃的媒介。从事上讲，这是告诉我们，与人交往我们要谨慎，不正派的那些人千万不要跟他交往，要敬而远之，远离他你就少灾祸。古德告诉我们"恶人则远避之，杜灾殃于眉睫"，能够减少不必要的危险。跟那些狐朋狗友不正派的人勾结在一起，最后都会遇到很多的灾难。

这里举出两个灾难。从因上讲，邪淫和盗窃。从果上讲，要知道，淫为万恶之首，造大恶必定会得大的恶报。取不义之财，取不正当的财物，都是偷盗，属于盗窃，不仅会使身败名裂，甚至会家破人亡。从事上讲，是指交往要慎重。从心上讲，这句话是告诉我们，先要慎重自己的内心。物以类聚，人以群分，如果我们不是这类人，就不可能跟这类人交往。跟对方一拍即合的，往往自己也是这类人。所以要防的不是外面，要先防里面的，即先防内心。心中如果有了邪淫的念头，往往遇到邪淫的媒介，遇到邪缘就凑合了。自己内心是因，外面只要有缘，因缘相遇就结果了。心里面想着贪人便宜，这是偷盗的念头，如果遇到外面偷盗的媒介，有这些邪缘凑合，就会干出偷盗的事情来了。所以要先从内心防，不从内心防，想在外缘上防，那叫防不胜防。

邪思贪淫　惨遭割肾

在前几年，我看到美国有一份报道，是讲在美国南部新奥尔良城New Orleans这个城市，有一位年轻的白人男子，他有一天到酒吧里喝酒，酒吧里有两位美女就上来跟他搭讪，一边讲话一边喝酒，愈谈愈乐呵。当然这个白人男子也是动了邪思。没想到后来自己就不省人事了，原来那酒里放了蒙药。等这个男子醒来之后，发现自己全身被扒光，躺在酒店一个房间的浴缸里面，身上还盖着冰。他一动，全身没有力气，很虚弱。幸好旁边有一个手机，他立即拨打救护。医院来了救护车，把他拉到医院去。一检查，发现这个男子两个肾已经被切除掉了。美国有这样的一类犯罪团伙，专门去偷盗人体器官。一个肾在美国可以卖十万美金，黑市利润不得了。谁会遭到这样的恶报？如果内心里有邪念，又遇到外面有这些邪缘相凑合，就会产生恶果。"三姑六婆"，这是讲社会上不正派的人，为什么会遇到这种人？还是自己内心里面贪淫的恶念，将来果报也是很可怕的。其实，人一生的境缘都是自己前世今生的造作，怎么敢不守心护念、谨言慎行？

第十一讲　贤淑有德 思之无邪

【婢美妾娇。非闺房之福。】

这是讲美丽的婢女和妖艳的姬妾,不是家庭的幸福。"闺房"是夫妻的房间。如果家里有这些美貌的婢女,或者在古代有妻有妾,姬妾都很艳丽,人家以为这是艳福,其实这不是福,是祸根。这句话从事上讲,告诉我们,婢美妾娇,会令人生邪思,这是促邪淫之增上缘。所以有智慧的人,绝对看出这个事情不是福,而是祸。

诸葛娶妻　贤德相夫

三国时代诸葛亮,可以说是聪明才俊,可是他的妻子黄月英,相貌很丑陋,头发是黄的,皮肤是黑的,一般人哪看得上?但是这位女子很有学识,知识广博,上通天文,下察地理,她的谋略几乎跟诸葛亮齐平,很贤德。所以诸葛亮把她迎娶至家,这是有智慧。真正的君子,他娶妻也是看德,而不是看貌,以貌取人,往往会出现祸患。

所以《诗经》里面讲到:"关关雎鸠,在河之洲,窈窕淑女,君子好逑。"这是用雎鸠这种鸟来做比喻,这种鸟是义鸟。为什么说是义鸟?因为这种鸟是一夫一妻制,母鸟绝对不会去改嫁,或者是雄鸟另谋新欢,没有这种事情,这是表夫妇之间的德义。

"窈窕"是美好,什么美好?不是容貌美好,是品德美好,这称为淑女。有贤德的女子叫淑女,君子之所好逑。所以,如果是以貌取人,"婢美妾娇"往往会产生家庭祸患。

好色不贞 共遭恶报

在历史上记载,唐朝有一位节度使,叫严武。这个人也是位好色之徒,虽然他在打仗方面相当有谋略,但是他德行不够,他的一个邻居,是个军官,军官的女儿长得很美丽。大概也是打扮得很好,人见都会起邪思。严武看了之后,千般引诱她,两个人就私奔了,犯了邪淫。结果这个军官告到了朝廷,朝廷就下令追捕,因为严武当时畏罪,竟然就把这个女子给杀死了,杀人灭口。当然,就严武而言,这是品德败坏,淫、杀二业都造了,那女子,她也是不贞,不贞洁,落得这个报应。严武后来潜逃到四川居住,忽然有一天得病,病中见到他所杀害的这个女子冤魂前来索命,女魂告诉他说:"我跟你私奔,虽然失了德,但也并没有辜负你,却被你杀了,你真是残忍。我已经告到上帝那里,他准许我明天复仇。"第二天清晨,严武果然暴死,死的时候只有四十岁,这是历史记载的。

当然,邪淫者必有他的天谴报应,套这句"婢美妾娇,非闺房之福",军官的女儿打扮得很娇美,本身就不是福了,喜好打扮的人必然就缺少贞德了,真正贤德的女子,她重德不重貌。我们看看现在这个社会,女子的穿着打扮那是太露骨了,都是在引发人邪思。看看严武杀死的这个女子,我们就应该警觉了,这个不是福,这是祸。往往自己打扮妖艳,穿着暴露,可能会引祸患上身,也会令家族蒙羞。所以真正有智慧的家长,绝不能让自己的女儿崇尚现在那种所谓的时尚服装、暴露的服装。

这句话,刚才是从事上来讲,娇美,就是容貌娇美,这不一定是好事。从心上讲,是劝诫我们要以德为美,不以色为美。其实德与容貌它是相关的,真正的美是什么?是一种贤淑之美,不是妖艳之美。有德之人,虽然穿着很普通,但是她所透露的这种气质,比那种浓妆艳抹的女性要好。或者,即使是容貌并不一定非常的美丽(用我们世间人的眼光觉得),可是她有那种好的相。因为相由心生,心地善良纯正,她的相自然也就庄严,所谓相由心生。

第十二讲　防微杜渐　利己利他

【奴仆勿用俊美。妻妾切忌艳妆。】

这句话跟上一句有连带关系。意思是讲，家里的家童奴仆，不可以雇佣英俊美貌的；自己的妻妾，切不能够用艳丽的妆饰。从事上讲，这都是教我们戒除邪缘，防微杜渐。

染指保姆　伤人毁家

在新闻报道上面我们看到，就是今年发生的事情。有一个家庭，妻子用刀刺伤年轻的女保姆。这个事情是怎么发生的？原来家庭的丈夫是海南省海口市的一名公务员，本来夫妻俩工作都很稳定，非常的和乐，家庭很幸福。后来请了一个女保姆，年轻的，也有一点姿色，结果时间长了，日久生情，男的就跟女保姆私通了。后来被妻子发现，气急败坏，就用刀刺伤了这个保姆。一个原本幸福的家庭，就这样毁掉了。所以"婢美妾娇"、"奴仆俊美"这都不是好事。

循分称家　灾殃不至

"妻妾切忌艳妆。"《五种遗规》里有一部《在官法戒录》，是教导官吏的，讲了一个故事。说古时候，有一位郎吏，姓冯，叫冯球，是个公务员，可能家里经商，很富有，他给自己的妻子买了玉钗，价值七十万钱。当时的宰相，相国的女儿也想买这个钗，相国不允许，说："我一个月的俸禄都拿给你买这个玉钗，怎么能够这样做？这个玉钗就值七十万钱？这么贵重，用来给你做妆饰不是什么好事，这属于妖物，必跟祸相随。"相国的女儿也就不敢再说话了。相国的女儿都不敢买插在头发上的这种贵重的玉钗，当一般公务员的给他太太买这个玉钗，那这个太太戴这么贵的首饰，当然也是浓妆艳抹了。后来没过多久，因为一件事情，冯球被迫服毒自尽。果然被宰相说中了，这个玉钗是妖物，谁戴上它，就有祸患相随。

要知道，人有钱应该多做布施，多周济穷苦。这个世界上穷人多，富人还是少，能帮助多一点，这是修福。自己先富有了不肯帮助穷人，还拿这些钱去装扮自己，买那些奢侈品，享受一时的快乐，这个快乐本身就是祸患。从心上讲，这句话告诉我们，这种贪淫的念头，一定要彻底放下。仅仅是不用俊美的奴仆，妻妾不能艳妆，这是从事上讲。如果念头还有，这是不清净，难免会有邪缘相凑合，到时候就会产生祸患。所以一定要把这个贪淫，身心俱断。身的这种行为固然不能做，而且心上都不能有，那么你的果自然就清净，因真果就真，因清净果就清净。所以修身齐家，要戒贪淫。戒贪淫，当然还得在事上，认认真真地去做，事上不修，光懂得道理，那个不行。所以前面讲到要"俭朴"，非常非常重要。

第十三讲　祭祀诚心　福报根源

【祖宗虽远。祭祀不可不诚。】

这句话是讲，祖宗虽然已经离我们很久远了，但是我们对他
们的祭祀却要虔诚。

报本反始　祭祖显孝

这句话从事上来讲，是告诉我们要祭祀祖先，而且祭祀祖先
必须有诚敬之心。《孝经》告诉我们，"事亲五事"，所谓"居则
致其敬，养则致其乐，病则致其忧，丧则致其哀，祭则致其严。五
者备矣，然后能事亲"，这是孝亲五个事项。

"居则致其敬"，就是父母在家，我们对待父母一定要恭
敬，所谓孝敬孝敬，孝是要有敬在其中的，如果不敬就不能称为
孝。即使是我们用很丰厚的衣食奉养父母，但是内心里对父母
不敬，那么就如孔老夫子所说，这个不是孝。为什么？因为"至于
犬马，皆能有养"，像养狗、养马，那也是养。然而"不敬何以别

乎?"你不恭敬父母,而仅仅是在衣食、物质上满足父母的需求,那这跟养狗、养马,仅满足物质需要,有什么区别?所以居家一定要对父母恭敬。

养父母要使其欢乐,这是孝养父母之身、孝养父母之心、孝养父母之志,让父母真正高兴。父母有病,儿女应该尽其责任,"致其忧",是内心很忧患,担心父母的身体。当然有这种担忧,必定是努力地来帮助父母治疗。

"丧则致其哀",父母过世了,办丧事,一定要有那种哀痛的心情。为什么?想到养育之恩还没有报答,父母就离我们而去了,必定是万分哀痛。那么丧事也要办得尽心而庄重,尽自己最后孝思。

"祭则致其严",父母过世以后,不是就把父母忘了,那样的话,孝心就没有了。孝心不能够因父母不存在就断掉了,因为孝心是我们本性中本有的明德,这个德是不能断的,父母在不在世,那是个缘。不能因为外缘不在了,就把这个明德给丢弃了,那怎么可以?所以祭祀就是帮助我们寄孝思,敦人伦,继续保持我们的孝德。那么祭祀父母要"致其严","严"是庄严,我们的祭祀要庄重,要严整,要非常诚敬,诚敬就称为严。即使是很遥远的祖先,我们根本没有见过他们的面,但是仍然是诚敬地来祭祀。祭祀就是怀念、纪念的意思,即常常提醒自己的孝思,不忘祖先就是不忘本。

人能够常常报本反始,他的德就厚了,德厚,福也就厚了,福德福德,这个德和福是连在一起的,有多大的德就有多大的福,特别是孝道是德之本。一个人一定要有他的根本，如树有其根，水有其源头，孝就是我们的根本、源头。树有了根本，才能够年年发新枝，长出茂盛的枝叶；水能够有源头，才能够川流不息，所谓源远流长。我们的祖先即使是遥远，但是我们知道，那是我们的源头。我们常常纪念、怀念他们，不忘本。要想到自己一定要修身、齐家，以至于治国平天下，发扬祖先之德，所谓光耀门楣，这是孝道发扬光大。

夫子在《孝经》里说："扬名于后世，以显父母，孝之终也。""终"就是终极、圆满的意思。所以祭祀的意义，是非常深远，我们中华民族，之所以能够屹立于世界东方，五千年而不败，靠什么？就是靠这种孝道的承传。

世界历史上有四大文明古国，这四大文明到现在只有中华文明，依然是历久弥新，中华民族几千年来始终维持着大一统，是什么力量在维持？就是孝道，中国的文字很有智慧，这个孝字，上面一个老字头，下面一个子字底，它代表着老一代和子一代合二为一，这叫孝，现在人讲的代沟，父母跟儿女有代沟了，老一代和子一代分开了，那怎么能称其孝？没有听说过中国古人有代沟的，代沟是现代西方传来的概念，一种近代出现的怪现象。真有孝道，哪里会有代沟的存在，不仅父母跟儿女没有代沟，父母上面又有父母，代代往上追溯，过去无始；儿女底下又有儿女，一直往下推演，未来无终。无始无终都是一体，这个叫作孝，所以中国人讲求祭祖，为什么？他们明白，祖先跟我们是一体，即使是几千年的祖先，我们现在去祭祀他们，依然是一体的。

这是中华民族生生不息的一个根源、动力。所以这个"诚"字非常重要，诚是讲心地，所谓"诚于中"，而"形于外"，祭祀的这个形式，确实要隆重而庄严。为什么？因为形式反映内心，当然内心更重要，有其内心，这个"诚于中"它就有了外形了，就"形于外"了。但是不能够只是徒具形式，而没有内心的诚意，这不可以。所以形式是要因地制宜，看看环境能不能够做到，但是内心的诚意是不能没有的。从心上来说，这种诚意就是一种厚德。中国人人心厚道，为什么？就是有这种仁孝，而仁孝之心在祭祀这种活动中培养，是最好的。古人讲"慎终追远，民德归厚"，我们希望世道人心厚道，希望人与人之间和谐，互相关爱，这就是现在提倡的和谐社会，怎么做到？发扬孝道，这是根本。而发扬孝道里面，刚才讲到五事之一，祭祀，慎终追远，这非常的重要。

倡导祭祖　和谐社会

前几年，我在世界各地演讲孝道，演讲明道德知荣辱，学习社会主义荣辱观，八荣八耻的一些体会，一起跟大家来分享。我在讲演当中就提出，其中一点，希望我们国家，能够将祭祖作为一个正式的活动，每年清明节、冬至节，即祭祖的日子，应当作为法定假日，号召全国人民回家祭祖。而且希望国家，以及政府各级领导，都能够倡导祭祖的活动。"慎终追远，民德归厚"，我们既然想要构建和谐社会，这个活动就必须要引起重视。

我曾经在山西大同做过一次讲演，后来这个光盘给中央党校一位领导看到了，他很欢喜，就拿这个光盘，在中央党校内部的电视台放了，播了一次，大家觉得挺好。因为当时是现场录像，比电视台效果要差一些，所以他们又邀请我特别到北京一趟，在录影棚里做了5个小时的演讲。后来就把这个光盘挂在中央党校的学习网站上，供各级党校学员学习参考。这件事发生在2006年，到了2008年，我们很欢喜地看到，国家果然把4月5日清明节，作为法定假日了，我们是拍手称快，祭祀祖先，真的是和谐社会的一个至德要道。

祭祀黄帝 凝聚众心

黄帝是我们的祖先，我们都是炎黄子孙。当年，我们的前中共中央主席毛泽东同志，就提倡祭祖，这件事情可能不一定有很多人晓得。

1937年，抗日战争开始，日本侵略我们，当时中国战乱，人民处于水深火热当中。就在这一年的清明节，毛主席亲自撰写了祭黄帝文，然后特别委派代表，去祭黄帝，祭奠我们中华民族的始祖。毛主席他的文才也是相当好，这篇祭黄帝文写得很有气势，我把前面一段跟大家分享一下，开头是这么讲的："维中华民国二十六年四月五日"（这是1937年清明），"苏维埃主席毛泽东，人民抗日红军总司令朱德，恭遣代表林祖涵，谨以鲜花束帛之仪，致祭于，我中华民族始祖，黄帝之陵：赫赫始祖，吾华肇造。胄衍祀绵，岳峨河浩。聪明睿知，光被遐荒。建此伟业，雄立东方。"

这是黄帝文前面八句,都是四字为一句写的。"赫赫始祖",是赞叹我们伟大的祖先,功高显赫。"吾华肇造",是讲你们就是始祖,你们建立了华夏民族。"胄衍祀绵",胄是子孙,衍是繁衍,子孙繁衍,就有了我们这么大的一个中华民族,祭祀香火连绵不断。"岳峨河浩",岳是山岳,山岳巍峨高大,河是黄河,黄河流域是我中华民族的摇篮,黄河浩荡向前。祖先聪明睿智的光芒,"光被遐荒",朗照着祖国万里的疆土,您建立了丰功伟业,雄立在世界的东方。这头八句赞叹、怀念我们的始祖。所以这祭祀祖先,确实应该恢复,这不仅是我们中华民族优秀的传统,也是我们共产党优秀的传统,应该发扬光大。这就是孝道。

念祖有孝　自得福报

尊孝道的人有福,就拿我自己的爷爷来讲,现在爷爷跟我们住在一起,我们把爷爷接到此地,一方面是让他安度晚年,一方面护持他老人家念佛,求生净土。他今年91岁了。身体不错,没什么病,天天能吃能睡,乐呵呵的,一天到晚都念佛,大家都非常欢喜,非常尊敬他、爱护他。他的晚年很有福报,得到子孙奉养。我就思考,福报根源在哪里?福是果,因在哪里?我明白了,爷爷是个孝子,虽然他的父亲在他15岁的时候,就过世了,但是他年年扫墓祭祀。每一年到了清明、冬至,这些祭祀的日子,他必定是扛着锄头,带着子孙到后山。家乡的后山葬着我们的祖先,爷爷就去那里扫墓，去安坟、祭祀。所以我很小的时候，就有很深的印象，一到了这个日子，就跟着父亲、跟着爷爷，跟着叔伯、兄弟上山了，来祭祀，这是他老人家发自真诚心做的。没有人要求他做，他自己做。这种祭祀的诚心，是他福报的根源，他是几十年如一日，没有间断过。诚心，祭祀不可不诚，他做到了，所以感得晚年有这种福报。长寿、健康、快乐，如果有一天真的念佛往生净土了，那就是极乐。

所以这个孝是德之本，也是仁之本。《论语》里有讲："孝悌也者，其为仁之本与。"这个仁有两个说法，一个是仁爱的仁，仁孝，孝是仁之本；一个是做人的人，做人的根本就是孝悌，两个说法都很好，没有这个根本，就好像树木没了根，很快就枯萎了，水没有源头，很快也就枯竭了，他的福报不可能绵长，所以祭祀是养我们仁厚之心。厚道、仁孝。

第十四讲　经书典籍　圣贤之根

【子孙虽愚。经书不可不读。】

这是讲我们的子孙，一定要学习圣贤经典，即使是天性比较愚笨，但也一定要读经书。

三家经书　皆为圣根

那些经书专指儒释道的典籍。儒释道是我们中华民族，传统圣贤文化的主流。这三家是相通的，是互补的，并不矛盾。还有其他流派的，这些经典我们都需要读。之所以称为经，要知道经不是乱称的，经是讲真理的典籍，他不是一个人主观臆想创造的，而是多少年的，通过历史验证的智慧精华。

所以它是真理，真理是永恒不变的，不仅在古代适用，现代也适用；不仅是中国适用，外国也适用，它是超越时空的，这叫做真理。记录真理的典籍，就称为经典。

譬如说孝道，它是真理，古人要讲求孝道，今人也要讲求孝道，中国人喜欢孝子，外国人也喜欢孝子，它是人的天性，只要是人类都是相通的。所以《孝经》这本书，就被称为是经，为什么？它是真理。所以必须要读诵，这是教育子孙。所以从事上讲，读书可以明理，可以开慧，可以广才，能够使我们的才华更加深广。古人所谓的耕读传家，耕是农耕，中国古代社会，都是农耕社会，连读书人也要耕种。这是实践，读书是明理，所谓知行合一，你学的东西要去实践。

学贵立志 志贵有恒

我们现在看到，儒释道的典籍都浩如烟海。道家有道藏；佛家有经、律、论三藏，《大藏经》；儒现在也编儒藏。康熙、乾隆那个时代，编的《四库全书》，也是相当浩大。像《四库全书》，我们现在看到的，印出来的精装本，这么厚的一册，有1500册。假如你从出生就开始读，一直读到老，都读不完，这么大分量的典籍，我们怎么样去学习？特别是我们现在社会，工作都很忙，儿女要上学，学校功课也很繁重，读书要从哪儿读起？一般人都是望洋兴叹！我们的恩师，他是在儒释道典籍里面，钻研了50多年，天天学，天天讲，他是悟通了，所以他给我们提出的一个学习纲领，可以作为我们学习的一个方向。他教导我们，读书的目标当然是为了成圣成贤，下面讲到的，读书"志在圣贤"，这个立志很重要，读书不是为了升官发财，不是为了考上功名，将来可以作为谋生的手段，那个目标就太庸俗了。

志在圣贤，立了志之后，我们该怎么学？老师教导我们，要三年扎根，十年专修。这个原则，是成圣贤之道，圣贤之学。三年扎根，扎什么根？儒释道三个根，就是做人的根本。这是伦理道德的根本，儒之根是《弟子规》，佛之根是《十善业道经》，道之根是《太上感应篇》、《文昌帝君阴骘文》，这是因果教育。《弟子规》当然也有很多辅助的教材，譬如《孝经》，这篇《朱子治家格言》，还有《了凡四训》，这些都是同类的，都是扎根的教育。佛家《十善业道经》相关的教材，像《地藏经》，是佛门里面所谓的"孝经"，《佛说盂兰盆经》，也是佛门的"孝经"，还有《阿难问事佛吉凶经》，这些都是基础教材。我们在这方面深入学习，并且落实到我们的言行中，乃至起心动念，都能跟儒释道这些经典所说的教诲相应，根就扎好了。

扎好之后你再选择一门经典，不要选多，要专精。《三字经》讲"教之道，贵以专"，学之道也是贵以专，一定要专，不能杂，选一门，然后一门深入长时熏修。要学哪一门？哪一门都行，譬如说儒家《四书》，这属于大学的首要教材，你可以选择《四书》。甚至《四书》里面你只选《论语》，行不行？行。你选《孟子》也行，《大学》也行，《中庸》也行，或者是儒家"十三经"任何一部，专精。道家，你选《道德经》也可以，或者是选佛家的，佛家里有十大宗派，小乘两个宗，大乘八个宗，每一个宗都有它主要的经典，你都可以选。譬如说净土宗，选《阿弥陀经》，或者选《无量寿经》；贤首宗你选《华严经》；天台宗你选《妙法莲华经》，哪一部都行，只要一门深入。古人讲一经通，一切经都通，一通就百通,一切通,这是通到哪? 通到自性。古人讲的明心见性,见了性了,就无所不通,因为自性是宇宙万法的本体,假如本体得到了,万法就具足了,那时候智慧开了,虽然没学过的经典,但只要一看,意思就都明白了。是这样的学,这是成圣之道。所以我们是依据这样的方法来学习。

我现在就遵循着恩师的这种理念来学,我是2006年底,把工作辞掉,全身心投入到学习当中,到现在将近三年。三年当中,也就是在儒释道这些基础课程当中扎根,关键是学而时习,要去实践,听懂了要真干,真干没别的,就是格物,格除自己的物欲、烦恼、习气,因为那些东西,不是自性中本有的,本无的就一定能格除掉。自性本有的是智慧、德行,本有的一定能恢复。所以用这三个根,来恢复自己的性德。然后再选一部经,一门深入。那恩师给我的指示,是选《华严经》,专宗《华严经》,这是一部大经,恩师还在讲,讲了多久? 十几年,从1998年5月18日开讲,到现在,还没讲到三分之一。但是不要紧,因为这部经,它的义理是一即一切,一切即一,每一条经文义理,跟一切经文的义理是相通的,互相圆摄,无余无欠,没有欠缺,很圆满。实际上讲,真正通达明了的人,看所有儒释道的经典,乃至世间其他宗教的典籍,他都看出无量义来,每一句经文都是圆满的,为什么? 因为他已经通到了自性,自性本来圆满,所以他能解意思,所说的意思,都是圆满的,所谓圆人说法,无法不圆。这是告诉我们如何来读经书。

相有智愚　自性平等

　　那么从心上来分析，这里讲"子孙虽愚"，其实人本来没有智、愚、贤、不孝之分，为什么？本性本觉，本性本善，我们每个人的自性都一样，都是本来觉悟，具足圆满的智慧，圆满的德能，圆满的福报，本觉本善。哪有什么智、愚、贤、不孝之分？可是我们现在确实看到了，人的智慧不等，有的人聪明，有的人愚笨，有的人贤德，有的人缺德，这种分别，其实是因为后天习气、毛病染污所致。本性上讲大家都平等，但是后天所受的教育不一样，如果人从小受到良善的教育，他就会很良善、很聪明、很智慧，不会去干坏事，不会去干傻事；如果一个人从小没受到良好的教育，而受到社会的染污，有了不良的习气毛病了，那就显得愚笨和不孝。

　　实际上说一个人是智还是愚，是贤还是不孝，这种分别不是从本性上说的，而是从习性上，这种习气、毛病污染的轻重，来产生这种分别。所以《三字经》上讲"人之初，性本善；性相近，习相远"，人本性是本善的，大家是一样的，性相近，可是习相远，有习气轻重不同，所以人好像就有了分别，而且差距很远。但是要知道这些差距本来没有，那些污染是覆盖我们本性的东西，本来也没有。现在好像有了怎么办？把它去除掉，本来没有的当然能去除，怎么去除？靠圣贤教育，所以"经书不可不读"，读书才能让人恢复心性中本有的智慧、德能。这是靠圣贤的典籍，开启我们自性的智慧。所以圣贤的典籍是万世生灵的眼目，没有它我们想要成圣成贤，都不知道该怎么做，没有依托。

六祖上根 生而知之

古人教我们参赞天地，教我们离尘脱缚，脱离凡尘，脱离束缚。不靠圣贤的经典，不靠学习圣教，那是很难做到的。人绝大多数都需要学而知之，生而知之的那是太少了。在中国历史上只出现了一个，六祖，那是生而知之。他智慧特别地敏利，只听到人念了半部《金刚经》，就开悟了，然后去黄梅五祖那里请法，他想作佛，只跟五祖见了两次面，第一次见面时，五祖问他："你从哪儿来的？"六祖回答："我是从广东来的。"过去广东叫南蛮之地，所以六祖当时被人称为獦獠，五祖接着说："你这獦獠来做什么？"他说："我来学作佛的。"你看六祖的气概不同，五祖是明心见性的祖师，他明白这位来者不是普通人，但是又不可以马上暴露，就故意说："你这獦獠还想来作佛？"六祖惠能大师就回答说："人有南北之分，佛性何分南北？"这个根性太利了。五祖就让六祖"赶快到厨房去舂米劳动"！

八个月之后，五祖下厨房看他，问到："你舂的米熟了没有？"惠能大师回答说："已熟多时了，就欠筛了。"这话都是一语双关，这根机早已成熟，就欠您来印证了。五祖就拿着拐棍，在地上咚咚咚，敲了三下就走了。走了之后，惠能大师也会意了，当晚三更，到方丈室去找五祖。五祖为他讲《金刚经》，讲到一半，

"应无所住，而生其心"，六祖言下大彻大悟，做祖师了。见了性就是佛了，多少岁? 24岁而已。这在中国历史上只有他一个人，真是前无古人，后无来者。这是生而知之，那是利根，上上根人，我们一般普通人都得靠学而知之，不学习圣贤的典籍，就不懂得怎么生活，怎么工作，怎么待人处事接物，怎么用心，这都要靠圣贤人来指导我们。所以经书不可不读，不仅是年轻人要读，中年人、老年人也要读，所谓活到老，学到老，经书一直要读到老。

第十五讲　持身笃实 做人诚意

【居身务其质朴。】

有的版本是讲"居身务其简朴"，稍有不同，质朴比简朴意思更圆满。

心内有诚　讷言敏事

"居身"就是持身，"其"，跟期许的期是一样的。这句话就是讲，我们持身为人，要笃实朴素，笃实是说人品，朴素是说我们的生活，要节俭。这句话从事上讲，是说我们为人，要做到笃实，也就是朴实无华。《论语》里孔老夫子有一句话："巧言令色，鲜矣仁。"巧言这个巧，善巧，是说讲好听话，言语听起来都挺好听的；令色的令，也是善的意思，他的面色、外表、表现，看起来都很好，那是什么？装模作样出来的，他不是"务其质朴"，只是在颜色上下功夫，其实就是在做表面功夫，在表面功夫上花很多的精力，必定是疏忽了心上的功夫。所以"鲜矣仁"，这个仁是仁德，仁是心上功夫。所以孔子这句话，是教我们从心地上下手，不是从表面颜色上下手。

如果从表面上去下这个功夫，那跟仁会愈离愈远，南辕北辙，为什么？似是而非，好像你装的是人的样子，装模作样，但真诚没有了，那一定不是真的。譬如说，当我们犯了过错的时候，应当勇于承认自己的错误，承担责任，忏悔改过，这是仁的表现，本来犯过错是难免的，为什么？"人非圣贤孰能无过，过而能改，善莫大焉！"但是我们现在却是用巧言，文过饰非，装出个好样子来，想方设法为自己辩解开脱，这叫"巧言令色"。"鲜矣仁"，鲜是什么？少，仁就少。愈是文过饰非，愈是在颜色上文饰，下这些表面功夫，那仁的心就愈来愈少。所以《朱子治家格言》教我们，"居身务其质朴"，"务"是一定要，即一定要朴实，要真诚，这才能跟仁相应。

"居身务其质朴"，从事上讲，这句是教我们为人笃实，要朴实无华，不要巧言令色，也就是说要多做、少说，这就是质朴的表现。《论语》里，孔子教导我们："君子欲讷于言，而敏于行。"讷就是迟钝，言语好像迟钝，但是行动很敏捷，这个言语迟钝是什么？不要抢先说话，不要随便说话，要慎重，所以这里讲的欲讷于言，这个欲字，非常重要，君子必定是学习减少言语，少说多做；行就是行动、做事，要敏捷，要有效率。所以你看人，手有两只，但是口只有一个，就是说要少说多做，这就是质朴。

从心上来讲，这句是告诉我们，要修自己笃实诚意的心地，这个诚意非常重要，《大学》讲到的"诚意正心"，这是修身的根本。居身就是修身，所以诚意正心就非常重要。什么叫诚意？《大学》所说的诚意："所谓诚其意者，毋自欺也。"就是不自欺的意思，"如恶恶臭，如好好色，此之谓自谦。故君子必慎其独也。"这是《大学》里面的"诚意章"。什么叫自欺？就是明知是善而不为，明知是恶而为之，这就是自欺。所以知道自己有习气毛病还不肯改过来，这叫自欺。这里讲到的，我们的用心，禁止自己自欺，要在心地上着实用力，厌恶恶，就好像厌恶臭味一样，如恶恶臭；喜欢善就好像喜欢美色一样，叫如好好色。也就是说自己有丝毫恶，立即要断除、要远离；看到别人有善，必定立即要学习，希望自己也得到这样的善，这叫自谦，谦是快足、满足的意思，自己得到心满意足了。满足什么？在学道方面的满足，心有喜乐，这叫自谦。

不可以只是为了应付外面人的耳目，做一个好样子，给别人看看，但是内心里并不是真实的断恶修善，这就叫自欺，这就不能够自谦了，内心就不能有喜乐，"学而时习之，不亦说乎"，我们就得不到，颜回讲的"不改其乐"，我们就做不到。所以这讲到要诚意笃实，完全在心地上做真实功夫。所以，"君子必慎其独也"。要慎独，慎独是诚意的关键所在。独是独居，一个人的时候，还是这样的谨慎，就好像很多人在看着我，我要做个好样子一样，哪怕我一个人，在暗室屋漏当中，仍然持身严谨，对于自己微细的恶念，都要斩除干净，令自己的善心不断地增长。果然能够这样在心地上下功夫，那么这一生成圣成贤不难。

尽心行己 守诚不怠

　　司马光是宋朝的名相,司马温公,他告诉我们,说"尽心行己之要,就是一个诚字"。尽心行己,"尽心"就是做心地功夫,"行己"就是持身,这里讲到,"居身务其质朴",这个质朴就是司马光所说的一个诚字,诚意的诚。诚意从哪儿下手? 司马光告诉我们:"其功夫先自不妄语始。"这个功夫是从不妄语,不讲假话,不巧言令色,开始做起。这个妄就是虚妄,言语不实在,自欺欺人,这叫妄语,文过饰非,掩盖自己的错误,这就是妄语,所以一个诚字,可以让我们一生去努力奉行。这是"居身务其质朴"的意思。

第十六讲　家道至要 莫若教子

【训子要有义方。】

"方"是方法，"义"是正确的、应该的、适当的意思。也就是说，我们教导子孙要用正道、正确的方法，适当的教诲，这才能够把子孙教养成人，成为有德君子，乃至成圣成贤。要想一个家庭的家业、家风、家道能够传承，那么，家庭教育就比什么都重要。古人讲"至乐莫若读书，至要莫若教子"，所以家庭教育是关系到家族兴衰的一个关键。

印祖圣诲　教子因果

民国时代，印光大师曾经在他《文钞》里面，多次地强调家庭教育。他老人家说："人家欲兴，必由家规严整始。"我们希望能够兴家，必须要有严格的家规，家有家规，国有国法，没有家规，家就乱了，没有国法，国也乱了。"人家欲败，必由家规颓废始"，所以家规要是没有，败坏了，那家也就跟着败了。"欲子弟成人，须从自己所作所为，有法有则，能为子弟作榜样始"，这是讲教儿教女，使子弟成人，要从自己做起，自己的所作所为，要给子孙立一个法则、立一个榜样，此一定之理，所以前面那句"居身务其质朴"，这是讲自己要修好。下面这一句"训子要有义方"，这是教儿女，要先自己做到，才能教儿女，所谓正己而后化人。

因此家教，什么叫教，上行而下效，这叫教。上面已经做出很好的样子了，跟着就能带动下一代。现在很多地方都普及学习《弟子规》。但是我也常常收到一些问题，提问，说《弟子规》大家都会背了，小孩都背得烂熟了，但是行为好像没有什么大的改善，还是老毛病、老习气。甚至背了一些圣贤典籍，就自高自大，傲慢心起来了，怎么办？这个关键在于什么？教育者自己要做一个好样子，孩子怎么来学《弟子规》？是要父母老师做一个榜样出来，把《弟子规》当作一个剧本，演给大家看。"父母呼，应勿缓"什么意思？你表演出来，他就明白了，不是只停留在字面上。所以榜样的力量很重要，没有榜样只有文字，那教育就很难达到效果。这是第一个义方，正确的方法，自己先做，正己化人。

印光大师下面又讲了第二个义方："今欲从省事省力处起手，当以因果报应为先入之言。使其习以成性，庶后来不至在有走作。此淑世善民，齐家教子之第一妙法也。"这真的是义方，第一妙法。义是什么？因果教育，省事又省力！儒家的《弟子规》、四书五经，讲什么？讲伦理道德，人学了伦理道德之后，能够耻于作恶，所以他能够慎独，能够诚意，这是从正面教。

人学了因果教育，知道善有善报，恶有恶报，你不遵守伦理道德，就有天的报应，因果报应是丝毫不爽的。知道这个道理了，就不敢作恶。所以因果教育，省事省力，效果快，学了就会有畏惧心，特别对现前社会，十分管用，甚至比伦理道德教育还管用。为什么？说句不客气的话，现在社会的人，比起古人来讲，不知耻了，你跟他讲伦理道德，他觉得你是在天方夜谭：现在什么社会，什么时候了，大家都争名逐利的，你还讲伦理道德，还"之乎者也"，他不信你这套。那伦理道德教育，就很难给他灌输进去了。给他讲因果，告诉他，你要是不好好做人，不孝父母，有天打雷轰、谋财害命的现报，他看到这个，畏惧心产生了。现代人自私自利，真想自利，你就用这一点来教化他，必须要懂得因果的道理，必须要断恶修善，否则你是自害，所以从小就要学习因果报应的道理，这个效果好，印光大师最为提倡。

这篇《朱子治家格言》，是儒家的经典，讲伦理道德，但也贯穿着因果的道理。伦理道德教育现在要怎么讲？把它放在因果的教育构架里面讲，从因和果两方面来谈：善就有善报，恶就有恶报，让大家能够觉醒，从小能够接受这种教育，他就养成善的习性了，以后长大了也不会走样。这是"淑世善民"，能够真正利益社会，令人民真正过上幸福生活。还有齐家教子，这是第一妙法。

燕山义方 五子名扬

《三字经》里面讲到一个故事，"窦燕山，有义方，教五子，名俱扬",这是教子有义方一个很好的例子。五代时候的窦禹钧,他是燕山人,所以用地名来称呼他,是对他的尊敬,称为窦燕山。他年轻的时候,没学好,也是德行不够,所以到了三十开外,没有儿女。古人讲,"不孝有三,无后为大",三十开外还无子,就不孝了。那么他做梦见到自己的祖父,对他说:"你不但无子,而且不寿。"你不仅无子,还短命,为什么? 过去没造好因。所以祖父托梦给他:"你要赶紧修德行善,回转天意。"他觉醒了,从那以后断恶修善,不断改过自新,力行善事。见到谁需要帮助,立即去帮忙,看到人有任何的需要,立即就解囊相助。而自己家居又很简朴,居身质朴他做到了,家人都不戴有金玉的首饰,不穿华美的衣服,把这钱省下来去布施。他建书院,购置了数千卷的书,还请了教书的先生,为四方孤寒之士讲学,教授课程。这是修财布施,修法布施,修无畏布施,三种布施都有了。

后来这位窦禹钧,连生五子,而且这五个儿子都是聪明俊秀,都有很好的功名,都有伟业。后来又梦到祖父告诉他说:"你这几年来功德浩大,名挂天曹,延寿三纪(一纪是12年,三纪就是36年),而且五子都荣显,你要继续勉力,不要退惰。"果然他生的五个儿子,大儿子当上了礼部尚书,尚书就是我们现在讲的部长,礼部相当于现在的教育部,是所有部里面最重要的,过去讲"建国君民,教学为先",最重要是教育,所以礼部尚书,位置很高。次子是礼部侍郎,副部长,三子、四子、五子,都是得了高官,而且有了八个孙,都是显贵。而窦禹钧本人活到了82岁,最后无病谈笑而逝,自在往生!

"窦燕山,有义方",他有什么义方? 就是正己化人而已,就是自己修身,而后齐家,这就是义方。而修身修什么? 断恶修善,这是义方,为我们显示因果报应丝毫不爽,他改造命运,本来命中短寿无子,现在子孙满堂,而且都显贵,自己还得了高寿。所以家庭教育就是家长带着儿女,断恶修善,这个用因果报应之理最为恰当。

教子重女　贤母贤子

教育子女当中,是教子重要,还是教女重要? 这一点印光大师过去曾经跟聂云台先生(聂云台是曾国藩的外孙)通过信,就讲到这个问题,这封信当中讲到:"善教儿女为治平之本,而教女尤要。"善教儿女,它是治国平天下的根本。为什么称为根本? 因为家是国、天下的根本,国家、世界都是由每一个家庭组成的,家庭是社会的细胞,家庭都能和谐了,这社会就能和谐了。那家庭如何和谐? 必须有家庭教育,和谐是教出来的,人民是能教好的,也能把他们教坏,看你怎么教。那么教儿女当中,又以教女更重要,这个我们可能很多人没想到。印光大师说:"治国平天下之权,女人家操得一大半。以世少贤人,由于世少贤女,有贤女,则有贤妻贤母矣。有贤妻贤母,则其夫其子女之不贤者,盖亦鲜矣。"这就说得很明白了,治国平天下的大权,掌握在谁手中? 掌握在女人手里,这个话是振聋发聩。

一般人都以为中国封建时代,是重男轻女,好像都是男子掌握着治国平天下之权，这是没看到根源，印光大师这句话，是把这个道理讲透了，女人家操得一大半，不是男人。所以不能说中国古代是重男轻女，你讲重女轻男，反而还有点道理，为什么？世间，尤其是现在，少贤人，贤德君子少，个个都是名利汉，见利就忘义了，真正有贤德的人，太少太少了。为什么太少了？因为少了贤女，为什么这么说？贤女将来就成为贤妻，成为贤母，贤妻能够帮助丈夫贤能，贤母能够教育贤能的子女。所以有贤妻，有贤母，她的丈夫、儿女不贤的，这就很少了，一定贤。那反过来，没有贤女，没有贤妻，没有贤母，这世界就会大乱。所以"教女为齐家治国之本，可谓见理透彻"，这句话有非常深刻的道理，讲得很透彻。

周朝开国三太，都是贤女，太姜、太任、太姒，这三太。太姜是文王的祖母，太任是文王的母亲，太姒是文王的妻子。周朝之所以成为我们国家历史上，最长久的一个王朝，有着八百年的基业，根基是这三太奠定的。

历史上记载，文王的母亲怀文王的时候，眼不视恶色，耳不听淫声，口不出傲言，她的身心都处在纯善的境界里头，这是胎教，她怀的这个孩子，将来就是圣人。所以有胎教，才有文王的圣德，这个胎教怎么教？当母亲怀孕的时候，就处处谨慎，绝对不做任何的恶行，不出任何的恶言，甚至不起一个恶念，纯净纯善。胎儿在这个纯净纯善的氛围当中，还没出生，他的先天之本，就已经定了。所以文王之所以成为圣人，因为他有圣母。那文王的太太太姒，生的武王、周公，都是圣人，这一家都是圣人。孔老夫子最佩服的是文武周公，那都是出自于母亲的教养。

现在我们称某人的夫人叫太太，这个词的来源就是周朝三太，太太这个称呼，那可是不得了的称呼，把你称为是圣母了，也就是用这个词提醒你，你要学周朝三太，能够孕育出像文王、武王、周公这样的圣人，你要做圣人的母亲。因此太太这个称呼，是对女子最尊敬的称呼，说你家的儿女都是圣人，所以教女就极其重要。如果这个社会的女子不贤，那是社会之大不幸，所以印光大师告诉我们："人欲培植家国，当以教女为急务。欲家国崛兴，非贤母则无有资助矣。世无良母，不但国无良民，家无良子。"这是告诉我们，训子要有义方，训女更要有义方。这个义方就是伦理、道德、因果的家庭教育。

家庭教育，启蒙的老师就是母亲，父亲都在其次，因为孩子跟母亲的时间多，受母亲言传身教，潜移默化的熏陶，有什么样的母亲，就有什么样的孩子，尤其现在，更值得我们重视和大声疾呼。现在这个社会，讲究男女平等，所谓男女平等，女子要跟男子在社会上争权利、争地位，要知道男有男权，女有女权，男女个人权力是不一样的，是不能够混淆的，女权是什么？女权就是相夫教子，这是女子的天职，这个比男权更为伟大，这是繁衍、发展人类的重要使命。为天地培植出一个守法良民，这就是莫大的功德，这就是女权。"不孝有三，无后为大"，这个孝，最大的就是为家庭培养优秀的后代，那反过来，没有优秀的后代，就是大不孝。这个无后，不是说没有子女就叫无后，有子女你不好好教他，他将来不能成为传承家风、家道、家业的人，那这家就断了，就不孝。所以这个就要靠母亲，女权为大，女权最重要的就是教子。现在我们看到很多的夫妻，双方都出来工作，生了儿女就交给保姆照顾。对保姆来说，不是自己的儿女可能不会非常尽心，而且作为保姆，可能她的学识、智慧也是比较普通，可能还不如你，你都不教，你让她代你教，你希望你的儿女将来成什么样的人？这都是我们应该深深反思的。

从事上讲这句话是教子，从心上讲，教子齐家，都需要先修身、正心。像窦燕山，他怎么教子？不需要很刻意，自己做一个好榜样，自己能够诚意正心，能够悔过自新，心一转，家也就转了，身、家、国、天下，同时跟着转。所谓境由心转，一转一切转，你的心善了，你周遭的环境就都善了，这个环境包括自己的身体，这是最贴近的环境，身体健康，长寿，心情快乐。家里头所有的人，都跟着转善，命运改了，家运也随之改了。再扩大，国运、世运都能改，心是主宰，这就是修身为本，《大学》里讲的："自天子以至于庶人，壹是皆以修身为本。"修身是根本，怎样修身？就是"格物、致知、诚意、正心"，这就是《大学》所谓的知本，能不能知本？能够知本，你就落实了。所以修身与训子不是两桩事情，是一桩事情。前句所说的，"居身务其质朴"，后句所说的，"训子要有义方"是一不是二，我们自己认真体会。乃至"修身、齐家、治国、平天下"都是一不是二，不能分开，一修就一切修，一治一切治，一平一切平。所以心平气和，就和谐世界，和谐世界必定从心开始。

第十七讲　非义不敢 君子风范

【勿贪意外之财。】

就是不属于你的财，你不能起贪心。从事上讲，这是告诫我们，不偷盗。

什么叫"不偷盗"，就是不与取，不与就是没给你，那就不是你的，你就不能取，不能够去动，甚至连取这个念头，都不能有，不能贪心。所有的东西，都不能够不与取。小至一针一线，物必有所主。假如你去拿了，这就属于犯偷盗了，没经过主人同意就拿了、就动了，甚至你不是去偷它，你只是用它，也是属于不与取，这严格来讲，都犯偷盗。更何况起了偷盗钱财的念头，还付诸行动，那这造的业就大了。

《太上感应篇》，这是道家一部重要的因果典籍，上面说到："取非义之财者，譬如漏脯救饥，鸩酒止渴，非不暂饱，死亦及之。"非义之财，就是这里讲的，意外之财。义是道义的义，就是应该的意思，义者宜也，宜就是应该。不应该取的财去取了，这叫取非义之财。那么这个果报就很惨，取非义之财就好像"漏脯救饥，鸩酒止渴"，什么叫漏脯？脯就是肉，把这个肉放在屋檐底下，屋檐的雨水滴下来，浸泡这个肉，泡了一定时间之后，这肉就有剧毒了，这叫漏脯。吃了这个肉，立马就死。所以饥饿的时候，用漏脯救饥，不就是自寻死路？鸩酒，就是用一种鸟的羽毛炮制的酒，这个酒是剧毒，一喝必定死，如果用它来止渴，那就是自寻死路。所以"非不暂饱"，还没有饱，就"死亦及之"了。

心机不义　丧身亡家

我们看到前几年，美国发生了巨大的金融丑闻。这个案件发生在2001年，美国第七大能源巨头，安然公司倒台破产。这是什么原因造成的？是由于公司财务欺诈，后来败露了，股票大跌，最后导致破产。这是美国有史以来最大的金融丑闻。数十亿美金付诸东流，许多投资者都遭受严重损失，上万名的美国人因此失去工作和退休金。当时震撼了美国股市，乃至全世界的股市。这个丑闻案的源起，就是因为公司的几个巨头，高层管理人员，贪图非义之财。他们起先成立了多家的离岸公司，就是在海外建了一些分公司，来避税，提升公司盈利，随心所欲，把这资金调到外面，掩盖企业经营的亏损。后来他们变本加厉，还做假账，谎报利润。因为这个公司是上市公司，他们欺骗股民，而且通过内部交易，炒作公司的股票。

这些公司的高管，知道公司内幕，他们用妄语，去骗这些股民，说这个公司利润很好，将来前景无量，于是股民都来投资、抢购了。他们把手上这些股票在最高价位的时候，都抛售掉，偷偷放出去了，赚取大把的利润。但终究纸包不住火，这个公司做的假账，欺诈的行为最后败露了，股票就大跌。从这个公司历史上最高价位的每股90美元，一直往下跌。2000年8月，每股是90美元，2001年8月跌至42美元一股，跌了一半还多，后来10月跌至15美元。再后来，这消息最终走漏了，到11月28日，这股价跌到了谷底，低于1美元。从90美元，降到1美元，90多倍，最后破产了。

而这个公司的高管，他们立刻就有现报，其中三位公司的巨头，几位创始人CEO，前董事长肯尼斯·莱，和首席执行官杰弗里·史基林，因为这个丑案，接受审判。当时的起诉书就达到65页，他们涉及53项指控，包括骗贷、财务造假、证券欺诈、电邮欺诈、策划并参与洗钱，内部违规交易等等经济犯罪。其中，前CEO肯尼斯·莱，面对很可能被判处45年监禁的这个结果，当时就心脏病突发，去世了。另一个CEO，史基林，也是被指控欺诈，面临着275年的有期徒刑，他这辈子肯定坐不完，那下一辈子继续坐好了，还债，副董事长叫巴克斯，饮弹自尽。他的尸体后来在美国休斯顿郊外的一辆轿车中发现，尸体旁边有一个手枪和一纸遗书。这是"非不暂饱，死亦及之"。

现世就遭到这样的报应，那来生一定是堕地狱、饿鬼、畜生三恶道。这是愚痴，贪意外之财的人，他真得到财了？"生前枉费心千万，死后空持手一双。"什么都带不走，正所谓"万般将不去，唯有业随身"，只能带走这些恶业，而且一定会受恶报。所以古圣先贤教导我们，不要贪取意外之财，太重要了。这个意外之财的意，就讲到心上，所以从心上讲，什么叫意外之财？假如我们内心有一丝毫，贪求妄取，这种念头，不是应该你享受的去享受了，那就是意外。要把这种贪念，斩绝得干干净净，这才能成就正人君子的风范。

杨震四知　正气浩然

在汉朝，有一位官员叫杨震，他做东莱太守的时候，提拔了一位读书人，叫王密，把他提拔做了县令，这个读书人就很感恩杨震。有一天晚上，王密带了十斤黄金，来送礼，感谢杨震，杨震就很不高兴，对他说："你怎么不知道老朋友的心？"因为杨震为人是非常清廉的，绝不贪意外之财。王密就跟他讲："深夜里又没人知道，你就收下吧。"杨震就说："天知，地知，你知，我知，哪能说没人知道？"结果王密听了之后，很惭愧，就把黄金带回去了。这就是历史上著名的"杨震四知"，那么他这种公正廉洁的德行，永垂青史，成为后世传颂的一个楷模。对于做官的人，也是一个非常好的榜样。

现在举国上下，都在讲求廉政建设，戒除贪污受贿，杨震就是我们的楷模，如果不是在心地上，把这些妄取贪求的念头，斩绝得干干净净，就很难做到。心地的功夫要用在平时，有一丝毫贪念起来，立即要斩除，把内心的污染，洗涤得干干净净，那么日久天长，也就成就了正人君子的品格，要知道这种品格可贵，比那贪来的财，要可贵一万倍、一亿倍都不止。这种品格能令我们立身不败，能令我们家族延绵不息，能够永垂青史，成为后世楷模，自己来世也必定超生，正所谓"积善之家，必有余庆"，这个庆就是福报，积善之家必有余福，讲余福，肯定有正福在先，余福是对子孙而言，正福是对自己而言，自己生生世世得善果，这是正福，此外还有余福，能够庇荫子孙。

第十八讲　戒酒养德　智慧不泯

【莫饮过量之酒。】

这句话字面的意思就是不要喝过量的酒。从事上来讲，这是教导我们要戒酒。

《弟子规》上讲到，"年方少，勿饮酒；饮酒醉，最为丑"，小时候当然不能喝酒，长大了在应酬的时候，也要尽量戒酒。一般世间人，实在是为了应酬没有法子，略饮一些酒，但是不可以过量，如果是喝醉了，酒后失态往往会乐极生悲，平常的品德修养可能会令人尊敬，但是酒后失态的话，可能把以前所建立的好的形象就葬送掉了。喝酒对身体也有很大的伤害，很多心脑血管的疾病跟饮酒有关，酒精有麻醉的作用，对于心脑血管的疾病有促发作用。所以也时常有听到，在酒席上酩酊大醉的，可能是当场就会倒下，或者是事后数日不醒，醒来之后要大病一场。至于酒后驾车会有危险，喝醉了会误事，这些就不在话下了，所以饮酒有种种的危害，能不饮则不饮，千万不能饮过量之酒。

耽酒嗜色 丧家亡国

在历史上我们看到，饮酒作乐的那些国君往往都会导致丧身辱国。比如商朝的纣王，是一个大酒鬼，历史上记载他饮酒非常量大，而且沉迷于酒色不能够自拔。他对生活享受要求非常高，在三四千年前，竟然就用玉来做酒杯，用象牙做筷子，还造鹿台、造琼室。他筑的一个玉台高千尺，在上面饮酒作乐。因为沉迷于酒色，使当时人心惶惶，国家大乱。

有一位忠臣，是王子比干，劝谏他，不要沉迷于酒色了。结果纣王不但不听，反而发怒，要用残忍的手段来制裁王子比干。他说："我听说圣人的心有七窍，七个孔，你是圣人，我要看看你的心是不是有七孔。"于是就把比干杀了，把他的心肝挖出来。这是沉迷酒色，刚愎自用，结果当然是丧身灭国。

后来，周武王起义师讨伐纣王。本来武王的势力很小，纣王的军队很强大，但是纣王失去了民心，而武王因为仁德得到天下人民的拥戴，所以很快就打败了纣王，推翻了商殷朝，建立了大周帝国。当时纣王败走，跑到了他过去饮酒作乐的鹿台上面，最后真的是四面楚歌，他穿上过去这些用珠玉做的衣服，然后自焚而死。所以说纣王是因为沉迷酒色而落得这种下场。

酒后嗜杀 亡身丧国

上古时代,曾经有少数民族供养禹帝酒,他喝了之后觉得很甘美,但是马上警觉,"这个东西不是好东西"。他说,"后世必定会有因为这种东西而亡国的"。真的,纣王正是一个证明。

在东晋后期的北朝,北方十六国,有一个国王,是前秦厉王苻生。这个人也是嗜酒到了不可思议的状态,昼夜都在饮。饮酒必然乱性,就会发疯,所以他常常乘着醉意,横行霸道,杀人无数,朝野上下对他没有不害怕的。当时苻坚起兵讨伐他,把他抓住的时候,苻生还在酩酊大醉当中没有醒过来,后来被兵士杀掉,苻坚就建立了政权。苻生死的时候只有23岁,他饮酒过量的下场,是家破人亡。所以从事上我们一定要禁酒。

儒家讲究"不饮过量之酒",而佛家讲得彻底,把酒当作五戒之一。五戒这是最基础的、最根本的戒律,凡是学佛的人都要守五戒。杀、盗、淫、妄、酒,这是五戒。酒本身不属于性罪,喝酒本身并不能说它是犯罪,但是喝醉了容易犯杀、盗、淫、妄的罪,所以饮酒叫作遮罪。戒酒是遮戒,这条戒是帮助我们从根本上防范造罪业的,所以中国古圣先贤都非常注重戒酒。

从心上讲,酒能乱性,让我们失智慧种。杀生失慈悲种,饮酒失智慧种,喝了酒就没智慧了。所以古德有说,这个是"迷魂狂药,烈于砒鸩"。砒是砒霜,这是毒药,鸩是鸩酒,就是泡了鸩鸟羽毛的那种酒,都是极毒的,一喝就会死的。古德把酒比喻成砒霜、鸩毒,而且比那个还要酷烈,这是对我们很大的警醒,它是迷魂狂药。沉溺于其中,必定丧失智慧而堕落,其后果也是不堪设想。所以,当我们遇到酒的时候,马上要提起古德的教训。如果已经有嗜酒的习气了,要赶紧改正过来,如果还没有沾染,那千万不能去尝试。

君子慎酒 持戒有德

汉朝末年,有一位君子叫邴原,他的德行学问与当年的管宁是齐名的,跟管宁是同一时代的人。这个邴原过去也是很喜欢饮酒,后来就绝酒不饮了。人家问他,为什么你就不饮酒了?邴原说:"我原来也喜欢饮,但是知道饮酒会荒废道业,荒废学业,所以就把它戒掉了。"这种能够戒除习染之人,那是真正的有德君子,知道这样东西不好,马上把它戒除,所以他能够成就德行学问。

在现代社会,不仅酒能醉人,很多东西也能使人迷醉。我们简单举几个例子,譬如说吸毒,包括抽烟,都会让人沉醉于其中而不能自拔。还有现在的计算机网络,网吧,也让很多青少年沉迷于其中不能自拔。还包括所谓的KTV娱乐场所,甚至有色情内容的娱乐项目,这些东西都能够让人丧失智慧,会促人堕落,都应当戒除。这都属于"莫饮过量之酒"的教诲范围之内。也就是说,君子要处处想到自己远大的志向,不能够沉迷于不健康的这些习染当中,而"玩物丧志"。

第十九讲　宅心仁厚　施惠贩卒

【与肩挑贸易。毋占便宜。】

这句的意思是说，跟做小生意的挑贩们做贸易，做交易，不要占他们的便宜。为什么？因为这些做小生意的商贩，他们生活不容易，靠着自己的辛苦劳动挣得这么一点点钱，我们应该同情他们的处境，不要跟他们斤斤计较，这是一种仁厚之心。

仁厚是福　天道好还

这句从心上讲，是教导我们不要占便宜。《弟子规》上讲，"凡取与，贵分晓；与宜多，取宜少"，人与人之间往来，必定有取有与，与是给与，君子绝对不会占人便宜，绝对是给别人的多，施惠多，收取别人的恩惠要尽量少，而且尽量不麻烦别人，不要让人家受到损失。在生意场上，取与就是买卖，更要"贵分晓"。分晓是要很明白，对方有多少利润，我们要知道，自己有多少利润，也要知道，知道的同时，要多给别人恩惠，多分利润给别人，自己宁愿取少一点，这绝对不是吃亏，为什么？因为人一生有多少财富都是命定的，"命里有时终须有"，何必用那种贪小便宜的损人手段来获利？贪小便宜实际上吃了大亏，为什么？把命中本有的福报给消减了，这何苦来？你多给别人利益，反而养自己的仁厚之心，这是福报的根基。刻薄的人，他的福就薄，仁厚的人福就厚，这是"天道好还"之理，更何况对那些做小本生意的人家，更不能够去占他们的便宜，要体谅他们谋生之难，就像现在，这个经济危机还没有完全复苏，很多做生意的，特别是小生意人，生活艰难，如果自己还有能力，应该存仁厚心，多帮助别人。所以从心上讲，这是教导我们存心仁厚。愈仁厚的人，他的福就愈大。

《了凡四训》上面讲，"世间享千金之产者，定是千金人物；享百金之产者，定是百金人物"；有十金财产的，你就是十金的人物；该饿死的，也是饿死的人物。这是说什么？千金之产的人，他们的心地一定要仁厚。假如他不仁厚，即使现在有千金财产，没过多久必定败家，不能长久。

为富而仁 福报绵长

我曾经跟一位相熟的朋友到北京，她是澳门特首何厚铧的嫂嫂何太太，何先生是银行家，这个家族十分兴旺。

她邀我一起去见一位老裁缝，说要给我做两套衣服。我说不用了，她就劝我一定要去做。她说她每次到北京，都想找这个老裁缝多做几件衣服。我说我的衣服都够了，不用再做了。她说："不是这个意思，因为这个老裁缝年纪很大了，夫妇两人在北京城，住在自己老屋里，生活其实也是挺艰难的，去那里做衣服，其实不完全是想要穿衣服，我是想通过这样的做法多帮助他们一些。"我听了很感动，这真的是存心仁厚。这里讲到的跟"肩挑"贸易，是一样的，不要占便宜，不仅不占便宜，要反过来，多给人便宜，那么自己的福报也就能够绵长。

第二十讲　仁爱助人 增长福德

【见贫苦亲邻。须加温恤。】

这是讲到，看见穷苦的亲戚邻居，应当要关心他们，特别是给他们金钱上、体力上的援助。这个也是讲要养我们的仁厚心。

在事上讲，一定要去落实这种"温恤"的行动，给他们以帮助。这些穷苦的亲戚邻居，乃至不认识的人，都应该尽自己的力量来帮助他们。特别是有紧急需要的，应当帮助他们渡过难关。帮助别人实际就是帮助自己。要知道，自己现在有一定的福报，这个福是过去修的。那享福的时候，就要修福，就好像我们吃果实，要留一个种子种到地里，来年还能有收成；就好像点灯的时候，应当在油没烧尽之前就加油。所以，自己的福报还存在，还没享完之前，就要想到修福，为将来做打算，这是聪明人。能够常常有助人之心，天也就常常帮助我们，那我们也就不会有那种经济窘迫的状况出现。

世间有一种守财奴，家庭虽然很富有，但就是不愿意帮助别人，真是一毛不拔，铁公鸡。当穷苦的亲戚朋友来找他帮助的时候，他就先做出一副很窘迫的、自己也没钱的样子，别人看到了也就难以启齿。有这种心，他的财再多有什么用？都只是过眼烟云，银行里面存款的数目额很大，也是存折本上的一个数字。人总有旦夕祸福，有能力的时候不去多帮助别人，有一天到自己遇到困境了，你想想，别人能帮助我们吗？好景不是永远存在的，想要好景常在，必须多修福，多布施。

为富不仁 万贯不保

在曾国藩先生外孙聂云台先生写的《保富法》这本书里面，举了一个他亲眼见到的例子。是讲清朝末年，上海有一位盐商领袖，姓周，我们叫他周翁。当时盐商都是非常富足的，时值湖南发生了灾荒，朝廷发动所有的富商都来认捐银子赈灾。当时他这个湘潭分号的经理就代周翁，代老板认捐了五百两银子。这件事情后来报告给周翁，周翁就非常生气，他不愿意捐这笔银子。曾经有人问过他，你如何能够发家发到这样地步？他说，没别的法子，只是积而不用，这是他的经营哲学，只是积累，不去用，所以赈灾他也不肯去布施。周翁过世之后，确实留下的遗产很多，有三千万两银子，他的十房子孙把家产都分了，每家也至少分得三百万两。可是，不过十几年，这十房的子孙，把家都败完了。所以可见得，人如果没有德，即使是万贯家财也不能够长久。古人说的，富不过三代，正是讲的这个道理。

忧乐天下 圣贤风范

宋朝范仲淹先生,他是出将入相,在朝廷里得到重用,朝野上下都把他奉为圣贤,可是他自己的生活极其简约。有一次家里看了一块地,苏州南园,就要把它买下来作为自己的住宅,结果有风水家看了这块地就说:"这块地不得了,你家将来会出很多人才。"范先生一听说这块地能出人才,就立即把它捐出来作为学宫,就是做学校,为国家培养人才。他自己所得的俸禄都用作布施救济贫苦,或者是弘扬国学。当时他对儒教的复兴有很大的贡献,可是他居家非常节俭,家里人都穿布衣,甚至他去世的时候,连丧葬费都不够。真的是"先天下之忧而忧,后天下之乐而乐",一心只想着万民,只想着国家社稷,没有想自己。可是自己福报确实非常的绵长,他的四个儿子后来都做到了宰相、公卿、侍郎这些大官,每个儿子都是道德崇高,继承了范仲淹的德风。所以范家八百年不衰,有它的道理。

孟子说:"为富不仁,为仁不富。"一心只钻到钱眼里的,只想着富裕,这是一种贪图利益的心。这贪利的心必定是不仁,仁者爱人,爱人一定能做到舍己为人,像范仲淹先生一样,范仲淹是做到了"为仁不富"。像刚才讲到的上海盐商周翁,那是为富就不仁了。不仁者,家道一定不长。所谓仁者寿,寿是什么?长久。他的福报,自己这一生享不尽,子孙都得到了福荫。

所以这个"见贫苦亲邻,须加温恤",在心上讲,就是养自己一片慈悲仁爱的心。要知道，有一念真心为人，为万民，这个功德是无量的，能够念念为万民，这个人就是圣人了。

一念万民 功德无量

宋朝有一位官员叫卫仲达，他在任职的时候，有一鬼卒把他的魂魄摄到了冥司，也就是去见阎王了。阎王爷就命令鬼卒把他这一生的善恶二录拿出来，善录上记载着他一生行的善事，恶录上是记录他所做的恶事。结果把这个善恶录拿出来之后，就发现恶录的那些简子，把整个庭院都铺满了，可是善录只有像筷子那么细的一轴而已。然后阎王又命鬼卒把这善恶录都放到一个大天平上称一称，发现那个恶录，铺满庭院的这些简子，比那个只有一轴的善录还要轻。

卫仲达就很疑惑，他说："我年纪还不到四十岁，为什么造的恶这么多？记的恶录满庭院都是。"阎王告诉他："一念不正就是恶，不一定要你犯。有念头不正，就要记录下来。"卫仲达又问："那这善录，这一轴里头是什么东西？"阎王就告诉他说："这里是过去朝廷要兴建三山石桥，你曾经向朝廷上疏，这么做劳民伤财，这是你劝谏不要做的疏稿。"卫仲达就说了，"我当时虽然上疏劝谏君王，可是朝廷没有听从，于事也无补，这个善录怎么能够比这么多的恶录还要重？"阎王就告诉他说："虽然你当时上疏朝廷没有听从，可是你那时候这一念确实是为了万民，当然如果朝廷听了你的话，停止造这个三山石桥，那你的善力就更大, 功德也更大了, 能够这样一念为着万民, 你这个善力就不可思议了。"可贵的是, 那一念是真心, 而且这个心是想着天下国家, 所以, 只是一件善, 这个力量就很大。如果只想着自己一身, 即使做了很多, 力量也还很小。

可见得, 这一点慈悲仁厚心难能可贵。世间圣人就是凭这一点仁厚之心成圣成贤的。圣人能做到的是念念慈悲仁厚, 而凡人虽然也有这个心, 但是遇到利益当头时, 这个心就退了, 所以就堕落成凡夫了。

一念仁爱　三千功行

道家也讲, 要出世成仙还是得修这颗仁爱心。《道藏》里面记载着一个故事, 说汉钟离授丹给吕祖, 教给他一个点铁成金之术。把铁一点就成为金块了, 拿着这个金块就可以救人了, 这是好事情。吕祖还没学之前就先请教钟离, 说: "我把这个铁点成金之后, 将来金还会不会再变成铁?"钟离就告诉他: "五百年之后这个金还会还原成铁。"吕祖听了之后说: "那这岂不是害了五百年之后的人? 我不愿意学这种点金术。"确实, 把这铁点成金子了, 现在是可以救人了, 可是五百年后的人拿了这个金子, 突然变成铁了, 不就反受其害了? 钟离听了吕祖这一番话, 赞叹他说: "修仙要修三千功行, 你这一句话, 三千功行已经圆满了。"三千功行就是修这一颗仁爱心, 心已经圆满了, 这三千功行当然也圆满了。

第二十一讲 作善百祥 作恶百殃

【刻薄成家。理无久享。】

这是跟前面一句相对，反过来讲。前面教我们"见贫苦亲邻，须加温恤"，养我们仁慈的心，这里警诫我们，不可以刻薄待人。对人刻薄而发家的，绝没有长久享受的道理。

这句话是从事上告诉我们，因果报应之理，所谓"天道好还"。《书经》说："作善，降之百祥；作不善，降之百殃。"人能够常常行善，天必降福，人如果刻薄而不善，天必定降下灾殃。刻薄的人是不念恩、不念旧，受人恩惠，也没想到要去报答，而且一心只图私利，那么，即使是骤发，他也不可能久享，必定有骤亏之日。反过来，受人恩惠，常常念着报恩，那么天也必报他以后福。如果是常念着旧友，念旧，那么这个友谊也必定恒常。孟子说："出乎尔者，反乎尔者。"往往天给人的报应都是"以其人之道，还治其人之身"，我们今天刻薄待人，必定也招致别人刻薄待我。我们凶狠待人，必定有人会用同样的方法治我，所谓"恶人自有恶人磨"。

君已入瓮 凄凉千古

武则天是历史上唯一的女皇，她改唐为周，自己做了皇帝。她当政时遭到很多人反对，于是就用酷吏去镇压反对她的人。其中有两个最凶狠的酷吏，一个叫周兴，一个叫来俊臣。周兴在前，来俊臣在后。他们仗着武则天的威势，常常是为所欲为，看见人不顺眼了，马上就利用诬陷控告和惨无人道的刑罚来整治人。被他们杀害的正直的文武百官和平民百姓，在当时有很多。

直到有一天，周兴也被人密告谋反（他常常用这种方法来整人，人家也用同样的方法对他），这个密信送到武则天手里，结果武则天大怒，就责令来俊臣严查此事。来俊臣心里就犯嘀咕了，这周兴是个狡猾奸诈之徒，要凭一封告密信恐怕无法让他说实话。那怎么办？要是查不出来，太后怪罪下来可担待不起。他苦苦思索了半天，想了一条妙计，于是准备了一桌丰盛的酒席，就请周兴到他家里吃饭，一边喝酒一边聊。酒过三巡之后，来俊臣就装模作样，叹口气说："哎呀，兄弟我平日办案常常遇到一些犯人死不认罪，不知老兄有何办法？"周兴这时正喝得很得意："这很好办，你就找一个大瓮（就是像坛子似的，大坛子），四周用火把它烤热，烤得很热很热，然后把犯人赶进这个瓮里，你想想，这个犯人能不招供吗？"来俊臣听了之后，点头称是，马上命人抬来一口大瓮，按着周兴的方法在这个瓮底下点火，把瓮烧得通红，然后回头跟周兴讲："现在有人密告你谋反，上头命我来查办，对不起，现在就按您的方法，请老兄钻进瓮里头。"这周兴一听，吓得面如土色，马上跪下来，连连磕头说："我有罪，我招供。"这正是"以其人之道，还治其人之身"。你过去曾经用这种残酷的手法来逼害人，就会有人用同样的方法整治你。所以有句成语叫"请君入瓮"，就是讲这个故事。

来俊臣的残酷比周兴更厉害，那是有过之而无不及，所以来俊臣下场比周兴更惨。他的好景也不长，也是有一个酷吏，曾经还跟来俊臣共过事，这个酷吏叫吉顼，他心计深沉，胆略非凡，后来得到了武则天的信任，把来俊臣也整下去了，来俊臣最终落得个斩首的下场。到了斩首那天，首都洛阳城中所有的老百姓倾城而出，大家都拍手称快，都来看来俊臣怎么死法。结果来俊臣人头刚一落地，百姓就蜂拥而上，有的挖眼睛，有的剥皮，有的挖他的五脏六腑，没过多久，来俊臣的尸首就被掏光挖空了。所以，"刻薄成家"，待人残忍，下场就是这样子。这是从事上讲，因果报应是丝毫不爽。

杨荣救灾　上天厚报

从心上讲，这是教诲我们一定要存心厚道。厚道存心自有天来酬偿。明朝有一位贤臣叫杨荣，他是建宁人。他的祖上以济渡为生，撑船渡人。有一次他的家乡发大水，冲毁了很多民居，很多人都淹死了。不少船夫就趁这个机会捞取那些货物，哪家民居被摧毁了，他们马上就去抢捞。只有杨荣的曾祖父和祖父，父子两人只是救人，没有拿任何的财物。乡里人都笑话他们父子俩："太愚蠢了，有得拿还不拿，不要白不要。"可没想到，到了杨荣父亲出生的时候，家里渐渐富裕起来了，福报现前。有一个神人化作道士，跟他们家讲："你家祖父有阴德，你的子孙有贵显，应该把祖上的坟地葬在某个地方，那是风水宝地。"明朝很著名的白兔坟就是这杨家的。后来杨荣出生了，果然弱冠登第，没到二十岁就考上进士了。他辅佐明成祖建立奇功，后来被晋升为太子少傅、少师、太师，三公，这个职位是最尊贵的，而且朝廷还把他的曾祖、祖父和父亲都追封跟他相同的官位，他的子孙也是非常贵盛贤能。

由此可见，存心厚道，在危急关头，只想着救人，虽然一般人笑话他愚钝，天自有厚报他的一日。所以厚道成家才能久享，刻薄成家必定会身败名裂。

第二十二讲　违背伦常　根枯树亡

【伦常乖舛。立见消亡。】

"乖舛"就是违背的意思，"伦常乖舛"就是违背伦常。这种人必定会很快被消灭，灭亡。

遵守五伦　人之本分

从事上讲，这句话教导我们不能违背伦常，应该敦伦尽分。"伦"就是人与人之间的关系。古人讲究的五伦关系，所谓父子、君臣、夫妇、兄弟、朋友，这五伦关系可以说是概括了人与人之间全部的关系，而且这五种关系是人生来必须要面对的，它是一个客观存在的事实，是自然之道，不是人为创造出来的。譬如说人一出生，自然就有"父子"这一伦，也就有"君臣"这一伦，"父子"是父母跟儿女的关系，君臣是领导与被领导的关系。就像动物，它也有父子，有君臣。你看在一群动物里面，都有个领头的，那就是君，跟在后面的是臣，而且都有夫妇、兄弟、朋友。所以，这五伦关系，它是自古至今都存在的，所以称为伦常，"常"是长久。古人有这五种关系，现在人还是这五种关系。

我们必须要遵守人与人之间的这种伦常道德。这五伦当中，父子有亲，父子这一伦讲究的是亲爱，爱，体现在父母的慈和儿女的孝，所以称为"父慈子孝"。"君臣有义"，体现在君对臣以仁爱心，臣对君以忠心，所谓君仁臣忠。夫妇之间讲究"夫义妇顺"，彼此心存道义、恩义、情义，能够温和随顺，和谐家庭，家和万事兴。兄弟之间要"长惠幼顺"，兄友弟恭，这是兄弟之间的道德关系。朋友之间讲求的是"朋友有信"，即诚信待人。可见，五伦里面有十义。五伦是道，在这五伦当中，我们遵守自己的那份义务，分解出来就是十义，这是长久不变的真理，如果违背了伦常道德，那必定是很快会消亡的。

《左传》讲："人弃常则妖兴。"人如果把伦常舍弃掉，那么妖魔鬼怪就兴起来了。妖魔鬼怪一兴起来，人一定很快会死亡，这个家也很快会败，乃至整个国也会很快灭亡。五常讲的是仁义礼智信，这也是道德，还是从五伦关系当中演发出来的。这是做人的根本，这个根本坏了，就好像树没了根，根没了，它很快就会死亡。

违背伦常 果报惨重

在南北朝时期，北魏的开国皇帝，魏武帝，叫作拓跋珪。这个人非常有能耐，16岁就称王，26岁就建立了他的帝国，成为当时北方最强大的政权。这个人年轻得志，但中年以后就开始堕落。因为他刚愎自用，沉迷于酒色，而且性格变得多疑残暴，常常亲自动手把人毒打致死，一点仁爱心都没有。五常里讲的仁义礼智信，没有仁，后面的义礼智信都没有了，所以杀人如麻。有时候他乘车，手里拿着宝剑，无缘无故就从后面用剑敲击那个拉车人的头部，死一个就换一个，一天要死几十人。

他性格多疑，越是杀人，就越怕别人谋害他，甚至将自己宠爱的妃子刘贵人也赐死了。他经常更换寝室，晚上睡觉，连他最亲密的亲信都不知道他住在哪里，怕的就是别人谋害他。只有他的一个宠姬万氏知道他的去处，他只信这个人。可是偏偏这个人就怀有异心。这个妃子，跟他的二儿子拓跋绍私通，这是乱伦。

拓跋绍生性很凶残，跟他父亲的妃子私通之后，有一天晚上，就跟万氏里应外合，把自己的父亲刺死了。拓跋珪死的时候，只有39岁而已。前面讲过："刻薄成家，理无久享。"生性凶残必定遭到早死的报应，而且竟然死在自己儿子的手上。拓跋珪狠心杀害自己的妃子，而且乱杀人，天就给他这个报应，他的亲生儿子比他更凶残，这叫一物降一物。这儿子，那都是讨债报怨来的。

因为这个家风，这个儿子也没有好下场。当时拓跋珪的长子比较贤能，次子拓跋绍把父亲杀掉以后，长子听到这个消息，立刻就联络大臣，把他的弟弟拓跋绍杀掉了。杀害父亲，立刻遭到报应，真是善恶之报，如影随形，尤其是毁灭天伦的，杀父害母这个报应特别的惨烈。

"伦常乖舛"，违背伦常的人，都是心里只存一个利字，对我有利的，我就做，对我没利的，不仅不做，反而起了谋害别人的心，做出违背伦常之事。所以，敦伦尽分，就是敦睦伦常，守自己本分，这是做人的大根大本。有这个根本了，自己才能够得到大利。所以，一心只图一个利的，他就失去大利了。反倒是能够敦伦尽分的，有好根基的，他得到了大利。所以古人讲，"人无伦外之人，学无伦外之学"，做人根本，就是敦睦伦常。人，没有说有伦外之人，人必定生活在与人相处的关系当中。人的平生学问也不外乎是处理好各种关系，这个关系包括人与人之间的关系，人与自然的关系，乃至人与天地的关系，所以这个学问就是教我们如何处理好这三种关系。违背伦常是把自己置于绝地，天报之会非常迅速。伦常是天地之间的自然秩序，能够敦睦伦常，就能长久，关键在于我们能放下一己之私利，放下一己私利就能成全长久之大利，那自利也在其中。

孝悌仁厚 家道兴旺

我最近到北京参加国际儒联的一个会议，在北京结识了曲美家具这个家族公司的领导人。

这个家族的三兄弟是这个公司的总裁、副总裁。我们见到的是老大，大哥，他请我们吃了饭，跟我们谈起他的经营史。他很谦虚，说自己文化不高，农民家庭出身，自小家境贫穷，但是他们家讲究孝悌，对父母非常尊重，兄弟之间，40多年来没红过脸，兄弟三人合伙办这个家具企业,办了22年。

我们看到统计,现在民营企业的平均寿命是2.9年,不到3年,他们这个企业办了22年,不容易,专营家具,做得很成功,在全国各省市都有连锁店,大概有500多家,一年上税几千万,而且现在正准备上市。他告诉我,说他们兄弟三人挣得的钱全都给他母亲,对父母非常尊敬,三个兄弟之间非常和敬,三个媳妇也都是孝敬公公婆婆,儿女都很乖,很不错。这位大哥将他的太太和三个女儿也都带来了,请我们看了电影,是国庆期间放的《建国大业》。

看到他们一家,我们感觉到很欢喜,敦伦尽分的家庭,真是福报大。这22年的经营,现在愈来愈兴旺,应了古话所说的,"家和万事兴","以和为贵"。所以能够敦伦尽分,真正得到大利。这是从心上来说,能敦伦尽分,就长养孝悌仁厚之心,一切福报都基于这种孝悌仁厚之心。

第二十三讲　取少予多 家族和睦

【兄弟叔侄。须分多润寡。】

这句话是说，兄弟叔侄之间要互相帮助，富有的应该资助贫穷的。"分多润寡"，多，是讲富有的要分出一些，润是帮助，帮助那些比较贫穷（寡）的，家里面能够利和同均，这个家族就和谐，就没有怨恨了。古人讲的，"一家饱暖千家怨"，如果我们自己独富，别人都贫穷，那会生怨恨。所以从事上讲，这句话教我们，能够利合同均，必定使家人和睦。扩大来讲，这一家能够"分多润寡"，帮助其他家庭，也就使一个地区和睦。

彦霄悌兄　己显子贵

历史上记载着一个故事，这是在《感应篇解》里头。讲到明朝有两兄弟，一个叫赵彦霄，这是弟弟，他的哥哥叫赵彦云，他们的父母去世后，云霄兄弟两人在一起生活了十二年。后来这个哥哥彦云，因为吃喝玩乐，把自己的学业、事业都荒废了，于是就跟弟弟提出来要分财产，他想，如果自己拥有一部分财产，就能够更任意的花费。结果分了家，五年之内哥哥就把自己那份家产都败完了，这个时候，弟弟彦霄就摆了一个家宴，请哥哥来赴宴，他跟兄长说："弟弟其实没有要分家的意思，只是因为哥哥您有点吃喝玩乐，怕的是不能够把我们祖父辈的家业守得住，所以才同意跟您分家，我只是为了守住一半的家业。现在您如果愿意，就请您回来，我把我这一部分的家业全都给您，让您主持家政。"于是他马上把自己过去跟兄长分家的那个契约拿出来，当面就把它焚化掉，把家里仓库的这些钥匙也都交给兄长，并且还代他的兄长还了那些拖欠的款项。这些举动令兄长非常惭愧，忏悔回头，所以保全了家业，挽救了兄长。后来赵彦霄跟他的儿子，都考上了进士，得到了显贵。

所以，人往往面对财富的时候，即使是兄弟之间可能也会出现裂痕。我们也看到过，也听说过，要孝敬父母亲的时候，需要用到一些资产，兄弟之间都会互相推诿，不愿意承担。到分父母财产的时候，兄弟之间就会发生争斗，甚至告上法庭。看看明朝赵家这兄弟俩，当弟弟的能够做到这样，真正令我们感动。所以古人说的好，孝养父母的时候，要常存"父母少生一个儿子"这种想法。少生一个儿子，那我就多承担一分，要直下承担，孝敬父母。当要分父母财产的时候，要想着好像父母多生了一个儿子一样，我这个是多生出来的，本不该生的，现在多生了，就不要父母的遗产了。能有这份存心，德就厚，那他的福也必定厚。

叔代侄死 感化盗贼

从心上来讲，兄弟叔侄不仅是一家人，而且是一体的，因为都是同一个祖先所生，祖辈父辈是相同的，所以兄弟如手足，叔侄是一体。

元朝顺帝年间，在黄州这个地方有一种妖贼，侵犯很多的百姓。当地有一个人叫章溢，跟他的侄子，就是他哥哥的儿子，叫章存仁，叔侄两人为了避贼乱，逃到了山里。不料，侄子章存仁被妖贼捉去了，这时，章溢就跟那一班妖贼说："这是我的侄儿，我的哥哥就只有这一个儿子，他现在年纪还很小，我情愿代我侄子死，不可以让我的哥哥没有后代。"就请求妖贼不要杀他的侄儿，说着说着竟然号啕大哭起来。结果这些贼人都被他感动了，对他的这种道义非常敬重，于是把叔侄两人都释放了。

在危乱之中，最能够看出人的真情真意。章溢能够在这种流离颠沛当中，一心念着自己的兄长，愿兄长能够留一线宗祀，舍身代自己的侄子受死，这种深情厚谊，可谓是大丈夫。如果不是把兄长和侄子这一家看作是自己一体，真的是做不到。所以圣贤教导我们，要用仁心。仁是二人，二人同体这是仁。先从自己的兄弟叔侄一家人养成这种仁爱一体的心，然后把它扩大，把所有的人都看成自己一体。人我一体，哪有彼此之分？佛家讲的"无我相，无人相，无众生相，无寿者相"，四相都放下了，就进入人我一体的境界，这是大圣人。所以，从兄弟叔侄这里养这份存心，这是圣贤教导我们方便下手处。

第二十四讲　家风严谨　子孙百世

【长幼内外。宜辞严法肃。】

这句是讲到一个家庭里，必须要有严肃的家法和规矩，长辈对晚辈的教诲，言辞要庄重要严肃，这是体现家风的严谨。在事上讲，重规矩，所谓无规矩不成方圆。家风体现在家规上，有严肃的家规，必定能有严谨的家风。

富贵极处　守谦守俭

清朝的曾国藩先生就非常注重家风建设。曾国藩从小受家庭的影响，家里很讲究家规、家风。他是半耕半读发奋苦学而成材，为朝廷建功立业，做了大官，官至极品，位高权重，可谓拜相称侯。而且他的四个弟弟都被朝廷封为大官，整个家族可以说是荣华富贵到极处。可是曾国藩却处处守着谦虚谨慎，他再三告诫自己的子孙后代，必须是"半耕半读，勤俭持家，以继承祖先的优良传统"。古人讲的"耕读传家"，读书是明理，耕田耕作是教我们去实践去力行，讲究的是知行合一。所以曾国藩要求他的子孙们、子弟们，亲自参加打草、捡柴、拾粪、插禾、锄地、收割等等农事劳动。不许他们仗势欺人，自己的事情自己做。即使家里有奴婢，子弟们也不能够随便差使。

曾国藩的住宅，即家宅，取名叫"八本堂"。本是根本，哪八本？第一是"读古书以训诂为本"，训诂是解释字句，明了字句的意思；第二，"作诗文以声调为本"；第三，"养亲以得欢心为本"，这是孝养父母之心，让父母生欢喜；第四，"养生以少恼怒为本"，修养自己性情；第五，"立身以不妄语为本"，做人真诚守信；第六，"治家以不晏起为本"，不晏起是不能晚起，要早起，这是勤俭持家；第七，"居官以不要钱为本"，这是居官要清廉，不能够贪污受贿；第八，"行军以不扰民为本"。曾国藩也是出将入相，战功显赫。他用这种家风家道来修持自己，整饬家庭，所以这"八本"成为了曾氏书香门第的教育精髓。

他又说，居家有四败，败家体现在四个方面：第一，"妇女奢淫者败"；第二，"子弟骄怠者败"，骄是骄慢，怠是懈怠懒散；第三，"兄弟不和者败"；第四，"侮师慢客者败"，侮是欺侮，对老师不恭敬，或者是阳奉阴违，这是侮师，慢客是对客人怠慢，无礼傲慢，骄则败。这是居家的四种败相。

他说，"一家能勤能敬"，能够勤奋，能够有恭敬心，"虽乱世亦有兴旺气象"；"一身能勤能敬，虽愚人亦有贤智风味"。这讲得好，所以家风建设，曾国藩这一家，确实是我们的好榜样。古人讲的"修身、齐家、治国、平天下"，能够把身修好了，带起一家,这家风就带好了,家风能带好,他就能治国,就能平天下。

曾国藩对自己的四个弟弟也是这样叮嘱,他说:从古到今,官宦人家,大多只有一二代就享尽荣华了,主要的原因是子孙后代开始骄横跋扈,紧接着就是荒淫放荡,最后就落得个抛尸荒野的下场;而那些做生意买卖的富家子弟,我们能看到,能勤俭持家的,可以延续三、四代;耕读传家的,能够谨慎质朴,这个能延续五、六代;孝友传家的,孝友就是孝悌,孝悌传家,可以绵延十代八代。

这也真正是《了凡四训》中所说的:有百世之德者,必有百世之子孙保之;有十世之德者,就有十世的子孙保之;如果是斩焉无后者,那是德至薄也。薄德之家,就没有子孙来保守他的家业了。什么是薄德之家?刻薄成家、骄奢淫逸,就是败家相。

曾文正公,就是曾国藩先生,虽然自己位高权重,在位二十年,死的时候留给子孙、家族的只有两万两银子。除了乡间一个老屋之外,没有建造别的房子,也不曾买过一亩田地留给子孙。他在领兵打仗的时候,对自己的僚属(下属)宣誓说:"绝不取军中一钱,寄回家里。"他是数十年如一日,这种风格跟三国时代诸葛亮相同,所以子孙依然是贵盛。

家庭教育确实是根本,现在社会出现种种的乱象,其根源就在于家庭教育缺乏。家里面没有优良的家风,父母长辈没有带一个好头,做好榜样,儿女也就受这个社会之污染,随波逐流,富家的人养成骄奢淫逸这种习气,贫家的人就羡慕荣华,重利轻义,所以,这个问题就导致了社会的种种乱象。要构建和谐社会，必须从家庭做起。一个家庭有它的家风、家规、家学、家业，要重新提倡中华老祖宗这种道统，才能恢复优秀的家教，这样的家庭培养的儿女才是优秀的。社会的细胞在家庭，家庭要是乱了，社会也就乱了。

长幼内外要辞严法肃，这里讲究的家规家风是培养孩子的那种恭敬心，严谨的心，从心地上防止骄慢。行军打仗，兵最怕骄，骄兵必败；儿女也最怕娇惯，一娇惯，那一定出现问题。要知道，一切福德都从这个恭敬心中得来。如果儿女没有了恭敬心，自私自利，任意妄为，妄自尊大，他的福很快就会丧尽了，家也很快会败。所以，儒家《礼记》里面第一篇《曲礼》第一句话就说"毋不敬"，没有不恭敬的，就是对谁都要恭敬，恭敬一切人，恭敬一切事，恭敬一切物，敬人、敬事、敬业、敬天、敬地、敬物，毋不敬。我们胡主席在"社会主义荣辱观"里面也特别提出"以骄奢淫逸为耻"，八荣八耻里面的其中一条。骄奢淫逸会败家，也会败国，要提倡艰苦奋斗，恭敬存心，勤俭持身。

第二十五讲　听妇乱家 愧为丈夫

【听妇言。乖骨肉。岂是丈夫。】

这是讲到，如果一个男人听信妇人挑拨，伤了骨肉之情，这哪里配做一个大丈夫？

知所先后 则近道矣

从事上来讲，父母骨肉跟妻妾比起来，当然是父母骨肉为重，妻妾为轻。夫妻之间能够和好，这固然是一家之乐事，但是，如果是只为了夫妻之间的感情，而伤害了父母骨肉之间的感情，这就违背了天理了。

要知道，我们呱呱坠地的时候，嗷嗷待哺的时候，便尿不分的时候，我们的妻子在哪里？当时能够养育我们、抚养我们的只有父母，所以相比起来，父母之恩德远超过妻子。当然，对男人而言，我们说妻子，对女人而言，我们说丈夫。所以轻重我们要识别，怎么能够有了妻子了，反而虐待、薄待自己的父母？这哪里能够叫作人子? 这哪里是真正的大丈夫? 妻子的话语, 当然听起来很甜美, 甜言蜜语, 很容易听入耳。父母的教训, 往往会很直截, 忠言逆耳, 听起来不太容易入耳; 但是真正有理智的人要识别, 父母对儿女那是真心, 因为父母对儿女的慈爱是无条件的, 这种真慈真爱, 超过了配偶的那种爱心。所以, 为了妻子而薄待父母的, 这个罪业就重了。世间人如果对父母不能够尽心竭力奉养, 只是敷衍了事, 没有真正的恭敬心, 表面上做出孝顺父母的样子, 可却是阳奉阴违, 内心里没有真正孝敬, 这已经是罪不可赦了, 更何况是因为宠爱妻妾而悖逆父母, 那是罪加一等。

惧妻弃母 夫妇遭报

我们在《感应篇汇编》里面看到有一个故事, 讲的是刘建德这个人, 他的妻子很凶悍, 刘建德也没有办法, 对他妻子是无可奈何, 怕老婆, 处处都随顺。

有一天他母亲病了, 结果他妻子竟然要把他母亲送到尼姑庵里, 他母亲不愿意去, 刘建德也无可奈何, 听妻子的话只好把母亲送到尼姑庵里, 派了一个婢女去服侍, 他母亲悲愤而死。临死前大骂:"我死了之后一定向阎王老爷诉讼, 治你们的罪。"母亲死了之后没几天, 刘建德的妻子突然发病疯狂, 大叫着说:"我不应该把婆婆赶到尼寺里去了。"过了两天, 这个妻子就死了, 死的时候遍体青紫。又过了两天, 刘建德也发狂了, 说:"我刘建德听了妻子的话, 悖逆母亲, 现在也遭报应了。"结果也是暴死了。两个人入殓之后，有一天突然天雷巨响，两个棺木都裂开，尸体在里头发臭了，那个臭味，数里之外都能闻到。

所以《孝经》上讲，"五刑之属三千，而罪莫大于不孝"，这是讲到世间王法，对于这个不孝的罪，惩治是最严的，古时候都是这样。这是讲阳间的律法，阴间的律法更是这样，那种逆子逆妇，得到这个暴死、雷击的报应。所以看到这些报应的事例，我们怎能不警醒回头。

智慧孝子　善巧守义

从心上讲，"听妇言，乖骨肉，岂是丈夫"是要我们存天理，灭人欲，这才是真正丈夫。"听妇言，乖骨肉"都是理不胜欲，天理战胜不了人欲，才会出现这种行为。

《感应篇汇编》里面还有一个故事。说古时候文安县有一个居民娶了一个妻子，这妻子长得很美，但是很凶悍，对她的婆婆非常地厌恶。每次丈夫回来，她都向丈夫哭诉婆婆怎么样虐待她，其实都是背后讲她婆婆的坏话。这个丈夫听了之后也没搭话，有一天就拿出一把利刀，对他妻子说："你老是说我们母亲虐待你，那这样吧，我用这个利刀拿去把我妈妈捅死，你说好不好？"这太太就说："好！"她先生又说了："这样吧，你先用一个月时间对咱们的母亲去尽孝，让四边周围的邻居都知道你对婆婆很孝顺，但是婆婆是很虐待你，然后我们再把她杀掉，这样大家也都没话好说了。"这个妻子听了之后就满口答应，于是就对她的婆婆尽孝了。这一个月来，那真的是晨昏定省，侍奉床前。

结果过了一个月，先生又拿刀出来，跟妻子说："咱母亲待你怎么样？"他太太说："哎呀，其实母亲对我挺好的。"然后又过了一个月，这个先生又问他太太，太太就说："现在今非昔比了，婆婆跟我相处得很好，咱们也不要想杀害她的事情了。"这个时候，他先生把脸一沉，拿着刀指着她说："你有没有见过世间人丈夫杀妻子的，有没有？"他太太面如土色说："有。"丈夫又问："你有没有看过儿子杀父母的？"她说："闻所未闻。"这丈夫接着说："人生以孝养为大，父母之恩，杀身都难报，娶太太，就是为了帮助我孝养父母，你不但不能够孝养我的母亲，还反而要让我去做那种大逆不道的行为，我这把刀，实际上讲，是准备要砍你的头的。可是先给你两个月，试探一下你，看你能不能改过，现在你能够改过，我才饶你，否则我今天就要手起刀落了！"这太太听了之后马上拜倒在地，哭着说："千万要饶恕我，以后我再也不敢怠慢婆婆了。"所以，从这个例子我们看到，文安县的一个居民，这一介凡夫都能够用这种方便教化来转化他的妻子，转恶为善，所以，做君子必定是要从自己孝养父母，把持天理公道，转化家庭，转化小区，转化社会。

第二十六讲　重财轻亲 非为人子

【重赀财。薄父母。不成人子。】

这句话是告诉我们，如果为人子者看重钱财，薄待父母，就不符合为人子之道了，也就是不能够称为人子了。

人之父母　若水之源

凡人都有父母，假如因资财而薄待父母者，那简直就不是人了。那么一个人为什么会"重赀财，薄父母"？这是因为他把本末给倒置了，分不清哪个是根本，哪个是枝末。古人说得好："父母者，人子之本源也。"这个本，如树木有根，源是指河流都有源头。一棵树木要有根才能够茁壮繁茂；一条河流要有不息的源流、源头，才能够源远流长。父母是做儿女的根本和源头，所以世间没有任何一桩事物能够比孝顺父母更重要的了。《大学》说到："德者本也，财者末也。"这是给我们明确地指出来，道德是人的根本，而资财只是枝末而已。那么道德里面什么是根本？孝道是根本。孔老夫子在《孝经》开宗明义就说到："夫孝，德之本也，教之所由生也。"

世间人因为从小没有接受道德教育，又受到社会的名利思想污染，所以往往就做出"重赀财，薄父母"的行为。如果自己财富满足，富贵了，往往就把父母忘掉了；假如自己财富不足，很贫乏，就想着要向父母要钱，占父母的便宜。父母如果不给，心里就生起怨恨的情绪来；如果父母亲年迈，不能够自给自足，要我们去负担，那我们又往往会生起厌恶的心理；如果是兄弟为了争遗产，对簿公堂，或者是年迈的父母尚在，特别是孤寡的老人，兄弟不肯抚养，彼此之间又互相推诿，这都是败德到极处，不知道我这个身是谁给的。假如没有父母，身从何来？我的这个财产到底是谁的财产？你认为是自己的财产，那试问问你，一口气上不来的时候，你又能带走什么财产？什么都带不去。我们来到这个世间，没有带一分一毫来，哪里能说这个世间的财产是我本来就有的？本来是赤条条的，来去无牵挂。自己在襁褓做婴儿的时候，父母乳哺养育，我们当时哪里有什么财产？我能够长大成人，那都是父母无尽的心血投入才换来的。为什么反倒今天我有了一点财产，因为一点金钱，就把父母给看轻了？甚至要跟父母斤斤计较起来，这岂是为人子的道理！

孝子刘霆 背母上学

我们看到三年前，新闻媒体上报道了孝子刘霆的事迹。在

2006年3月22日的《广州日报》里对这个事迹有详细刊载。刘霆的母亲患了尿毒症，重病在家，父亲离开他们母子，不知道去哪里了。2005年刘霆刚刚高考结束的时候，家里经济很贫乏，剩下1680块钱，是母亲要给孩子上学用的。刘霆考上了浙江林学院，正当他接到录取通知书的同时，也得到了他母亲重病的消息，于是他下决心放弃上大学的机会，要把钱全都用来给母亲治病，而且自己要亲自照顾母亲。可是妈妈不同意，希望自己的孩子上大学，最后没法子，19岁的刘霆就决定背着妈妈上大学。

去学校报到之后，他申领了助学贷款，没有住在学校宿舍，而是找了附近一个非常便宜的，在四楼的一个出租房，月租150元，刘霆母子就这样住进去了。一个小小的房子里头，摆着一张一米二的小床，两三双别人给的旧鞋子、一只铁锅、一个电饭锅、四个碗、一床被子，这是他们全部的家当。刘霆每天伺候母亲，回家给母亲煮饭，背着母亲下楼晒太阳，给母亲打针，而且每天还要完成学校的功课，往往都是伺候母亲到深夜才有时间做自己的作业。晚上睡觉，两个人就挤在一张一米二的小床上，刘霆睡到床边上，尽量留出空间给母亲，可是他半夜醒来的时候，发现他跟母亲中间竟然空有很大一块空间，原来妈妈也是担心儿子睡不舒服，尽量地把床位留出来。这是母子情深。

刘霆这种对母亲尽心侍奉的事迹，后来经过媒体报道，立即在全国引起极大反响，很多热心人士纷纷解囊相助，一共捐出了25万元给这对患难中的母子来治病。他母亲是双肾萎缩，需要换肾。刘霆收到这些捐款以后，很高兴，失口就说出来："我要换肾给妈妈。"他妈妈听到后吓坏了，无论如何不肯去做手术。后来医院又及时找到别的肾源，还帮刘霆一起反复地说服、解释，他母亲才同意接受手术，手术也算是很成功，他母亲一天一天好起来了，大概这真是孝心感动了上苍。那些热心的捐款用不完，刘霆他又把其中的5万块钱重新捐献出来，在学校里设立了一个孝心基金，希望这笔钱也能够帮助像他一样困难的学生。

我们看到一位19岁的年轻人，在选择自己上大学和救母亲这两者之间，毅然舍弃自己的机会，而一心救度他的母亲。这种孝心感动得热心人士捐钱，所以资财真的是从德行感应而来，"德者本也，财者末也"，有了这个根本，枝末它才有生机。所以，刘霆能够以孝心把他的母亲挽救回来，这给那些"重货财，薄父母"的人不是一个很好的教诫吗？

逆子好赌 害母天谴

在清朝乾隆年间，有一位大儒周安士先生，他有一本《安士全书》，古德奉为是"善世第一奇书"，就是挽救世道人心最好的一部书。

其中谈到的伦理、道德、因果教育，可以说是精彩绝伦，里面记载着一个故事，是安士先生他亲闻的。讲的是湖州南浔镇有一个寡妇，带着自己的儿子，这个儿子好赌，当然赌钱是十赌九输，欠了一身债，要怎么偿还？他就来找母亲，要把母亲的衣物去典当来还债，母亲不肯，但是儿子苦苦地要求，甚至威逼，最后母亲没办法，只好同意了，而且对他说："我这个衣服要先穿到你姐姐家里，然后才能脱下来给你用。"可想而知，他们家也是很贫困的，多一件衣服都没有。于是这个儿子就陪着他母亲乘舟前往他的姐姐家，目的是不要让母亲跑掉，好把这个衣服拿过来，这儿子就一路上监护他母亲乘船。快到岸上的时候，母亲因为非常的珍惜她的衣服，就想这衣服上了岸再说。结果这个儿子以为他母亲会抵赖不交出衣服，就跟他母亲起了争执。两个人在争衣服的时候，他母亲就被这个儿子一把推到了河里。

不多久，这个儿子急急地赶回家中，跟他的妻子说："你赶快给我准备一个大缸。"这个时候天上就有雷声。他的妻子也不知道什么原因，勉强地给他准备了一口缸。这时候就听到远处隐约的闷雷声，还没有真正震响。妻子一转身，没见他的先生了，突然发现那个缸里头溢出些血水出来，她就觉得很奇怪，把这缸打开来一看，惊奇地发现她的先生坐在缸里头，已经没有头了，鲜血淋漓。她吓得赶紧去叫邻居来看，结果邻居反倒说，是不是你这个太太谋害了你的先生？邻居要去告官府。

告官府也是要乘船的，结果船快到他母亲要下船的那个地方，忽然就不动了，好像有一个东西在船底下挡住，于是捞起来一看，原来是一具女尸，正是这个不孝子的母亲，而且竟然发现她手里紧紧抓着她儿子的人头。邻居这才知道，原来这不孝子是上天惩罚的，不是他的太太谋害的。

动物还不至于杀害自己父母，害母亲的人，真的是豺狼虎豹都不如。心钻在钱眼里头，完全失去了孝心，失去了道义，这个祸根就是"重货财，薄父母"。

当然，赌博很容易让人上瘾，一个好赌的人，一般是贪心比较重，贪心重的人，什么道义、恩义、情义都忘在脑后了，人怎么能够去赌博，对于赌博这些场所，国家政府应该取缔，它是有百害而无一利，应该多提倡孝道教育，才不至于有这种惨绝人寰的事情发生。虽然这是安士先生清朝时代所亲闻的故事，但这些故事我们现在不也时有所闻吗？

胁迫母亲 自取灭亡

2007年我在香港讲学，偶然在报纸上看到一个新闻，是香港的一个逆子，也是因为赌博，向他母亲借钱，他母亲不肯。他就攀到了高楼的窗户上威胁母亲，香港寸土寸金，民房都是很高的，几十层的楼房，人都住在高楼上。他就在窗口上，身子探出去，要挟他母亲说："你要是不借给我钱，我就死给你看。"结果真的，他一失手翻到了窗外，整个人就四分五裂了。本来他不是想跳楼的，却因以此要挟母亲而失足坠楼，这个是什么？罪有应得。古人讲的，"父子有亲"，父母跟儿女的亲爱，这是人的天性。怎么能够用这种天性的爱来作为交易的筹码？来作为威逼利诱的手段？那真的是天惩罚之。所以，"重货财，薄父母"，不仅是人间道德礼法不容，天道、阴间律法也不恕。

刚才是从事上讲"重货财，薄父母，不成人子"。从心上讲，这是教导我们，对父母应该尽我的纯孝之心，养父母之身，养父母之心，养父母之志。父母恩德无量无边，单就十月怀胎，一朝分娩的这种恩德，已经是我们一生报答不尽了，怎么能够对父母有些许轻慢之心？

崔沔仁孝　笃诚事母

唐朝时候有一位孝子叫崔沔，他生性仁孝，对母亲尽心奉养。母亲双目失明，这个孝子就为母亲到处求医找药，要为母亲医治，可是倾家荡产全部用来做医药费，都没有办法挽回他母亲的双目。他只好尽心竭力地来奉养母亲，常常侍奉在床前，彻夜衣不解带。三十年来，每逢遇到美景良辰，一定扶持着母亲来，在这种美景欢乐的场合当中享受，让她老人家忘却失明的痛苦。他还常常召集自己的兄弟朋友子侄，在母亲膝下，大家一起欢乐嬉笑，也好让母亲不觉得痛苦。后来母亲去世了，崔沔悲痛至极，整个身体都瘦消下去了，哭得吐血，发愿终身吃素。

《弟子规》上讲："丧三年，常悲咽；居处变，酒肉绝。"一个孝子，父母过世了，一定是悲痛之极，三年之内都是"常悲咽"，悲泣痛哭。"居处变"是一切享受都放下了，夫妻要分房，酒肉都不能够去享用，要吃素。1994年，我姥姥去世了，为了纪念她，我妈妈就带着我开始吃素，一直到现在，有15年了。

崔沔是终身吃素。后来做官了，把自己的这些俸禄都分给兄弟姐妹、子侄外甥们。爱护兄弟姐妹如同爱护自己的母亲一样；爱护他们的子女，还甚于自己的子女。他说，如果母亲在世也是常念着他们，现在我对他们爱护关怀，就是让母亲在天之灵得到安慰。后来崔沔福分很大，官拜中书侍郎，侍郎就相当于是现在副部长，很高的级别，属于高干了。他的儿子叫佑甫，后来做到了宰相，成为唐朝一代贤相。

所以我们看到，崔沔真正做到了孝养母之身、母之心、母之志。《孝经》上讲的孝道三个层次，"始于事亲，中于事君，终于立身"。事亲是能够尽心奉养父母；事君是能够为国做出贡献，为人民服务；立身是讲到立身行道，扬名后世，成圣成贤，这是大孝，叫孝之终也，终极。那么事亲、事君、立身崔沔都做到了，正所谓"生尽其欢，死养其志"。

现在世间有一类人，身居富贵，可是看待同胞兄弟形同路人，对待自己的父母、长辈如同外客，像很淡的客人一样。看了崔沔的故事，怎能不汗颜？这是讲到孝道，不能够"重赀财，薄父母"，否则不成人子。

第二十七讲　嫁女娶妇　重义轻利

【嫁女择佳婿。毋索重聘。娶妇求淑女。勿计厚奁。】

"奁"是嫁妆，"厚奁"就是丰厚的嫁妆。这句话是讲，嫁女儿要为她选择贤良的夫婿，不要索取贵重的聘礼。要娶媳妇也是要娶那贤淑的女子，不要计较贪图丰厚的嫁妆。

从事上来讲，佳婿、淑女以什么作为标准？当然是以德行作为标准，不是以他的家世、他的财产做标准。所以父母为儿女择偶，首重德行，这是事关儿女一生之幸福，德行是幸福的根基，如果把这个根基抛弃掉了，幸福当然就不复存在了。重利而轻德，后果必定是痛苦烦恼一生！

求婿嫁女　重德选贤

记载中说，孔老夫子的父亲娶颜氏为妻，颜氏是孔老夫子的母亲。颜家要嫁女的时候（嫁给孔子的父亲叔梁纥），先要看他祖宗积德的历史，发现叔梁纥祖宗积德长久，德厚，于是就判断这一家的子孙必定能够贤达，果然后来孔子出生，成为万世先师。这都是祖宗有德，才感召这样的圣人来投胎。

所以嫁女，要看这夫家有没有积德的历史；娶媳妇也要看她的家教，这个媳妇是不是真的可以做贤妻良母。娶了一个好媳妇，就是有一个贤妻良母，能够旺三代；如果是娶了一个悍妇，唯利是图的女人，那不是只败三代，那是一败到底了。

所以《朱子治家格言》里面这两句话意思很深刻，教导我们择偶的标准。重德，首重孝道。《孝经》云："不爱其亲，而爱他人者，谓之悖德；不敬其亲，而敬他人者，谓之悖礼。"孔子说得很深刻。一个人，他连他父母都不爱、都不敬，他能爱敬谁？难道他会爱你、敬你？就像青年男女谈恋爱，男的追女的，天天给女的献花、买礼物，打得火热，要看看这个男的，有没有对他父母这样？有没有天天给他父母送花、送礼。如果他从来没送过，那不足以信。连父母，这样对我们恩德最深重的人他都不爱、都不敬，他会爱你、敬你？为什么？一定是有利可图。所以夫子说，这是悖德、悖礼，违背了道德，违背了礼法。

古人说得好，以势交者，势倾则交绝；以利交者，利尽则交散；以色交者，花落而爱渝；以道交者，地老而天荒。以势交者，势倾则交绝，因为你家里有势力，他来跟你交往，当然，如果一朝势力没有了，这个交往也就断绝了。以利交者，利穷则交散，他图你的利益，来跟你交往，利益要是没有了，这个交往那也就疏散了。以色交者，花落而爱渝，他是喜欢你的美色来追求你的，人总有老的一天，中年以后容貌就开始衰老，这个爱也就完结了。

为什么现代社会这么多离婚现象？不是没有道理，还是因为最初择偶的时候不知道用什么做标准。要用什么做标准？以道交者，地老而天荒。道就是道义、道德。大家有共同的理想，共同的志趣，互相仰慕德行，互相帮助、共同提升，就成为道友，那才能够到天荒地老。这种情义才是长久的。所以择偶，乃至更广泛地择人、择友，都是要以德为本。如果是重利而轻德，下场一定是将自己一生幸福都葬送掉了，最后会赔了夫人又折兵。贤德君子、有智慧的人，绝对不会这么做的。

贤人宋弘 不弃糟糠

汉朝有一个贤人叫宋弘。当时光武帝的姐姐湖阳公主守寡，托光武帝为她向宋弘说媒。可是宋弘已经有家室了，这光武帝也就来试探试探他，跟他说："贵易交，富易妻，人情乎？"一个人贵盛起来了，往往要更换朋友，他富裕起来，有钱财了，甚至可能会换妻子，也就是现在这种所谓的包养情人，那这是不是人情之所在？宋弘听到光武帝这么说，马上就知道皇上的意思了。于是就正气凛然地说："臣闻贫贱之交不可忘，糟糠之妻不下堂。"贫贱时代的朋友不能够忘记他们，这是道义；跟自己患难与共的妻子不能够休掉，"不下堂"就是不能离婚，这是情义。这一句话说得光武帝真的很惭愧，不好意思了，光武帝也更换了皇后。宋弘这种凛然正气、这种德义，对当时整个朝廷都有很好的感化作用。所以，一个人能够讲道义，就能够对社会带来好的影响。

现在的人稍稍富起来了，马上就想到要离婚、要续娶。如果遇到这种情况，光武帝来对他讲，想跟他来说媒，那他岂不是惊喜异常？这是好事情。娶的是公主，能够做驸马，这不是三生有幸的事情吗？哪里还会顾得上患难与共的糟糠之妻？所以，看到宋弘的这种德义，我们真的是汗颜，要发心效法。人不一定要做到很伟大，但是必须要使自己的道德崇高。你不一定要做伟人，但是应该做一个君子。

交以色势 马嵬埋香

与之相反，在历史上还有一个故事，是唐玄宗跟杨贵妃的故事。

杨贵妃，这是历史上四大美人之一，天生丽质，而且是能歌善舞，才智过人。她是先嫁给唐玄宗第十八子寿王做妃子，可是唐玄宗看到她有倾城倾国之色，就把她招入宫来。后来因为杨玉环善于奉迎，又能歌善舞，很有姿色，深得唐玄宗宠爱。《长恨歌》里讲，她是"六宫粉黛无颜色"，整个后宫，没有一个容貌、姿色、才智比得上她。唐玄宗因此沉迷于酒色，"从此君王不早朝"，不问国事，把杨玉环封为贵妃，而且杨门一族都非常显赫。唐玄宗本来最宠爱一个叫梅的妃子，因为这个贵妃很喜欢梅花，唐玄宗就叫她梅妃。但是自从娶了杨贵妃之后，他就喜新厌旧，梅妃也就只好过着冷宫一样的生活。

后来玄宗又非常赏识安禄山，因为安禄山曾经为朝廷立过大功，玄宗就招他来朝，甚至还叫杨贵妃姐妹俩都跟安禄山结为兄弟。传说杨贵妃在宫中还跟安禄山有染，但是唐玄宗没有办法割舍，还是对她很宠爱。后来安禄山叛乱，就是历史上最著名的安史之乱，朝廷几乎到了破国的地步。当时朝中文武百官都非常痛恨杨国忠和杨氏姊妹，后来唐玄宗仓皇出逃，走到马嵬坡这个地方，文武百官就不走了，历数这杨家包括杨国忠和杨氏姊妹祸国殃民的罪恶，不但怒杀了杨国忠，而且迫使唐玄宗赐杨贵妃自尽。所以杨贵妃当时是"宛转蛾眉马前死"，落得这么一个下场，自缢身亡，死的时候才38岁。

从这个故事看到，唐玄宗是以色取人，终是为色而破国；杨贵妃是以势取人，背离了原配的寿王，嫁到了唐玄宗这里，当然也是落得个死无葬身之地的下场。从这里看到，唐玄宗也不是佳婿，杨贵妃亦非淑女，所以落得个破国丧身。所以古圣先贤教导我们的每一字每一句都是真理，违背了这些真理，必定受到因果的制裁。

心存道义　利在其中

这句话从心上来讲是教导我们一心只存道义，不要想着势、利、财，一心存道义，利益自然在其中。

过去孟子去见梁惠王，梁惠王见到孟子就问，"叟不远千里而来，亦将有以利吾国乎？""叟"是对孟子的尊称，意思是，您老人家不远千里而来，对我们国家有什么利益？孟子对曰："王何必曰利？亦有仁义而已矣。"大王您何必一开口就说利？你只要心存仁义就行了。大王说何以利吾国，对我们国家有什么利益；一个大夫说，对我们家有什么利益；一个平民老百姓说，对我自身有什么利益；这"上下交征利"，其"国危矣"，这个国家就危险了。大家都贪利，最后就都失利。孟子说："未有仁而遗其亲者也，未有义而后其君者也。"从来没听说过一个有仁义的人会抛弃他的父母，会悖逆他的长上。所以，王亦曰"仁义而已矣"，"何必曰利"？你只要谈仁义，何必要说利？谈仁义，利便在其中。因为利是人人之所求，孟子在这里只说仁义不谈利，这是帮助我们正本清源。人存着道义，必定就感召道义的眷属，所以嫁女择佳婿，不要想着贵重的聘礼，不要去贪求人家的家势。娶媳妇求的是有德淑女，不要计较她家里的嫁妆多少，你自然会得大利。

第二十八讲 谄媚富足 不重不威

【见富贵而生谄容者。最可耻。】

这句话是告诉我们，见到富贵的人，便做出谄媚、巴结、讨好的样子，这是最可耻的。

内心有道 庄重威仪

从事上来讲，要讲求威仪。《论语》里面，孔子告诉我们，"君子不重则不威"，重是讲庄重，威就是威仪，君子如果不庄重，那就没有威仪了。尤其在富贵人面前，更需要自重，能够自重，才能够令人尊重，自己都不能自重，那别人怎么会尊重你？如果见到富贵的人便现出一副谄媚巴结的样子，那就是自轻自贱，自己轻贱自己，当然也就让人轻贱。

孔子的学生子路，他是一位孝子，家里很贫穷，吃用都很简单，他身上穿着是破棉袄。可是他有一个优点，他站在那些穿着狐皮大衣的贵族人面前，从来没觉到羞耻，不会觉得不如人，当然更不会"生谄容",不会巴结讨好。《弟子规》上讲的,"若衣服,若饮食;不如人,勿生戚。"子路在这点做到了。因为子路心里有志向,志存高远,他的志向是成圣成贤,"唯德学,唯才艺;不如人,当自砺。"觉得羞耻的事情是自己德行学问不如人,而绝不会以衣食受用来作为判断自己优劣的标准。

所以,这个教诲从心上来讲是要我们不留恋富贵名利,心里真正把富贵名利放下了,自然就能做到见富贵不生谄容。生谄容的人,肯定是心里对富贵名利有深深的执著、贪婪,所以才会有巴结的意图。那么人心不住名闻利养,但同时也要生平等心,不分贵贱一切恭敬,养自己的平等、恭敬心,这种恭敬不是谄媚巴结,它是平等的恭敬,对富贵人恭敬,对贫贱人还是恭敬,恭敬没有差别,这是一种本性的道德。《曲礼》说"毋不敬",一切都恭敬,不能够说只对富贵人恭敬,对贫贱人就不恭敬,那是属于巴结。当然也不能够倒过来,只对贫贱人恭敬,不恭敬富贵人,也不对,这是造作,自命清高,心都是不平等。所以这里要"无住生心","无住"是不住富贵名利,没有名闻利养的贪着,"生心"是生平等恭敬心,这才是圣贤。

孔子在《论语·里仁》篇里说到:"士志于道,而耻恶衣恶食者,未足与议也。"这是讲到,读书人、士人立志学道,要有什么样的存心?首先是不贪着名闻利养。如果读书人说要学道,但是又以自己的衣食不好,"恶衣恶食"是以不好的衣食为耻辱,那可见得他的心仍然在名利上,贪图富贵,那他的志向根本没有立起来。所以夫子说"未足与议也",不用跟他谈了,这种人不是真正志于道之人,学道之人哪里会计较衣食受用的好坏? 好的衣食也可以, 不好的衣食也可以, 心根本不会在这方面执著。那么在不执著当中, 当然最好是"以苦为师"。

古有明贤 以苦为师

诸葛亮《诫子书》里面说到淡泊以明志, 淡泊的生活, 清苦的生活能够砥砺自己的志向。过去范仲淹先生, 青年时代就是以清苦的生活砥砺志向。近代的伟人毛泽东也是在年轻时候以苦为师, 以淡泊清苦的生活砥砺自己的志向。孔子的学生中最贤能的、最受孔子赞叹的颜回, "一箪食, 一瓢饮, 居陋巷。人不堪其忧, 回也不改其乐。"颜回的生活非常清苦, 用竹子编的篓来盛饭, 叫箪食, 喝水是用葫芦瓢, 瓢饮, 居住在简陋的巷子里头, 别人在他这个处境"不堪其忧"了, 很忧苦了, 可是颜回"不改其乐"。这是真正把名利富贵看作浮云一样, 这种人才有资格学道。

要知道, 人的富贵、名利、受用是人的福报, 是前生修的, 不是你要贪求就能贪求得来的, 而且你贪求得再多, 你能受用的也是有限的。家财万贯, 你还是日食三餐; 你有豪宅千间, 也只能夜眠六尺。还是睡六尺床, 所以, 懂得知足才能够快乐, 才能够学道。古人讲, "安贫乐道", 安贫的人, 他才能乐道。如果不能安于贫困的生活, 他所希望的是富贵享受, 这种人绝对不会乐道, 不会以道为乐, 他以富贵名利为乐, 追求的都是身外之物, 那么最后肯定得到的是苦。求道才有真乐。

《菜根谭》是明朝洪应明先生所作的修身养性的善书。其中有句话："人知名位为乐，不知无名无位之乐为最真；知饥寒为忧，不知不饥不寒之忧为更甚。"这话讲得很有味道。一般世间人只知道有名有位，位高权重，显赫富贵那就是快乐。哪里知道没有名位，无官一身轻，过如闲云野鹤一般的隐士生活，这个乐才是最真。这句话如果不是真正体验过，他说不出来。《菜根谭》的作者，洪应明，就是一位隐士，他就体会到这个乐了，颜回也体会到这个乐，孔老夫子也体会到这个乐，老子、释迦牟尼佛，这些古代的圣人都体会过了，真正得到最真最妙的乐，这个乐里没有后遗症，不像追求名利，暂时得到的乐它有后遗症。譬如说做官的，如果是以权谋私，贪赃枉法，最终他是忧苦的。或者是阳间法律制裁，或者是阴司报应，他怎么能够得到乐？即使是一个正直的官员，或者是一个本分的商人，他得到富贵，每天有山珍海味的受用，也还是不容易体会究竟的真乐，而且吃这些容易得病。

现在医学都给我们证实了，人得病真的大部分是吃出来的，病从口入。肉食会导致种种的疾病，会促使癌症的发病率大大地增加。现代各种各样的疾病，心脑血管的，肾的、肝的、胃的，种种疾病都是因为肉食，吃这些山珍海味花的这个钱，其实是什么？把健康给葬送掉了。当官的，过去还有一句俏皮话，形容出去吃喝："公家出钱你出命，吃到最后一身病。"所以，真正的智慧人，懂得什么是真乐，他的志向是成圣成贤、安贫乐道，得到真正的法乐。孔子说，"学而时习之，不亦说乎"，颜回能够"不改其乐"。恩师告诉我们，学圣学贤是人生最高的享受，这都是真实话。

"人知饥寒为忧"，好像饥寒交迫这是很忧苦，可是这种忧苦还不算最忧苦的，比这更甚的是那种"不知不饥不寒之忧为更甚"，不饥不寒的人是什么? 富贵人。那些富贵家的子弟，纨绔子弟，一生出来这是很大的福报，生在富贵家了，什么都不用干，什么都不用操心，那是真的不知饥寒，从来没有体验过饥寒交迫的苦恼。但要知道，富也不过三代，而且现在愈来愈短了，父亲辛辛苦苦营造的家业，可能下一代儿子就败完了。年轻时享福，晚来凄凉，这个忧苦更甚。而且不懂得学习圣教，完全处在烦恼当中，处在愚昧当中，不知道自拔。《红楼梦》小说里面讲的贾府，最后破家了，所以贾宝玉年轻享福，中年以后就有忧苦了。在安乐的环境当中，确实人不容易知道上进。

孟子讲，"生于忧患，死于安乐。"我们看到历史上的伟人多半都是出身贫苦，或者是出生在不幸的环境里，在困境中成长，所以他能够做出一番事业，成就高尚的品格。安乐的环境会滋生懈怠，所以曾国藩先生多次强调子弟一定要习劳，过节俭自立的生活，这都是有深谋远虑的人。

从这句"见富贵而生谄容者，最可耻"，我们说到人要放下名闻利养，志存高远，志在圣贤，这个忧苦也就自然能够放下了。

第二十九讲　傲己骄贫　自轻自贱

【见贫穷而作骄态者。贱莫甚。】

这一句连着上一句，都是相通的，上一句是对富贵的人谄媚巴结，这一句是说到对贫穷的人，对于处在逆境的人，做出骄傲的态度，看不起人。这个人实际上是再鄙贱不过，"贱莫甚"，再鄙贱不过了。

从事上来讲，我们对贫穷的人，对处在困境当中的人，要有同情怜悯的心，对他们应该格外地柔和诚敬才对，体谅他们那种忧苦。即使是帮助他们，也要用真诚爱心，怎么能够故作骄态？鄙视别人，看不起别人，甚至把别人踩在脚下不当人看？要知道，轻贱别人正是轻贱自己。特别是对贫贱的人还轻贱他们，这种人心里一定是贪慕荣华富贵，有很强的高下之心。自己贪慕荣华富贵，把荣华富贵作为自己的追求目标，正显示自己是一个财奴，财富的奴隶，这不就是自己作践自己吗？反过来，人能够敬爱他人，这才是自重自爱，那后福是无穷的。

真心布施 大庇子孙

《了凡四训》，这是明朝袁了凡先生对自己的儿子所作的一篇家训。里面就讲到一个故事：福建莆田这个地方有一户姓林的人家，乐善好施，尤其是这家的老太太林氏，天天都做出很多粉团，就是我们现在讲的馒头，去布施给人。无论是贫富贵贱一律平等布施，谁愿意吃，拿了就走。很多乞丐也来要，她照样给，脸上一点疲厌的颜色都没有，只要你要就给你。有一个仙人就化成道士来试探，看看这个老太太布施是不是真心的。每次来索要馒头，一要就要了六七个，吃不了还兜着走。结果这老太太天天给他，从来没有厌倦，三年如一日，这真是诚心，见到贫贱的人绝对没有那种鄙视轻贱，还是平等恭敬地布施，这个仙人也很感动，就对她说："我吃了你三年的粉团，也不知道怎么报答你，这样吧，你这个府后有一块地，风水宝地，你死后让你的子孙把你葬在那里，你的子孙官爵算起来会有像一升麻子这么多。""一升麻子"就是一升芝麻，一升芝麻有多少？不计其数。

后来这老太太的子孙将她葬在那块地，老太太的儿子果然九个人登第，就是考上进士。进士是古代最高的学位，古代三个学位，一个是秀才，一个是举人，一个是进士，跟我们现在讲的学士、硕士、博士这是相当的。不过古人考进士比现在拿博士更难。她这家第一代就有九个人考上进士，以后代代都有人登第，世世代代做官的人很多，考上功名的人不计其数，真的应了仙人所说的。所以当时福建有一个民谣,讲的是"无林不开榜",就是没有他林家的子孙考上功名的,今年就不要开榜了,这说得那样的彻底。可见得人能够对贫贱者布施爱心、耐心地去关怀,得到的福分不可限量。这是讲到施食的故事。

悯人饥寒 天降贵子

了凡先生还讲了一个故事,是明朝太史冯琢庵先生,太史就是从前的翰林,大学士。冯琢庵的父亲生平乐善好施,隆冬的一天早晨,下着大雪,他出去外面,看到路上有一个人晕倒在地,已经冻得半僵了。冯琢庵的父亲就立即把自己的大棉袄脱下来给他包上,把他抬回家里,给他温暖的饮食,把他救活过来,救人一命。后来他梦到东岳大帝跟他讲:"你命中本来是无子的,但是因为你救活了一条人命,这是出于至诚心,所以上天特命韩琦来投胎做你的儿子。"韩琦是宋朝宋英宗、宋神宗时代的宰相,他也做过元帅,文武双全,深得当时和后人的尊敬。他跟范仲淹是齐名的,两个人都是出将入相。这冯家后来真的生了一个儿子,就是冯琢庵,取名冯琦,就是韩琦的琦。冯琢庵先生少年就显示出聪明才智,很快考上功名,后来做到了礼部尚书。礼部是教育部,过去礼部是最大的,为什么?古人讲的,"建国君民,教学为先",所以教育部在所有的部门里是最大的。如果宰相临时不能够主持公务,就由礼部尚书代理,尚书就是部长,这个官位显赫。这是从事上讲,见到贫穷之人,见到处在困境危难中的人,如果能够立即伸出援手，福分不可限量。反过来，不仅不帮助他们，还要轻贱他们，那是最损阴德了。

为富嫌贫 自作之孽

我父亲跟我讲过一个故事。他小的时候，家住农村，村里有一家地主，家里很富足，别人都吃不上饭，可是这地主的儿子，竟然拿着腊肠扔到河里去喂鱼，自己吃不完也不肯布施给穷人，那当然会惹人生怨。解放了以后斗地主，当然全村就先把这家揪出来去斗。最后的下场是家破人亡，那个地主的儿子也是饿死街头。你看，轻贱贫穷之人，其实就是作践了自己，结果是自己死于街头，这是再轻贱不过的了。

心守谦敬 勿存高慢

这句话从心上来讲，是教我们要放下高下傲慢之心，要存养自己谦卑的品德。《尚书》上讲："满招损，谦受益。"《易经》上六十四卦里，除了谦卦，其他的卦每一爻有吉有凶，只有谦卦六个爻都是吉的，没有凶的。所以真是，谦卑受益无穷，那反过来，傲慢的人必定是遭灾祸。

《论语》里有"仲弓问仁"。仲弓是孔子的学生，他向夫子请教什么是仁，仁爱的仁。子曰："出门如见大宾，使民如承大祭。己所不欲，勿施于人。在邦无怨，在家无怨。"夫子回答仲弓，也就是教导我们，出门跟人会晤，就好像接见贵宾、像见总理一样；"使民"就是使用民力，使唤别人，如承奉大祭奠一样。见贵宾必须是恭敬的，承大祭必须是诚心的，诚和敬才可以为仁。一分诚敬得一分利益，十分诚敬得十分利益，这就是仁。后面说"己所不欲，勿施于人"，就是自己不愿意接受的事情，不要强加给别人。自己不愿意被人家轻贱，那就不能够轻贱别人。见到贫穷的人，自己故作姿态生出傲慢的样子，那对方怎么想？换位思考一下，假如我们是他，我们会存什么样的心理？会不会生怨恨？如果自己不愿意被人这样对待，那我怎么能够这样对待别人？不可以用这种方法对待别人。这就是夫子讲的"恕道"。恕，上面一个如字，下面一个心字，如其心。就是为对方考虑，假如我是他，我心里是怎么想的，这叫如其心。有了恕道，这才能为仁。前面讲的，有诚敬方可为仁；这里讲的，能行恕道方可为仁。后面"在邦无怨，在家无怨"，这就是仁的效果，无论在哪里，在社会中或者家里，都不会使人抱怨；如果不仁，就办不到，见到贫穷故作姿态就是不仁。

第三十讲　不争不讼　万事兴隆

【居家戒争讼。讼则终凶。】

这句意思是，居家过日子禁止争斗诉讼。一旦发生争斗诉讼，无论胜败，结果都是凶，凶就是不吉祥。

争讼不忍　耗损身心

从事上来讲，一家如果有争斗有诉讼，那要耗费很多的精力、财力和时间，甚至会落得破家荡产，即使是你这个争讼赢了，还是得不偿失。官司一打起来，可以说是没有真正的赢家。即使是赢了官司，付出的也还是太多了。如果是家里兄弟、父子、亲人之间相争相讼，那就破坏了天伦，这个凶灾就会更甚。常言道，"家和万事兴"，一个家庭和睦，才是兴旺吉祥。如果家不和，则万事败，没有和睦了，那肯定会有凶灾。所以，家里面如果有矛盾，那一定是要尽量的和解，和为贵，和的关键在一个让，你能让利，让一步，和就容易做到了，所谓"退一步海阔天空"。

《弟子规》也讲："财物轻，怨何生；言语忍，忿自泯。"所以，这里讲的争和讼是有区别的。争是什么？一般是从口角这方面说，言语不能忍耐，就会产生忿恨，就有相争了。讼是更升一级，上到法庭，告状了。好斗的人结局必定是死亡，好讼的人必定是破家。如果不能够及时回头，最后会家破人亡。如同飞蛾扑火，到时候后悔都来不及。

我们想想，争讼的由来不外乎就是一个财，一个言。《弟子规》讲的，"财物轻，怨何生；言语忍，忿自泯"，你能够对财物看轻一点，别看得那么重，多让点利，在言语上面多忍耐点，自然风波就不起了。一个巴掌拍不响，你不跟人争讼，他怎么能跟你争讼？要知道，为财利争讼的，那都是爱财的人。

可是往往头脑发热，就做出不理智的行为。一旦因为争讼告上法庭，对簿公堂，就会有很多的花费，比如请律师，付诉讼费，最后也是耗尽了钱财。即使打赢了官司，也是得不偿失。言语不能忍耐的，最后甚至会有斗殴、争斗、诉讼。这种人最初的心理就是放不下面子，为了自己的体面才不能忍，但是一旦到了争斗诉讼的时候，那实际上是削尽了自己的体面了。有智慧的人怎么会做出这种愚蠢的事情？所以这一打官司，真的没有赢家。输了官司的人，他当然是焦头烂额了；即使是赢了，他那种心力的耗费，甚至会惊心丧胆，这个不是用钱财可以衡量的损失。甚至可能两家结怨，成为世仇，不共戴天，到了最后还可能产生难以想象的悲惨局面。与其说等到那个地步才悔悟，不如及早回头，忍一时之忿，把状纸撕掉，不要跟对方争斗，你才真正得到安乐。

我有一位朋友,他在香港,曾在一个酒家工作,因为扭了脚踝,就要找老板索赔,这是因工受伤。老板也赔了他,大概是很少,所以他认为赔得不够,于是就起诉,告老板。他也找律师,老板也找律师,诉讼长达十几年。结果他自己因为全身心投入到诉讼当中,这种精力的耗费,身体愈来愈差,扭伤的脚也没有好起来。而且因为诉讼耗费了家产,欠了一身债,最后还败诉了,到了这样凄凉的地步,就是因为最初忍不下这一口气,放不下那点利。真正要懂得,"命里有时终须有,命里无时莫强求。"不该是你的,你去争,你去诉讼,最后是赔了夫人又折兵。

从心上来讲,这一句是教导我们,以和为贵,这个和是争讼的反面。天地之间都讲究和气,和气能生育万物,所以天地是以和为贵,天地都有仁爱,它能生养万物,天有好生之德。春天万物生长,为什么万物在春天生长?因为春风是和煦的,不刺骨,和风吹起来了,所以万物就能够生长。春生夏长,秋收冬藏。到了秋天,西风扫落叶,那是肃杀之气,万物凋零,所以我们的存心、待人要像春天一样。雷锋同志过去所说的,对同志、对别人要像春天一样温暖,这是以和为贵。对待工作,像夏天一样热情。对待自己的习气毛病,就像秋风扫落叶一样,不能姑息纵容。责己一定要严,责人要轻,对人要多以恕为主,对自己要求严格,这是对的。

远离争讼 积善积德

有一本古书叫《师古编》,里面讲了一个故事:唐朝有一个人叫雷孚，他的禀性很仁慈，从来不跟人争，跟任何人都和睦。他的先祖就是以忠厚传家，传到雷孚这一代已经是十一世，都是这样的家风，从来没有跟人打过官司。十一世，不容易。雷孚后来考上进士，做官很清白，最后很荣贵，做到了太子太师。这是什么？祖宗积善积德的果报。你看，不跟人争讼、以和为贵，福报这样的殊胜。所以学习圣贤要先学忍耐，先学度量，把心量扩大，有大的心量，自然就能够宽容别人，就能够有和睦之心。

古代有一个人叫谢述，他最讨厌跟人诉讼，从来不跟人争。有一次一个邻居侵犯了他的地盘，他如果告官也是可以胜诉的，别人就劝他："你应该告这个邻居。"谢述就笑着说："他只是占我的地，没占我的天，所以不要跟他计较。"你看这心量多大。

曾经有一位同学，他来问我一个问题。他说家里建房子，邻居家比较有权势，把这个房子一直建到他家的墙根那里，压着他的房子，把他的日光、风水都给挡住了，家里人很不忿。这个人是学传统文化的，他跑来问我怎么办。那怎么办？要真学传统文化，真学圣贤，就要学谢述。别人占了你的地，没占你的天，还是海阔天空，不予计较，学忍耐。要是跟他打官司，跟他诉讼，"讼则终凶"，双方到最后都没好下场。应该怎么办？做还债想，肯定是过去欠了他的，他才有这个胆量要来占我的，那我就还这个债，消这个业报，还是乐呵呵地面对事实。这是把心量要扩大。

过去有一位君子，他的心量很大，人家骂他，他都不以为然。有一次家里人看不过眼了，跟他说："某人在骂你。"他就笑着说："他哪里是骂我，他平日跟我还相好，怎么会骂我？他一定是骂别人的。"家里人说:"他明明是指名道姓在骂你。"他说:"天下同名同姓的人很多,他肯定是骂另外一个人,不是骂我。"你看看,这样的心量,怎么会跟人有争讼之心?他自己存心仁厚,内心是和谐的,没有对立、没有冲突、没有矛盾,他的环境、他的社会、他的世界一定也是和谐的。

第三十一讲　言多必失 慎养口德

【处世戒多言。言多必失。】

这是讲处世必须要慎言，不可多说话，因为话说多了，就很容易失言，说错话，很可能招致不必要的麻烦，甚至是灾祸。

言语枢机　圣贤明诲

《弟子规》上面也讲，"话说多，不如少；惟其是，勿佞巧"，这是教导我们言语要谨慎。夫子教学四个科目，第一个是德行，第二个就是言语，第三是政事，第四是文学。把言语放在德行之后，可见它的重要性。实在讲，言语也是人德行的体现。所谓"言为心声"，你有什么样的心地，自然就会有什么样的言语。即使是很会讲话，讲的言语很好听，可是欺骗人也不能够长久。骗得了一时，骗不了一世。

从事上讲，这句话教我们慎言。曾国藩先生教导子弟说，"观人之法，以有操守而无官气，多条理而少大言为主。"这是教我们看人，看人当然要看他的德行，看他的为人、看人的操守、看人的气节，要有气节而不能有官气。官气是什么？傲慢自大，刚愎自用，不能够听取别人的批评意见。另外要"多条理"、"少大言"。大言就是绮语，花言巧语，或者是大话，夸大其词。夫子讲，"巧言令色，鲜矣仁"，一个人很会说话，他的容貌举止看起来好像很好，但是如果没有踏实的心地，就是没有操守，这个人只务在颜色上，做表面功夫，所以很少有真正的仁心的。满口大道理，往往都是言语的巨人，行动的矮子。他不一定是亲身证得这些道理，都是道听途说的。

献之寡言　谢安赞叹

东晋时代，有一位著名的书法家叫王献之，他和父亲王羲之，父子俩都是伟大的书法家，历史上称为二王。有一次，王献之跟他两个哥哥去拜见谢安先生。在会谈的时候，他两位哥哥多半谈些俗事，只有王献之略略地在礼貌上问一些寒暖，并没有多说话。三兄弟走了以后，有人就问谢安，这三兄弟谁的德行最好？谢安说："最小的那个最好。"也就是说王献之德行最好。他讲，"吉人的话少"。所以"戒多言"可以提升我们的德行，当然也能够保全我们的福报。往往人因一言而丧生，甚至因一言而败国。

言语有时 智者知之

孔老夫子教导子弟，这个言语是非常重要的。《论语》里面就有很多的篇章是讲言语的学问。有一句话说，"可与言而不与之言，失人；不可与言而与之言，失言；知者不失人，亦不失言。"这句话是讲，说话既要契理，也要契机。要讲正确的话，同时也要看时机说话。"可与言"，是说可以跟他谈论道德学问、讲这些话而不跟他谈论，那么就等于错过了一个在德学上与人相互切磋的机会。譬如说见到一位好学的人，他向你请教问题，本来你可以多教导他，可是没有说得很充分，这就属于"失人"，对不起人了。反过来，"不可与言而与之言"，不应该说的，不应该跟他谈论的这些事情，譬如说他对道德学问并不大感兴趣，根本没有那种好学的心，你跟他讲，讲了半天，他是左耳入右耳出，那是浪费言语，"失言"了。浪费言语倒是次要的，关键是他对圣贤学问反而起了轻蔑之心，不以为然，这是他自己有了过失，那我们也有过失。所以"知者"，就是智慧之人，他不会失人，也不会失言。失人和失言都是不明智，所以夫子这里对于言语的学问要求很高。

说到底，还是一个智慧的问题，什么时候该说，什么时候不该说，这个分寸的把握也要凭智慧。智慧从哪来？心地清净就有智慧了。人为什么没有智慧？多半因有私情。私是自私自利，情就是感情用事。《大学》里面讲的，"有所好乐，则不得其正"，就是让我们心正，要放下私情。

失言臣谏　免去不义

历史上也有很多关于失言造成不良后果的记载。唐朝开国的皇帝唐太宗李世民，这是在历史上很少有的一个英明皇帝了，他执政期间是贞观之治，可是他也有不明智的时候。在立太子的事情上，他就表现出有失言的行为了。

他本来立的太子叫李承乾，后来因为犯罪被废黜了。唐太宗虽然当时立李承乾做太子，可是对自己的第四子，魏王李泰，非常宠爱。因为李泰自幼天性聪慧，而且也相当有文学修养，多才多艺，深得唐太宗的欢心，因此已经萌生了要改立李泰为太子之心。

后来太子因为企图谋反被废黜了，所以唐太宗当面就应允许诺，要立李泰为太子。第二天，太宗告诉大臣们说，"昨天有青色的麻雀飞到我的怀里，魏王李泰就跑来跟我说：'今天能够当陛下的太子，这是我重生的日子。'"这魏王很会说话，他跟太宗继续说到："我只有一个儿子，将来去世的时候，我会为您、为父王，把我的这个儿子杀掉，这样能够把我的王位传给晋王。"晋王是唐太宗第九子李治，他后来当了皇帝，就是唐高宗。唐太宗就对大臣们说："父子的感情是出于天性，我看到魏王有这样的心，心里非常疼爱他，所以我已经允诺要立他做太子。"

太宗的一个大臣叫褚遂良，也是一位名臣，他马上就说："这是陛下您失言了。您仔细想一想，魏王现在跟太子争夺王位，真是不择手段。他对你宣誓说，等你去世了之后，他继位当皇帝了，要把自己的爱子杀掉，把好不容易才抢来的王位要让给自己的弟弟晋王，这有可能吗？"褚遂良又说："从前陛下立了李承乾做太子，可是又宠爱魏王超过了太子，这种嫡庶不分，导致魏王跟太子争宠，所以才逼得太子要谋反。他们抢夺这个太子位，这种教训足以当我们的鉴戒。"

很难得，唐太宗是一个善于受谏的人，他听了大臣的这番话之后，就觉悟了。他说："对，如果要是立了李泰做太子，这不就是向天下人显示太子的位置可以用诡计来求得吗？如果他做了皇帝了，那他的兄弟李承乾（前任太子）和李治都没有办法活下去了。"所以想想，干脆就两个都不要立，立李治做太子，这样既能够使兄弟两全，也能够使大唐江山得到平安。所以唐太宗就忍痛割爱，没有立李泰做太子，而改立李治做太子。李治继位就是后来的唐高宗。

像唐太宗这样的英明皇帝，由于对自己的儿子特别宠爱，也会讲出那种不该讲的话，随便地允诺，差一点就酿成宫廷的内乱。所以《弟子规》上讲："苟轻诺，进退错。"讲话，特别是承诺人，没有经过深思熟虑，尤其是关系到国计民生的大事，没有经过再三的思考就承诺，那这后果可能是很可怕的。

一言兴邦 一言丧邦

《论语》里记载，鲁定公曾经向孔子请教："一言而可以兴

邦，有诸？"有没有一言可以兴邦的？孔子对曰："言不可以若是，
其几也。"孔子也很客观，说一言兴邦大概还不能够说得这么绝
对，可是也都差不多了。"其几也"，就是也几近了，接近。他说：
"人之言曰，为君难，为臣不易。如知为君之难也，不几乎一言而
兴邦乎？"孔子这里举了个比喻。他说，"人之言曰"，如果有人要
说"为君难，为臣不易"，做国君很难，做大臣也不容易，为什么
难？因为国君一个错误的决定，可能就导致全国人民民不聊生。
所以这里讲到的，如果真正体会到这句话的意思了，知道国君做
起来不容易，那么这一句话不就可以兴邦了吗？当然孔老夫子是
借这个机会来教育鲁定公。

鲁定公又问："一言而丧邦，有诸？"有没有一言可以丧邦？
孔子对曰："言不可以若是，其几也。"这个话也不能讲绝对，但
是也是可以接近了。"人之言曰，予无乐乎为君。唯其言而莫予违
也。"如果有人说，当国君唯一的乐趣就是我说的话别人不敢违
背，"莫予违"就是不敢违背我，这是我做国君的乐趣。"如其善
而莫之违也，不亦善乎？"如果这个国君他说的话是善的，正确
的，大家不敢违背他，那这是好事情。"如不善而莫之违也，不几
乎一言而丧邦乎"？如果这个国君说的话不善，他的命令不善，他
的国策不善，而大家又不敢去违抗，不敢去劝谏，那你想想，这
个国家不就是很快会亡国吗？因此说，"我说的话没人敢违背，
这是国君的乐趣"，这不也就接近一言而丧邦了吗？

谨慎言语 修养仁德

确实是，愈在高位的人，影响力愈大，鉴于他的一句话产生的效应，所以话在出口之前，必须要再三的审思。宁愿少说，不可以多说而失言。所以孔老夫说，君子"敏于事而慎于言"。敏是敏捷，做事情要敏捷，可是言语要谨慎。也就是说，要多做少说。实际上，"敏于事"和"慎于言"它不能够分开，不是说两桩事情，其实是一桩事情。一个人真有智慧，真有德行，他就自然能做到敏于事而慎于言，这个人是君子，所谓言为心声，当然行也是心声，言行都是自己内心德行的外在表现。

因此，"处事戒多言，言多必失"，这句是教诲我们，从心上来讲，要修养诚敬谦和的仁德。诚是真诚，敬是恭敬。内心有真诚，外面言行都表现得恭敬，敬人、敬事、敬物。自己能够谦卑，必定能够跟人和谐相处，这是仁德。有这种诚敬谦和的仁德，自然他就能够敏于事而慎于言。不用人教，不用刻意，他言语自然就会谨慎。所以这句话实际上是从事上来教我们存养仁心。

《论语》里有一段是"司马牛问仁"。司马牛是宋国人，他是孔子的弟子。他的兄长叫司马桓，这个人不仁。为什么？他想谋反，想把国君（当时是宋景公）谋害了，自己可以当王。司马牛他跟他的哥哥相反，他是一个很有仁德的人，他不愿意参与到他哥哥谋反的计划当中。因为弑君篡位这是天下人皆得以诛之，会招来灭族之祸的。所以当时司马牛也非常地忧虑，忧国忧兄，他是进退两难。这个时候更需要慎言，说话稍不谨慎，可能会有难以挽回的过失。

所以司马牛向孔老夫子请教什么是仁，仁德的仁，子曰："仁者，其言也讱。""讱"就是说话很谨慎，它有忍的意思，言字边一个刀刃的刃，就是忍住自己的言语。司马牛听到夫子讲这个话，觉得好像讲得太浅了。他问的是仁，为什么孔子只是说讲话要谨慎？难道这就是仁？于是又问："其言也，斯谓之仁矣乎？"难道这就是仁吗？子曰："为之难，言之得无讱乎？"孔老夫子善于因材施教，他的教诲契理契机。对待司马牛，设身处地给他教诲。因为司马牛这个人比较浮躁，比较喜欢说话，所以孔子告诫他一定要慎言。当然慎言本身也是仁的一个表现，这也是仁之方，一个为仁的方法，不同的人有不同的下手处。

所以《论语》里面，不同的弟子来问仁，夫子答得都不一样，是不是仁没有一个标准答案？其实，要得到仁了，夫子所说的他都能做到。这里司马牛问仁，孔老夫子教他要忍言，要谨慎，慎于言，这也是仁的一种表现。颜回问仁，孔老夫子说"克己复礼为仁"。克己复礼是教颜回敏于事，在事上真干。颜回讲的"请事斯语矣"，我要好好地力行夫子的教诲。这敏于事也是仁，慎于言也是仁，是从不同角度来说的。

所以，"其言也"全是从仁这一字而来，只是司马牛把它解浅了，以为很容易了。所以夫子后面说，"为之难"，这件事情不是容易事，是很难的事情。讲难也是对司马牛，因为司马牛当时起了以为它很容易的这种心，轻慢的心。所以夫子应病与药，他轻视，就跟他讲难。如果有人是以为这个很难，夫子就告诉他很容易。这是什么？善于教化，让人有下手之处。可见得，说话谨慎完全是跟人的仁德紧密联系在一起的。有仁德之人，他一定先慎于言。那么我们怎么样去行仁、修仁？那就是"戒多言"，这也是一个下手方便处。

第三十二讲　有恃无恐　势倾灾至

【毋恃势力而凌逼孤寡。】

这句是讲不可以用势力来欺凌逼迫孤寡之人。孤寡包括范围也是很广的，孤儿寡母，鳏寡孤独，孤寡老人，这些都属于孤寡的范围。

每一条格言我们都从事上和心上两方面来开解。实在讲，《朱子治家格言》是一部非常好的伦理道德因果的教材，言简意赅，只有五百几十个字，可是真的把修身齐家之道讲得非常的圆满。这句从事上来讲是教导我们不可仗势欺人。要知道，自己的权势是自己的一个福分，如果仗势欺人，那是加速度地削减自己的福分，会很快地把福分削减殆尽，自己最后很可能就落得个破家亡身的下场。

居心无仁　郁愤而终

《旧唐书》这部书里记载着乔知之的一个传记，是他跟武则天的侄子武承嗣有一段瓜葛。乔知之的家是当时一个一般的富户,他有一个婢女,这个婢女叫窈娘,长得很美丽,而且能歌善舞。武则天当时是女皇,所以武家的势力特别大。武皇两个侄子,其中一个是武承嗣,就仗势欺人,把乔知之的这个婢女抢夺来作为自己的妾。

乔知之也非常喜欢这个女孩,被抢去了,虽然无可奈何,但是心里很怨恨。因为放不下这个窈娘,就做了一篇诗文,叫《绿珠篇》,托一个婢女秘密的送给窈娘,表达他的哀伤思念以及惋惜悔恨之情。没想到窈娘也是一位烈女,看到了这篇诗文之后就感愤殉情自杀了。结果武承嗣知道这个事情了,非常愤怒,就从武则天手下的很多酷吏中找来一个酷吏,给乔知之罗织了一个莫须有的罪名,把他给杀害了。

后来武承嗣一直想做太子,当时武则天正在考虑是把王位传给自己的儿子,还给李家,恢复唐朝,还是传给自己的侄子,继续做周朝,就在这两者间摇摆不定。最后朝廷的好几位大臣,像李昭德、狄仁杰、吉顼这些人不断地劝说武则天,终于她就立子不立侄了,把王位还传回给李家。武承嗣想做太子的这个幻想彻底破灭了,他也是忧愤而死。所以历史上我们能看到,仗势欺人的下场都不会好。假使他能够以仁厚之心待民,得民心则得天下。什么人有这个厚德可以得天下? 必定是有仁爱之心的人。令人忧愤而死者,自己也是忧愤而死。

谋害贞良 阴阳两亏

古代《功过格》里也记载着一个故事。明朝崇祯末年，这是明朝到了气数已尽的时候，在吴江这个地方有一个人叫张士柏，早年就过世了，留下了守寡的妻子陈氏。张士柏的兄长叫张士松，当时就想把这个弟媳送给当地的土豪徐洪做妾（大概其中是有利可图的），又怕这个弟媳妇是一个烈性女子，可能不从，所以就设了一个计策，把她骗到了船上。结果陈氏知道了要把自己送给徐洪为妾，就在那里大哭大闹，不肯就范。后来没办法，这个张士松就只好作罢了。

这个陈氏的父亲给女儿打不平，就告到了官府。陈老爹无财无势，跟当地一个土豪打官司，这个徐洪就贿赂了当地的官员，受贿的官员不仅没有给徐洪加罪，反而还给陈氏安了一个罪名，把她关到牢里了。陈氏是又悲又愤，在狱中哭泣了三天，绝食抗议。刚好又有一个更大的官来到此地，他们陈家就去喊冤。结果在公堂之上，陈氏把自己的冤情哭诉出来，随即就在公堂上自刎而死。这个大官一看，知道这里头一定有冤情，所以就严加查案。后来水落石出，把兄长张士松和土豪徐洪，在公堂之上杖毙，活活打死。对那些从中受贿的官吏都严加查办，其中，第一次告官时，受理这个案子的那个县令被贬官了。

没想到被贬官的这个县令，在坐船回家的路上听到满船的鬼声，鬼哭狼嚎，第二天竟然就死了。还有一个受贿的人，情节比较轻的，最后也是落得个大病而且变成哑巴的下场。所以从这个故事我们能看到，逼迫守寡的妇人，不仅会受到阳间的律法制裁，还要受阴间法律的惩治。

恩师教诲 敬老兴孝

这句话在心上来讲，是教导我们要存仁爱之心。《了凡四训》中说到："君子所以异于人者，以其存心也。"君子与人不同的，就在他的存心，"君子所存之心，只是爱人敬人之心。"不管人的高低贵贱，跟自己的关系亲疏与否，或者是智愚贤不肖，所有的人都是我的同胞，跟我都是一体。所以，怎么能够不爱敬他们？尤其是对那些鳏寡孤独之人，他们比普通人更加不幸，所以我们应该加意爱敬他们。"爱敬众人，即是爱敬圣贤，能通众人之志，即是通圣贤之志"，所以圣贤人，不外乎就是把爱敬之心做到圆满。圣贤是爱敬众人，倘若你也能够爱敬众人，你不就是跟圣贤同心同德了吗？跟圣贤同志。所以学圣学贤，最重要的是学圣贤之志。圣贤之志是什么？"本欲斯世斯人，各得其所"，让所有的世人都能够各得其所、各得其乐。我能够爱敬众人，使一世之人安乐，这就是随圣贤来帮助世人。

我们的恩师，这两年提倡，把企业做成家，即在企业当中恢复中华传统"家"的这种精神，恢复家道、家风、家学、家规。在家里，父母对儿女是关怀备至，在企业里，让员工真正感到就像在家里一样，老板和员工的关系如同父母和儿女的关系。老板是君的角色，领导，员工是臣的角色，是被领导的，君仁则臣忠。领导对部下能够仁爱，部下就能够忠于领导。如果以父母之心来待员工，员工就能够对老板尽孝。

其中有一项，是老板要考虑到员工赡养父母的问题。尤其是现在都是计划生育，一家夫妇只能生一个孩子。这些孩子长大了，要赡养两位老人，结了婚面对的是四位老人，这对年轻人来讲确实是一个很大的负担。社会对于老人的保障也是有一定的限度，如何能够使员工的父母老有所养，这也是一个企业老板应该考虑的事情。《孝经》上讲，"敬其父则子悦"，你对他父母能够关怀敬爱，做儿女的他就欢喜，可能工资待遇未必在你的企业是最好，但那份感恩之心也会留住他，正所谓君仁臣忠。

所以企业应该办老人乐园。在老人院里头，老人家过着幸福的晚年。不仅是物质生活上要满足老人的需求，老人院的护工对老人的照顾要有着儿女对父母的那份孝敬心。这需要对老人乐园里的护工进行培训，用什么培训？《弟子规》是最好的教材。另外，给老人安排丰富的精神生活，让老人家天天都可以学习。譬如说办班授课，还有很多文艺的节目。办班，使老人家能够了解、学习宇宙人生的真相。让老人家清楚，生从何来，死往何去。因为老人家退休了，他对于世间的这些技艺的学习，可以说已经慢慢地不感兴趣了。对自己的未来，他感兴趣，这方面的精神营养要提供。同时给他们一些丰富的文艺生活，特别是几十年前流行的那些文艺表演的节目，再拿来放给他们看，重新给他们表演。或者是他们自己有这方面才艺的，可以自己表演。有一技之长的, 也可以请他们授课, 把自己的所学传授给后人, 让他们来办班。

所以, 整个老人乐园就像老人大学一样, 所谓活到老学到老, 真正"学而时习之, 不亦说乎"。人怎么才能快乐? 学就快乐。学了之后又做, 那就更快乐, 真正是老有所养。能够办这种老人福利的事业, 可以说是对社会真正尽到圣贤一样的爱敬之心了。每一个企业都能这么做, 我想社会上仗势欺人, "凌逼孤寡"的这种现象, 也渐渐就会没有了。一个社会大家都在提倡敬老爱老, 尤其是政府官员, 他们来提倡, "上老老而民兴孝", 上位的人能够尊敬老人, 爱护关怀老人, 人民百姓都会兴起孝心。那些仗持势力而"凌逼孤寡"的现象就会不治而愈了。

第三十三讲　慈心于物　恻隐养性

【勿贪口腹而恣杀牲禽。】

这一句是教我们，不要贪口腹之欲而任意地去宰杀牛羊鸡鸭这些牲禽动物。牛羊，属于牲，牲口；鸡鸭，属于禽。

忍心杀生　自遭报复

从事上讲，这是教我们戒杀生。要知道，所有的生命都跟我们人一样有灵知、有血气，都是贪生怕死。我们不愿意被别人杀害，我们又怎么能够去杀害众生？我们用杀害的心对待众生，要知道，迟早有一天自己也会被杀害。因果报应之理，这是客观事实。上天有好生之德，假如我们为了自己口腹之欲，贪图美味而杀害众生，那就是违背了天德，把自己放在一个受天谴的地位上，当然后果也必定是自己会像那些被杀的众生一样惨死。

历史上，这样的记载非常多。《北齐书》中就有一个故事，在南北朝时期，有一个人叫元辉业。他非常喜欢吃肉，每天都要吃一只羊，三天要吃一只牛犊。结果后来被皇帝给杀掉了，死的时候很惨，他的尸首不是埋在地里，是人们把冰凿开，把尸体沉到冰河里面，死无葬身之地。当自己有一点福报的时候，应该常常想着修福积德，怎么能够去残杀生灵？这些肉食吃下去的时候，不过是通过三寸之舌，从口到喉咙这么一点点距离去品尝它的味道，到了肚子里就化成粪便，都是臭秽不堪。为了这么一点口欲，残害生命，造作罪业，那恶报一定就不能免除了。

杀鸭烤鸭 死状如鸭

2009年4月份，我应国家宗教局邀请，参加第二届世界佛教论坛。这个论坛是在无锡和台北两地举行。我们在无锡开完会议之后，乘专机到台北，当时是住繁华市区中山北路的晶华酒店。在那里就听说，中山北路曾经有一个烤鸭店，店名叫"上品号"，这个烤鸭店的老板姓蔡。蔡老板因为很会经营，而且这个烤鸭味道做得很好，他们是把鸭子养在店里头，后面厨房现宰，宰了之后立即放到油里烤，去炸，烤出的鸭子非常新鲜，味道也很鲜美，所以远近的顾客非常多，常常为了买这个烤鸭都排长龙，不惜花很多时间来买他的鸭子。尤其是过年过节，店里更是挤得水泄不通。

所以这家店节日生意特别好，节日就不放假，而且还增加服务的员工。有一年春节一开年，刚开店，顾客已经在街上排得长长的队伍，等着买他的烤鸭，这蔡老板乐得合不拢嘴，顾客挤得水泄不通,大家都在忙着。突然店里一阵骚乱,有顾客惊叫起来,原来这个蔡老板在店里的地板上,腹部贴在地上,手脚四张着、张开,就在那里打转转,一边打转转,口里还一边叫着,就跟鸭子叫声一样。结果那些顾客突然醒悟过来,有人就大叫:"哎呀,这蔡老板变成鸭子了,以后我再也不敢买烤鸭了。"这么一叫喊,大家都吓得跑掉了。

蔡老板的太太立即把他送到医院去救治,可是三天三夜都抢救不过来。这个蔡老板就像鸭子一样日夜在叫喊,痛苦地呻吟、挣扎,三天三夜,最后七孔流血而死。这个"上品号"烤鸭店最后也就关了门,销声匿迹了。

嗜猎生灵 己身被杀

《唐书》里记载着齐王元吉这个人,他是个王子,很喜欢打猎。一到出外打猎,就牵着鹰带着狗,而且带着很多人,三十车人去打猎。他说:"我宁愿是三日不食,也不可以一日不猎。"三天不吃可以,但是不能一天不打猎。后来,因为他谋害唐太宗,谋反,结果被杀掉。我们从这里看到,身为王子,当然这是他的福报非常厚。可是不懂得惜福,恣情杀戮,损自己阴德,最后福没有了,智慧也就没有了。一个人福够的时候,他就有智慧,所谓"福至心灵",没有了福,也就没有智慧了,做出这种伤天害理之事,落得个被诛杀的下场。

一个王子,这么大福报的人,都可以很快把自己的福消完了。

没有这种福报的人，怎能够不警醒，岂能够为了饱自己口腹之欲，去恣杀生灵？所有的动物都有贪生怕死的性情，都有报复的心理，跟人没有两样。只是人的能量大，福报大，所以能够把它制服。它不是甘心受死，只是打不过我们，无可奈何被我们杀害的。它心里的那种怨恨，可想而知，真叫不共戴天。它一旦有报复的机会，当然是绝不会放过，拼死都要去报复的。

点火烧鼠 家园焚毁

我们看到前几年，2006年1月10日，《中国日报》网站上转载了"国际在线"这个网络上的一则消息，是美联社1月8日的报道。在美国新墨西哥州南部住着一个老人，81岁。有一天，这个老人在家里抓到一只老鼠。这个老人可能是很痛恨老鼠的，所以就想着怎么样把这个老鼠处理掉，于是就想到用火刑。美国，特别是在乡镇，一般人都是住那种House，一个房子，外面有个院子，院子里都有树木，有很多落叶，他就把这些树叶堆起来、点燃，然后把这只老鼠扔进火里，处以极刑。结果他万万没想到，这个老鼠身上已经烧着了，但是它不甘就死在这堆叶子里头，竟然冲出火堆，一头从窗户钻进了他的房子里。因为它身上带着火，就把整个房子都烧起来了。火势一下就蔓延开来，最后把他全家都烧成灰烬。幸好这老人在屋外，没受伤，但是眼睁睁看着自己的房产化成灰烬。你看，一只老鼠都知道纵火报复，它只是没有办法战胜人，如果它能战胜人，它肯定也要把人置于死地。报复的心理, 这跟人不是没有两样吗?

所以我们害它, 传达出一种恨意, 这种怨恨磁场对我们本人绝对没有好处。一个常常杀生的人, 身周围都是怨恨的磁场。中国人不用磁场这个词, 讲的是气场, 讲气。什么气? 怨气。我们想想, 一个人被怨气所包围, 他能够得到吉祥吗? 他的身体能够健康吗? 他的事业能够顺利吗? 所以, 能够不杀生, 不吃肉, 这个人的身体周围一定是一个吉祥的磁场, 身体也必定能健康, 不会有那种凶灾。

医学证明 素食有道

现在医学已经给我们证明, 吃肉对身体是有百害而无一利, 相反, 吃素对身体有百利而无一害。吃素不仅对身体有好处, 而且也能环保。有专家统计过, 人吃一公斤的猪肉, 就会制造出36.4公斤的二氧化碳。二氧化碳使得全球产生温室效应, 这是对环境的损害。所以联合国都呼吁, 为了环保, 应该吃素。

人的身体构造是适合素食的。因为人肠子的长度是人身高的四到五倍, 这么长的一段距离, 如果肉从肠道里排出来可能要两到三天。我们可以想想, 人的体温, 比室温要高, 在这样高温无氧的条件下, 肉在肠道里会发酵, 产生毒素。一块肉要放在室温下, 有氧气, 有空气流通, 摆两三天它也会坏, 更何况在肠道里面? 所以产生的毒素, 那是致癌的物质, 使身体产生病变。所以, 很多的癌症, 很多的这种肝、肾、胃、心、脑、血管的疾病, 都跟食肉有关。人的身体不像虎豹的身体，虎豹的肠道短，东西吃进去很快排出来，毒素还没产生它就排出来了。但是人不一样，人应该是素食的。这种自利利他的事情，为什么不做？偏偏要去杀害众生，又害了自己，这多愚痴。

圣贤教化　守护天良

古人讲："昆虫草木，尤不可伤。"连那些昆虫草木我们都要用爱心对待它们，都不可以去毁伤，因为凡是天地所生之物都与我一体，伤害众生就是伤害自己，伤害自己的本性，伤害自己的仁慈。所以孟子讲，"君子远庖厨"，"庖厨"就是厨房，厨房里杀生，君子远离它。这不是说君子不喜欢做饭，这是讲君子不愿意去造杀业。连听到众生被杀害的声音都不忍心，更何况吃这个肉，这是养自己的一片慈心。孟子说的是"恻隐之心"，不忍心去伤害众生，这是天良。所以孟子讲，七十才可以吃肉，人到了七十岁才有资格吃肉。这是一种善巧方便，告诉你，你要想吃肉吗？等到七十岁。真正到七十岁也就不想吃肉了。圣贤多会教化人。

现代人比古人来讲，吃肉多十倍都不止。不要说很长远的时期了，就是我们的父辈这一代，他们小的时候，经济条件差，生活不容易，要吃一顿肉那真的是过年过节才有。现在人天天都像过节，山珍海味，大鱼大肉，尤其是宴会的时候，浪费的很多。你看看，这损福损德到什么地步。所以现在的富贵病特别多，富贵病哪来的？自己的福德都损完了，就生病了。古人讲要"慈心于物"，对一切生物都要有慈爱心。

所以"勿贪口腹而恣杀牲禽"这句在心上讲,是养我们慈悲心,养这个恻隐之心。恻隐之心是人的天性,人皆有之。常常杀生吃肉,把这恻隐心都丧失掉了,这是丧了天良了。

史载今例 物我一体

三国时期有一位叫邓芝的人,《三国志》里记载,他在四川的时候,有一次在山中见到一只猿猴,就拔箭把它射中了。结果看到这只猿猴竟然把自己身上的箭拔掉,然后拿树叶卷起来塞在自己的伤口里头。猿猴都很懂得自治,自救。邓芝看了很受震动,他说:"哎呀,我怎么能够做出这种违背物性的事情来!"物性是生物的本性,生物都有贪生怕死的性,这个性是习性。后来又有一天,又看到有只母猴抱着一只小猴,邓芝又拔出箭来,射中了这只母猴。结果发现那小猴也会为它母亲把这箭拔出来,并且拿树叶卷起来,给母亲治伤口。邓芝这次看了,更是震动非常,知道自己造这个孽,会很快死的。为什么?违背了天良。所以他把这个弓箭都扔到水里去了。真的,动物它不是没有灵性,它懂。你害它,它会生怨恨,你救它,它会生感恩。就像人一样,它都有感情。母猴受了箭伤,小猴能够为母亲医治,这跟人没有两样,都是一种孝心孝道。

我们曾经跟一些朋友去放生,放一些龟,还有鳝鱼、泥鳅这些东西,放在河里头。当我们把这些众生放到河里的时候,看到这些众生久久不愿意离去。那些鳝鱼泥鳅都把脑袋浮出水面，好像跟我们示意感恩，那些龟也是，游到水边上，恋恋不舍。动物知道你放了它救了它，它都会感恩。假如人常常有这种感恩的磁场，人也都会健康。

日本的江本胜博士，他做的水实验，已经有十年了。他发现人的心理对水结晶能产生影响，而且是显著的影响。当我们用感恩的心对待水，水的结晶就很美，如果我们用那种仇恨的心，要杀害它的心对待水，这个水的结晶就很丑陋。那我们想想，人的身体70%是水分，细胞里70%是水，假如我们常常救众生，众生回馈以感恩的心，这身体不就是健康的吗？身上的水结晶一定是很美的。假如我们常常杀害众生，众生回馈给我们的是仇恨、是报复，那我们身上水结晶一定也是很丑陋，怎么能不生病？这是有科学依据的。

慈心不杀 自在往生

《宋史》中记录了宋朝有一个叫马从先的人，他曾经做过官，做过知府。这个人从小好学，而且生性很仁慈，不杀生。

马从先在宿州做知府的时候，他下令严禁屠宰耕牛。要知道，耕牛对人类是有贡献的，它耕地。我的爷爷奶奶是农民，过去也是靠牛来耕田。他们告诉我，要宰杀耕牛的时候，牛都会流眼泪。看到这一幕，怎忍心去宰杀它？牛也通人性。所以我奶奶一辈子不吃牛肉。这马从先不仅下令不杀生，而且做了很多好事。譬如说，如果遇到水灾，他就发放官府的粮食，开仓分粮，赈济流亡百姓。曾经救活过数十万人，救了很多人，功德很大。《宋史》上记载，到晚年他学佛了，活到七十六岁，最后是预知时至，潇洒自在往生的。

所以，儒佛都教导我们修养仁慈之心，圣贤之心没有别的，就是仁爱。对人对物都是这一份至诚的仁爱心。如果不戒杀，不能够断肉，这份仁爱心也很难圆满。那佛家更明文规定杀生是大戒，根本戒，五戒之首就是戒杀，可见得戒杀多么重要。

第三十四讲　刚愎自用 悔败在后

【乖僻自是。悔误必多。】

这一句是说,性格古怪,自以为是的人,他必定会常常做错事情,因而会生很多的懊悔、悔恨。"乖僻"就是性格古怪,刚愎自用,"自是"是不能够虚心听受劝谏,自以为是。

纸上谈兵　十万骨枯

从事上讲,这句是教我们要懂得虚心纳谏,古人讲要集思广益,兼听则明。

特别是有高位、掌权之人,他的一个决定可能是影响层面很大,那绝对需要深思熟虑,应当集思广益,听取别人的建议。别人的建议采不采纳你自己决定,但是不能够把自己自封起来,不听取人家意见,这往往会导致严重错误。如果是关系到国计民生的大事,"乖僻自是"的人会酿成大祸,甚至会丧身辱国。

战国时代,秦国派白起做大将去攻打赵国,赵国的国君想任用赵括为大将，因为他的父亲就是有名的将领，可是赵括的母亲去拜见赵君，跟他讲，赵括虽然出身于将领的家庭，可是他只是懂得一些行兵打仗的道理，没有真正实战的经验。他比较喜欢夸夸其谈，很骄傲自满，不能委以重任。知子莫如母，这位母亲说的话都是实话，但是赵王不以为然，觉得赵括很懂兵法，委任他做大将没有问题，所以给他四十万军队去抵抗秦国的军队。结果一场大战打下来，"纸上谈兵"的赵括兵败如山倒，被打得是落花流水。四十万军队都被白起活捉、活埋。这白起固然是造了重罪，造孽了，那赵括最后也死在沙场上。纸上谈兵而不能够虚心谦卑来研究战略，致使赵括落得这样的下场。这里面当然有这赵国国君的失误，他没有听取赵括母亲的劝谏，所以造成这个大祸，赵国最后也被灭掉了，这也是"乖僻自是"。

施刑判案　冤魂索命

在《感应篇汇编》里面记载着一个故事。宋朝有一个官员，是主持刑罚的，叫作张汝庆。这个人判案子简单明了，把囚犯抓来，不论罪犯轻重，先给他施刑，所以他有个绰号叫"打一套"，拿来就打，根本也不审问。凡是犯了罪的，不管有罪无罪，轻罪还是重罪，先打一套。而且受刑的人，不是骨折就是破头，有很多的冤情。后来他任职期满回家了，路上行船，忽然有一天晚上梦到了数百人，都是破头的、瘸脚的，原来都是被他用酷刑折磨死的这些人，在梦里就围着他，向他索命。回到家里，他竟然白天都能够见到厉鬼来索命。后来，这个张汝庆七窍流血而死。所以古人讲，"强梁者，不得其死"。身居高位而不体恤民情，对于这些囚犯也不问是否冤屈，就来折磨，甚至上刑致死，自己最后的下场也就是"不得其死"了，死于非命。所以，纵暴杀伤之人，最后也会落得暴死的下场。这些，归根结底还是因为"乖僻自是"的这种心态。

所以从心上，我们要戒除傲慢、刚愎自用的心理，要学会谦虚受教，"满招损，谦受益"。

言者无罪 圣君能为

唐太宗之所以能够那么英明，治理国家能井井有条，主要的原因在于他能够纳谏。这不容易，万人之上的皇帝能够虚心听取臣子的建议。有时候有人给他出了这个建议，比如给他指出的缺点其实指错了，唐太宗也不会生气。甚至有人说这个人讲你讲错了，应该给他治罪，唐太宗只是笑着说："怎么可以这样？如果因为他讲错我的缺点我就给他治罪，那以后没有人敢给我进谏了。"他能够有这样的胸量，所谓海纳百川，就是因为大海在河川之下，因此他的福就大。量大福大，他的政策就英明。

唐太宗有一位大臣魏征，是以力谏著名的，他有时候劝谏皇上，不管皇帝爱不爱听，都讲得非常苛刻，并不给他留下面子，所以有时候会激怒唐太宗。有一天唐太宗被魏征说得非常生气，回到后宫这个怒气还是下不来。皇后就问他："为什么今天你这么生气?"唐太宗说:"我一定要杀了这个魏征,他太不给我留面子了!"皇后很英明,问明原因之后,她竟然回到房间换了一套整齐的礼服出来见太宗。太宗一看:"你这是干什么?"皇后说:"恭喜皇上!你能有这样的一个对你敢进谏言的臣子,这也是因为你有广大的胸怀,善于纳谏。那国家必兴,人民有福了,社稷有福了。"唐太宗一听,气也就消掉了。所以贞观之治的由来,不是没有原因。反之,在历史上我们看到,自以为是的,不能纳谏的君王,往往会破败。

第三十五讲　颓废懈怠 诸事难成

【颓惰自甘。家道难成。】

这句意思是讲，颓废懒惰，"颓"是颓废，"惰"是懒惰，"自甘"是自甘堕落，沉溺而不觉悟。这样的人治家，家道很难成就，家业也很难长久。

在事上讲，这是劝导我们要励精图治，发奋图强。经营家业必须要奋发，不能够懒惰懈怠。曾国藩先生强调，治家讲究一个勤字，勤能兴家。治国也是如此，励精图治的帝王能兴国；假如"颓惰自甘"，则必定是破国。

刘禅昏庸　无道失国

一个很有名的故事，三国鼎立之时，蜀国建立，这是刘备好不容易经营起来的基业。可是刘备死了以后，后主刘禅继位，这个人昏庸无道，没有能耐，而且还贪图享乐，根本没有要继承先帝遗愿的那种志向。所以，虽然刘备给他留下像诸葛亮这样的一批辅臣、忠臣，可是也扶不起他。所以谚语说"扶不起的阿斗"，他自己"颓惰自甘"，虽然有贤能的臣子辅佐，却对他也无可奈何。诸葛亮死了以后，刘禅就更加昏庸无道了，贪图享乐，不理朝政，所以宦官弄权，朝中大臣结党营私。姜维本来是可以继承诸葛亮的事业，辅佐刘禅的，但是后来也是没有办法主理朝政，被逼得离开了，诸葛亮的儿子诸葛瞻也战死沙场。蜀国的基业就这样大大动摇，后来也就被魏国给灭掉了，先帝苦心经营起来的这个王朝就这样子被这个"颓惰自甘"的阿斗（阿斗是刘禅的小名），给败坏掉了。

所以，从心上讲，我们必须要有那种精进的心，有那种"善继人之志，善述人之事"的孝心。《中庸》上讲，孝是能够继先人之志。继承祖先、父母留下来的事业，有这种孝心，他自然就能够奋发图强。

玄宗淫逸 祸国殃民

在唐朝，王位传到了唐玄宗李隆基那里。开始的时候，唐玄宗也是励精图治，他还批注过《孝经》，是有孝心的人，"善述人之事"，"善继人之志"。

玄宗治理社会也算是政治清明、经济繁荣，使唐朝进入了鼎盛时期。他的国号是开元，所以这个时期叫开元盛世。唐玄宗在位44年，时间很长，可是到了后期，他慢慢就开始骄奢淫逸起来，贪图享乐，宠信杨贵妃，真的是沉迷酒色，不理朝政。重用的臣子都是迎合他的, 善于逢迎巴结, 像李林甫这种奸臣被宠信, 最后有名的安史之乱发生了, 唐朝就这样衰落, 这个国家差点灭亡。

所以我们希望继承家业, 首先要做格物的功夫, 格除自己的物欲。这个物欲, 包括财、色、名、食、睡。贪图享乐的心, 要把它控制住。纵然不能够完全消灭掉, 至少要控制住, 让天理战胜人欲, 那你才能做得到继承家业。否则哪怕是学了很多的圣贤的道理, 像唐玄宗他也批注过《孝经》, 而且他批注得也算是很不错, 在《四库全书》里面都有他的本子。我们过去讲《孝经》, 也用他的批注。邢, 宋朝的学者, 用玄宗的批注还做了一个疏, 就是批注的批注。道理是明白了, 但是不力行, 不真正从格物下手, 那个学问也不真实。所以孟子讲, "生于忧患, 死于安乐", 一个人他有忧患意识, 他就能够生存, 能够立足, 能够发展他的事业。假如他在安乐的环境里面享乐, 那个志向也就随之消减, 最后就"死于安乐"。

第三十六讲　亲近小人　日久必害

【狎昵恶少。久必受其累。】

这一句是教导我们如何择友。"狎昵"，就是过分的亲近。亲近谁？亲近那些不良的少年恶霸，"恶少"，日子久了，就必然会受他们的牵累。人选择朋友非常重要，这句话从事上讲是教我们择友。真正好的朋友，帮助我们提升道德学问。《弟子规》上讲，"能亲仁，无限好；德日进，过日少。不亲仁，无限害；小人进，百事坏"，这一句跟《朱子治家格言》的"狎昵恶少，久必受其累"的意思是相通的。所以，《弟子规》跟《朱子治家格言》都强调择友的重要。我们不是生而知之的圣贤，必须要学习，学而知之。学习的环境，包括物质的环境和人事的环境，就非常重要。我们应该远离恶友小人，免得受他们的污染。人生来天性是本善的，可是常常跟恶友聚会，久而久之也就被他牵连，受他的污染。

欲令智迷 玄宗误国

唐朝玄宗皇帝李隆基就是一个典型的例子。他在刚刚即位的时候，那也是励精图治，很有雄心壮志，确实做得很好，把国家治理得井井有条。他也提倡文化教育，亲自批注过《孝经》，《孝经》是一部修身、齐家、治国、平天下的宝典。他对《道德经》也是非常有研究。可是后来，因为任用了李林甫、杨国忠这两个奸臣，就受累了。李林甫是口蜜腹剑，表面一套，背后一套，非常会阿谀奉承，而且排挤忠良，杨国忠跟他比起来，也是一类人物。当时杨贵妃得宠，而杨国忠是杨贵妃的同族长兄，所以可谓是位高权重，也是一个自私自利的小人；两个人合起来，弄得唐玄宗也就迷惑颠倒了，致使安禄山兵变，"安史之乱"，险些把大唐王朝给葬送了。可见得，真的亲近恶人，很容易就受他们的污染。

圣人教诫 亲善远恶

孔老夫子教我们要亲近益友，远离损友。什么是益友，什么是损友？《论语》里面孔夫子教导我们曰："益者三友，损者三友。"益友有三种，损友也有三种。"友直，友谅，友多闻，益矣；友便辟，友善柔，友便佞，损矣"，这是告诉我们，如何判断一个朋友是对自己有益的朋友，还是对自己有损害的朋友。

益友有三种特点，第一个是"友直"，"直"是正直，跟正直的人在一起做朋友，那你就得益了，你的心也正直。第二个"友谅"，"谅"是宽恕、原谅，善于宽恕别人，有恕道；谅，也有的批注里当信字讲，即有信义的朋友，这两种说法都很好。还有一个"友多闻"，"多闻"是博学多闻，有学问。正直的，心地宽广的，有信义的，博学多闻的朋友，跟他们交往就会得到很大的益处。

反过来，损友有三种。第一是"友便辟"，"便辟"的意思，就是看起来很恭敬，很客气，善于周旋，很会察言观色，很会奉承巴结的这类人，但是他的心不正直，是一种弯曲的心，这是损友。第二"友善柔"，"善柔"就是善于献媚。他跟你在一起你觉得他非常柔和，他很会讨好你，很会讲一些花言巧语来蒙骗你，让你听得很舒服，这一类的朋友也是损友。还有一种"友便佞"，佞主要是讲言词，很善巧，很会说话。这一类的朋友也不会给你带来很大益处。孔老夫子说："巧言令色，鲜矣仁。"便佞就是巧言，很会说话的。那都是绮语，不真实的话。令色就是善柔，装出的一副样子，好像让你很开心，他很会来奉承巴结。

《论语》里面又有一句话讲到，子曰："巧言令色，足恭，左丘明耻之，丘亦耻之。匿怨而友其人，左丘明耻之，丘亦耻之。"孔老夫子说，巧言，就是很会说话。令色，这是容貌举止表现得很会献媚。"恭"是恭敬的意思，"足恭"就是他不能够对你真诚，而是非常懂得巴结。左丘明觉得这种人是很可耻的，是没有人格的。"丘亦耻之"，丘是孔子的名字，这是他自称，孔老夫子也以此为耻。所以这三种，"巧言、令色、足恭"，跟前面《论语》那句话，"友便辟，友善柔，友便佞"，这是相对应的。巧言就是便佞，善柔就是令色，便辟就是足恭。这种没有人格的人，不要跟他为友。还有一种，"匿怨而友其人"，心里跟对方是有很大的愤恨的，可是还在外表诈现出跟他亲密的样子，这是用心险诈。前面讲的"巧言令色，足恭"是用心虚伪。用心虚伪、用心险诈的，左丘明和孔老夫子都认为这是很可耻的。这种朋友不能交往，这些人都属于这里讲的"恶少"。

古人又告诉我们，看人要看他的朋友，要知道一个人的道德情操，他如果是城府很深，你未必能够看得出来。但是你看他周围的人，他跟什么人交往，就能够大概知道。所谓"物以类聚，人以群分"，"近朱者赤，近墨者黑"，你跟什么人交往，大抵就都是什么样的人物。

《孔子家语》里面讲，子曰："不知其子，视其父。不知其人，视其友。不知其君，视其所使。不知其地，视其草木。故曰，与善人居，如入芝兰之室，久而不闻其香，即与之化矣。与不善人居，如入鲍鱼之肆，久而不闻其臭，亦与之化矣。丹之所藏者赤，漆之所藏者黑。是以君子必慎其所处者焉。"

这段话就告诉我们，不知道儿子的品德，你可以看他的父亲，有其父必有其子，他是什么家庭里培养出来的，大概就是什么样的人物，十有八九不会错。不知道这个人的品德，你看他的朋友，看他跟什么人交往，如果他是亲近恶少的，那他一定也是恶少。君就是领导，不知道领导是什么样的人，就看这个领导任用什么样的人。譬如说唐玄宗，他过去励精图治的时代，任用一批贤能的辅臣，像张九龄就是他的贤相，你就知道当时的他一定是一个很有志向、很有抱负、很想有所作为的君王,可是后来他用了李林甫,用了杨国忠,你就知道他变了,他肯定是成了贪图享乐的人。"不知其君,视其所使",看他使用的是什么人。即使同一个人,前后的时期都不一样,人都会变的。"不知其地,视其草木",这是讲自然环境,草木是地所生,你要知道这个地理状况,看它的草木,就可以判断它的地理环境。

所以这四个举例就说明,人周遭的环境跟这个人本身是息息相关的。所谓"依报随着正报转",正报是指自身,依报是所依靠的环境,包括物质环境和人事环境。有什么样的正报,就有什么样的依报。那反过来,你进入什么样的依报,你的正报也会随着依报而转,因为我们还不是圣人,会受环境影响。所以孔子说,"故曰,与善人居",跟善人居住在一起,"如入芝兰之室",就像你进入了一个兰花的花房里,你处久了,那兰花的香味虽然你闻不出来了,可是你已经跟这个兰花的香气融成一体了,等到你出来之后,别人就闻到你身上有兰香。"与之化矣",就是你跟它化成一体了。"与不善人居",跟那些品行不好的人交往,常常往来,就好像进入了"鲍鱼之肆",放满了臭咸鱼的那种仓库。你进去,很臭,可是时间久了,你也就不觉得臭了,已经麻痹了,但是身上已经带有这种臭味了,就"与之化矣",跟这种臭味融成一体。这里讲的,"丹之所藏者赤",丹就是朱砂,它里面蕴含的一定是红色。黑漆就是墨,它里头蕴藏的一定是黑色。所以说"近朱者赤,近墨者黑"。因此,孔老夫子这里教诫我们,君子必须要谨慎地选择所相处的朋友。"狎昵恶少"一定要远离,这个"恶少"对我们绝对没有好处。

善择环境 利于修学

前两天,有一对年轻的夫妻,来访问我们母子。他们也是有志于学习和弘扬中华传统文化。这个先生是在一家公司做销售,销售汽车的,他的夫人是在学校里做老师,也是做临时的老师。他们就谈起,他们刚出来工作不久,在这个单位里面工作,真的是污染。特别是这个先生,在单位里,他的上司是唯利是图,尤其对上面只汇报这位先生的缺点,其实他在公司里面是任劳任怨,勤勤恳恳。因为他也接受过比较深的中华伦理道德的教育,所以做事都是非常的严谨,很有敬业精神,但是就跟这个唯利是图的领导格格不入。而领导把他所做的工作都据为己有,当作自己的成绩汇报了,把功劳归到自己身上,尽说这位先生的坏话,压制他。他在这个单位里面很本分的工作,有时候工作量很大,甚至连吃中午饭的时间都没有,可是他无怨无悔,别的同事,会溜须拍马的,早就已经转正了,本来在公司做三个月就要转正的,可是他都工作五个月了,还没有转正。他说他们公司的管理理念是,地球不会因你不在就不转了,你走了,很多人等着要这份工作。所以他们这个公司里头,员工很少有待一年以上的,他问我们这种情况怎么办。

我们还跟这位朋友开玩笑说:"你在这个公司里受这种气,时间久了都会得肝瘀。"因为老生气会伤肝,气闷在里头不通,淤积在肝部, 就生肝病了, 对自己身体, 对自己道业不好。那为什么不早做安排? 他听了也是觉得很有道理。这是在事上讲, 我们要懂得选择朋友, 选择环境。在心上来讲, 环境都是自己感召的, 什么样的心, 就会感召什么样的环境。古人教导我们要志在圣贤。我们的志趣不是求名求利, 而是作圣作贤, 自然就会有志趣相同的朋友跟你感召到一起来。孔子在《论语》里面讲过, "道不同, 不相为谋", 我的道跟他的道假如不相同, 他是追求名利的道, 我是追求成圣成贤的道, 这个道不合, 就不能在一起谋事, 不能在一起工作, 甚至不能做朋友了。

管宁有守 慕化千古

在三国时代, 有一个著名的故事叫"管宁割席"。管宁和华歆还有邴原, 这三位都是当时的大学者。可是他们的品性却有所差别。这里讲的是华歆跟管宁之间的故事。华歆因为仰慕管宁的道德学问, 来投奔管宁, 跟管宁一起读书求学。他们在求学的时候, 都是一边读书, 一边劳动。古人讲的"耕读传家, 知行合一", 所以要读书, 也要耕作, 并非一味只是读书, 背书背到最后都成书呆子了, 不懂得做事。

有一天, 两个人在园子里耕种锄地, 这个菜地里有人埋了黄金, 结果管宁锄着锄着就把这黄金给翻腾出来了。因为读书养性, 讲求要摒弃人性中的贪欲, 所以见到意外之财不能动心。《朱子治家格言》也讲"勿贪意外之财", 所以管宁看到黄金之后，根本没有动心，就把它当成砖头一样，用这个锄头一拨，把它拨到一边了，没有理会。华歆在后面跟着锄，他也看到了这块黄金，但是他心动了，把黄金拿起来，看了一下，有点不忍之心，最后可能也想到读书人不能有贪欲，于是就把它扔掉了。两个人，两个动作，就表现出品行高下不一样，华歆就要差管宁一大截了，管宁没有动心，但华歆动心了。

后来又过了几天，两个人在屋里读书，刚才是耕种，现在是读书了，外头大街上有达官贵人的车马轿子走过，热热闹闹的，敲锣打鼓。管宁好像什么都没听见，认认真真地读他的书，连头都不抬。可是华歆就坐不住了，他就跑到门口去观看，看到这个达官贵人的那种威仪，生起羡慕的心。等到车马队走过之后，华歆又回到屋里读书，这时候就见到管宁拿了一把刀，将他们两个人同坐的那个席子从中间割开，跟他说："你不配做我的朋友！"

结果后来两个人真的就分道扬镳。华歆还是很有学问，很有政治才能的，他去投奔曹操，做了曹魏的一个大官，辅佐曹魏。我们都知道，曹操当时是挟天子以令诸侯，这是很不道义的，是奸臣（最后，曹操的儿子曹丕真的就把东汉的王朝给推翻掉了，自己当了皇帝）。管宁就非常看不起曹操这种行径，他不认为曹魏这个王朝是合法的，他很有这种高风亮节，所以当时魏文帝多次下诏要召管宁出来做官，管宁都没有答应，而是隐居辽东这个地方生活，结果一去就是整整37年。

后来管宁回中原家乡，途中要乘船过海，他们遇到了风暴，结果这个船队大部分的船都沉没了，只有管宁所在的这个船，虽然是非常危险，但是管宁仍然从容不迫，这是什么？心地光明磊落。结果奇迹发生了，这艘船竟然没有翻，而且在夜幕中还发现了亮光，给船只指引方向。后来他们就漂到一个荒岛上，最后转危为安，得救了。人们这才发现，岛上没有居民，哪来的火？有这个灯火亮光，怎么可能？这是奇迹，大家都说这是管宁积善积德感召的善报。

管宁回到中原后，魏文帝的儿子魏明帝又多次征召他做官，当时华歆，这是他过去的学友，因为也是很佩服管宁，所以多次推荐，甚至说要把自己这个太尉官位让给管宁，请他出来，可是管宁还是一律推辞，至死都没有答应出来做官。这是管宁的圣贤风范、高风亮节，比起华歆，当然要高出太多了。所以，读书志在圣贤，管宁能够真正成为一代贤人，而华歆虽然也是很有学识，可是在历史上，后人评价也就没有把他列入圣贤之列。所以"狎昵恶少，久必受其累"，说到底还是自己要有坚定的志向，志在高远，才不会受环境所动，自然更不会跟那些恶人感召到一起了。

第三十七讲　老成持重 急难可依

【屈志老成。急则可相倚。】

"屈志"就是抑制自己，恭敬自谦的意思。"老成"是指阅历很丰富，心地又很厚道，行为很庄重的这类人。我们能够屈己而请教他们、投靠他们，这些老成持重之人，在我们有急难的时候，就可以真正给我们以帮助。

从事上来讲，这句话还是讲交友，是教导我们，要交老成持重之人做朋友。往往当我们落难的时候，这种老成持重之人能真正帮到我们。

程婴救孤　生死相保

历史上很著名的一个典故"程婴救孤"，讲的是春秋时代，晋国的故事。晋国国卿赵朔，这是晋国的一个大家族、大官、贵族。程婴是他的一个朋友，心地很厚道，是一位老成人。赵朔还有一位门客，叫公孙杵臼，也是一位厚道人。后来这个赵氏家族遭了难,当时晋国的另外一位大官大司寇,叫作屠岸贾,要追究先祖晋灵公被刺杀的这个事情,因为晋灵公是被赵氏家族的先人给刺杀的,于是大司寇屠岸贾就追究赵氏家族的责任,把罪名就加在赵朔身上,最后竟然把赵氏全族给诛灭了,灭族,仅剩赵朔的妻子幸免于难,因为赵朔妻子是晋成公的姐姐,属于王室,所以就留了情面,没有杀她。

赵朔的妻子就躲到宫里避难,当时她已经身怀六甲了,但胎儿是男的是女的那时还不知道。如果是男的,就是赵氏家族的后根。当然,要绝灭赵家的这个屠岸贾肯定就不会放过。那怎么样保全这个遗腹子?程婴跟公孙杵臼都是赵朔的朋友,两个人就商量,程婴说:"现在赵朔的妻子有这个遗腹子,如果生的是男的,那我来抚养他,如果是生的女的,那证明赵家就绝后了,那我也就跟着她一起死掉算了。"所以程婴已经抱定了为朋友殉难的决心,当然是要先保住赵氏的后代。公孙杵臼跟程婴都是这样的一种心愿,所以两个人结成生死之交。

后来,赵朔的妻子在宫里果然产下一个男孩,这赵家有后了。要灭赵家的屠岸贾听到这个消息之后,立即带人到宫里搜查。当时赵朔的妻子把婴儿藏在一个裤子里面,幸亏婴儿也没有啼哭,才躲过了这个搜捕。可是未来也是凶多吉少,于是公孙杵臼跟程婴两个人就商量解救的办法,公孙杵臼就问:"一个人死难,还是扶持孤儿难?"程婴就回答说,人一死是很容易的,但是扶持一个孤儿很难。于是公孙杵臼就说出一番计划,就请程婴看在赵朔跟他的深情厚谊的份上,担当起扶持孤儿的重任。而公孙杵臼自己就选择先去赴死。

他们商定之后，这两个人把程婴的亲生婴儿，包在一个很华丽的襁褓里头，带到了山里藏起来。然后程婴就出来自首，跟屠岸贾说："只要你给我一千两黄金，我就能够说出赵氏孤儿的藏身之处。"屠岸贾就满口答应，于是就带着人，跟着程婴去捉拿公孙杵臼和那个婴儿。公孙杵臼这时候就装出一副义愤填膺的样子，指着程婴大骂："你这无耻小人，你的朋友遇难了，你不但没有救，反而要出卖朋友，天啊，我死不瞑目！"还跟屠岸贾说："这个赵氏孤儿有什么罪？能不能这样，你把我一个人杀了，让婴儿活下来？"屠岸贾是一个心狠手辣之人，当然不会放过，公孙杵臼和那个婴儿两个人都被杀掉了，但杀的这个婴儿是程婴自己亲生的婴儿。因此，这个计划成功了，大家也就不怀疑，认为赵氏家族已经绝后了，后来就没有再去追捕这个赵氏孤儿了。

于是程婴就背着卖友的恶名忍辱偷生，把赵氏孤儿带到山里，自己隐姓埋名来抚养他，一直抚养了15年，这个孤儿最后也长大，他的名字叫赵武。赵武15岁的时候，这个消息渐渐就透露出来了，说赵氏还有一个孤儿留下来。当时的皇帝对这个屠岸贾已经不再宠信了，所以听了这个话，把赵武，就是15岁的少年重新接出来，给他复位，重新成为晋国的大族，而且他的官位跟他的父亲一样。后来，程婴和赵武报了仇，把屠岸贾也给诛杀了。

赵武到了20岁那年，举行冠礼，就标志他成人了。这个时候，程婴就觉得已经完成自己的夙愿了，于是跟赵武来告别，说他过去曾经发过愿，为朋友殉难，因为要抚养孤儿，所以忍辱偷生20

年。到现在真相已经大白了，仇也报了，自己要了却对公孙杵臼的那种歉疚的心意，他要以一死来表明他的这种心迹，证明自己真正没有为个人考虑，不是为了苟活于世而偷生，而是尽自己对朋友的那份深情厚谊。当时赵武哭着哀求他不要这样，可是无济于事，程婴最后还是自杀了。

这段故事在历史上一直传颂。程婴和公孙杵臼这种舍己救人、矢志不渝的精神，为中国人民所钦敬、佩服，对于朋友的那种信义，也是非常值得我们赞叹。这是讲到"屈志老成，急则可相倚"。赵家有程婴、公孙杵臼这样的朋友，才得以保全。从心上来讲，这是教导我们，自己先要有老成持重的这种心，为人要忠厚，要忍辱负重。你是什么样的品性，就会感应什么样的人来做你的朋友。特别是这种忍辱负重的精神，我们一定要有，做大事一定要能忍辱。

清朝的大官李鸿章有一句话说："受尽天下百官气，养就胸中一段春。"一代名臣李鸿章尚且要做到受尽天下百官的气，那我们怎么能不学忍辱？学忠厚、学忍辱，才能真正成就圣贤的风范。这里面是毫不去计较个人的名利得失，像程婴那样，可以背负着骂名，而保全朋友的后代，这是何等的道义、恩义、情义！

第三十八讲　修道修己 不见人过

【轻听发言。安知非人之谮愬。当忍耐三思。】

"谮(zèn)愬(sù)"是讲诬蔑人的坏话，所谓流言蜚语，讲说是非的这种话。他人来说长道短，讲是非，不可以轻信，应该先忍住自己的恼怒，不能一听这话就火冒三丈，不分青红皂白去惩处别人，去报复别人，这就不对。要先忍耐，再三地思考分析，查明事实真相，到底这个话是真是假。你怎么知道他不是故意来说坏话的，来诬蔑人的？所以要忍耐三思。

这是从事上讲，要不为流言蜚语所惑。古人讲："流言止于智者。"流言蜚语到有智慧的人这里就止住了，不再传了。智者也不会轻听流言，随随便便就受流言蜚语所迷惑。古人又讲："来说是非者，必是是非人。"他来跟你讲谁不好不好，说张家长李家短，那你就晓得，这个人也不是什么正人君子了。是非之人，才会来跟你讲是非之话，真正的正人君子，即使是看到人有过失，都不会轻易地去说，这是厚道的存心。除非不说就会影响到国家大局的利益，那不得不说，保全大局，如果是因为个人恩怨，君子是不会说的，当然君子也不会听流言。

有首古诗说得好："谗言谨莫听，听之祸殃结。君听臣当诛，父听子当决，夫妇与兄弟，听之必离别，朋友听之疏，骨肉听之绝。堂堂七尺躯，莫听三寸舌，舌上有利锋，杀人不见血。"这个说得非常形象，说那种谗言，流言蜚语，是是非非的这些话，一定要谨慎，不能随便就听了，受它影响。听了之后，就会有灾祸，就会遭殃了。这里举出几个例子，"君听臣当诛"，如果是国君听了谗言，说某人不好，那个臣子就要被诛杀掉，可能所诛杀的是一个忠臣；父亲如果听了流言蜚语，说儿子不好，那儿子可能也会跟他诀别了，就父离子散了；夫妻之间如果听了外面的闲言闲语，互相就有了猜忌，就要分离了；兄弟之间偏听偏信，也会兄弟反目了；朋友之间听了是非，互相也怀疑了，这个"朋友有信"就破坏了，就疏离了；骨肉亲人听了流言，可能这个亲情也断绝了。流言蜚语之害有多大！所以，堂堂七尺之人，七尺男儿，不要听了三寸舌头所讲的话，这个舌头上面有利剑，杀人都不见血。这是比喻那种"轻听发言"的害处，不可不慎。

谨慎流言 利人利己

我们不要听信谗言，对于是非的话，流言蜚语，一定要谨慎对待，认真查明究竟，才能够做出决定或者是判断，否则会贻害不浅。

明朝有一位贤士叫陈良谟，他也做过官，是进士出身。他就曾经告诉过我们一段这样的故事，他说自己过去被分发到公安县任职，有一位白教谕，这个人姓白，教谕就是正式的教师，负责教育生员的。白教谕到京城参加会试，他的妻子很喜欢做好事，曾经用白教谕的名字写在一个疏文上，布施给道姑有一两银子，并且把一丈麻丝就绣在这旗幡上，大概是做一些功德。

刚好这个白教谕同事的妻子经过这里，看到白教谕的妻子做这些事情，就很惊骇地说，儒官如果跟道姑往来，这会影响仕途的，这其实是迷信的人不懂，在乱说。结果这个白教谕的妻子听了之后就信以为真，以为自己害了丈夫的官途，心里闷闷不乐；而白教谕这次也落了榜，回到家里，当然也是心里很不痛快，就拿妻子的麻料做衣服，而且还剪掉了那个旗幡。妻子这一看，加上原来那种心理的阴影，更是心有愧疚，最后竟然上吊自杀了。就这一句闲言闲语，害到人上吊自杀。这个白教谕固然是非常地可怜，他的妻子当然是更加令人惋惜了。

刚好陈良谟听到这件事，又遇到了一个巡抚叫林二山，两人正在讨论儒官里头哪些是贤能的，哪些是不贤能的，林二山就拿着名册对陈良谟说："听说这个白教谕因为奸淫了同僚的妻子，他的妻子有不满的言词，白教谕就逼着她上吊自杀，这个罪过实在是天理不容。"白教谕的妻子上吊自杀，传到最后竟然是白教谕因为犯了奸淫之事逼自己的妻子自杀，这愈传愈讹，传歪了。幸好陈良谟早就知道真相，所以就问这个巡抚："你刚才说的这番话是谁告诉你的？"这就引起林巡抚的思考，陈良谟又接着说："如果说这番话的人是个正人君子，或许还能够相信，如果他不是正人君子, 那您最好要细细查访一下, 可别诬赖了人家的清白。" 这个时候, 巡抚恍然大悟, 拍着桌子说: "是啊! 是啊! 我怎么能够轻信谣言。" 之后, 经过陈良谟的澄清, 白教谕档案中就没有污点了。

流言蜚语, 差一点让人蒙受不白之冤。就偏偏有一类人爱说这些闲话, 特别是那些所谓三姑六婆之类, 在家里游手好闲, 没事找事, 编造出一些风言风语, 没想到害人不浅, 当然报应也真实不虚。

后来, 白教谕也升了官。有一次, 他跟陈良谟一起, 来到福建莆田拜访林巡抚。这林巡抚就指着邻居的一家, 告诉陈良谟说: "这家是姓吴的, 这个人过去曾经担任过公安县的训导, 他也是一个教官, 就是他谗毁白教谕, 讲这些流言蜚语, 我差点被他蒙骗了, 这个人平时就心术不正, 如果不是你当时提醒我, 我险些就犯了大错。这个姓吴的人后来也是被同事谗言毁谤, 于是罢了官, 在归家的途中, 经过鄱阳湖, 他自己乘的船竟然就翻掉了, 所有的财物统统都淹在湖底, 只留下他一条身命, 现在已经是非常落魄了。"

所以我们看到, 编造那些流言蜚语的人下场都不好。说人家的时候好像是一时痛快, 没想到这个后果自己要承担。我们不能够被流言蜚语所惑, 更不能自己去造作恶语, 谗毁他人。要知道, "人非圣贤, 孰能无过", 每个人, 还没有成为圣人, 他肯定会有过失, 人有了过失, 我们应当妥善的维护他, 给他机会改过。更何况如果人没有造作过失, 本来就是无辜清白的, 我们如果还编造一些流言，捏造一些恶事来谗毁他，这种恶毒那是甚于刀斧虎狼，这是杀人不见血。所以，听者如果不能够分辨是非，受流言所迷惑，很可能将贤人冤枉成恶人，把好人误为是坏人，所以不可以随随便便听信谣言。

这句话从心上讲，教我们要自己断绝是非之心。为什么人会听信是非之语、听信流言？其实还是自己有是非之心，喜欢看别人的过失，喜欢琢磨人家的过失。

难忍能忍 不见世过

古德有句话说得好："若真修道人，不见世间过。"真正志于道的君子，他不会去看别人的过失，世间人的过失他不会放在心里。那世间人有没有过失？当然会有过失，可是他有过失，如果我看到了，也绝不放在心上。就好像走在路上，见到一个不认识的陌生人走过来，你跟他点个头，微笑一下，过去了，再也想不起他来了，那你见到他没有？见到了。见到了，没把他放在心上，过去了，也就消失了。所以看世间一切人如果有过失，就好像在路上见到陌生人一样，绝不能放在心上。放在心上都不可以，就更不能放在嘴上了，去讲人的过失，这更是一种罪业。

对于别人讲我们的过失，我们要有宽广的胸襟，要"大肚能容，容天下难容之事"。这里面最妙的就是一个忍字，你要能忍，这个忍不是强忍，听到别人来讲我过失的时候，我已经怒火中烧了，但是表面上还装作好像不以为然，那是强压着怒火，那个忍不是真的忍。要什么样的忍？忍有好几种，第一个是理忍。你要能够说服自己，明白道理了，对于别人讲自己的过失，自己心里清楚确实没有犯这个错误，没有这个过失，他讲错了，我没有愧意，何必跟他烦恼？怎么会跟他生气？道理明白了，不要跟他计较。

接着是什么？反忍，反是反求诸己。人家不能够真正对我们产生恭敬心，所以编造流言蜚语来讲我们，那是自己德行不够，感召到这种结果，所以自己好好修德，他这种流言蜚语，帮我消业障，提升我的境界，所以绝不要生气。

再提升一种，喜忍，欢喜接受别人的侮辱。别人对我如何毁谤，我不仅不为他所动，不会生气，反而感恩他。他拓宽了我的心量，消除了我的业障，帮助我提升，我很欢喜，这是难得的一个机会，没这个机会，我还很难提升，这一有机会，我提升就快了，这是喜忍。

最后是慈忍。慈是慈爱，慈悲。看一切人跟自己是同胞，跟自己是一体。既然是一体，怎么会有对立，怎么会有怨恨？我们的恩师给我们讲课的时候举个比喻，就像嘴里头的牙齿和舌头打架了，舌头被牙齿咬到了，这常常会发生，一不小心舌头被咬到了，很痛，那时候舌头会不会很生气："你这牙齿这么可恶，要把你都拔掉。"舌头不会这么想，为什么？因为舌头跟牙齿是一体，都是人身上的器官，偶尔牙齿犯了错误，舌头怎么能跟它计较？所以这叫慈忍，一体，一体就不能计较了。不计较，反而消你的业障，提升你。牙齿虽然硬，咬舌头，但是你看看，人到老的时候是牙齿先落还是舌头先落？牙齿先落，舌头保留到最后。满嘴牙都掉光了,舌头还在。你看,忍辱的人最后最长久。这都是给我们很好的启示。所以,一个人能够忍耐、忍辱、不生气,这个人福分就大了。

富弼师德 忍辱楷模

宋朝有一个宰相叫富弼,这是一代名相,他的胸襟非常宽广,大肚能容,别人有时候会骂他,他绝对不生气。他在少年时代就练就了这种所谓听骂的"童子功",绝不生气。有一次,有个人莫名其妙地骂他,他听而不闻,无动于衷,旁边人以为他听不见,就提醒他说:"喂,有人骂你。"结果富弼就回答说:"他大概是骂别人。"旁边的人又说:"这哪能呢,他是指名道姓在骂你。"富弼又说:"这天下之大,同名同姓的人多,他怎么可能是骂我,肯定是骂别人。"你看,这些骂的话他就是不听进去,最后连骂他的那个人都服了,心生惭愧,所以古人讲,"宰相肚里能撑船"。确实,你有这样的大量、肚量,你才有这样的福分,量大福大。

比富弼还要厉害的,还有一位,唐朝的名相叫娄师德。他也是出将入相,自己一生为官清廉,数十年从未取一文不义之财,官拜宰相了,生活都非常清贫,非常难能可贵。娄师德心胸非常宽广,能够忍让宽容。

他的弟弟,也是一位胸襟宽广的人,德行学问也是非常好的,弟弟受任做州刺史,是一个很高的官了,将要赴任的时候,去拜别兄长。娄师德就问他:"我现在已经位高到宰相了,位高权重,你现在又做州刺史，我们兄弟俩可以说是荣宠过盛了，要知道，人太贵盛了，就会有灾祸，那你要怎么样才能够免除灾祸？"他弟弟就跪下来，对他兄长说："从今以后，如果有人吐口痰吐到我脸上，我就把这个痰擦干净，绝对不跟这个人计较，所以兄长你就不用替我忧虑了。"这是什么？能忍才能够安宁，才能够保全官位。

没想到娄师德反而表现得神色忧虑，跟他弟弟说："你这么做，反而使我忧虑了。为什么？因为人要是吐口痰在你脸上，那是他对你很愤怒，可是你要把这痰擦干了，你是逆着他的意思，所以就使得他更加愤怒。应该怎么办？他唾到我的脸上，我不能擦掉，让它自己干，而且还要笑面迎人，欢喜接受。"

娄师德这种气度，自然是高他弟弟一筹。那当然他的官位也高他弟弟一筹，有这样的心量就有这样的福报。德行，其中一个很重要的方面就是忍辱。这是告诉我们，对于任何人的毁谤谩骂，讲说是非，不仅不为之所动，不为之所动是自己没有对立的心，没有是非的心，而且还要欢喜接受，肚量宽广，能够容人。那样，福报就会愈来愈大，家业也就愈来愈长久荣盛。

第三十九讲　处事争论　平心自省

【因事相争。安知非我之不是。须平心再想。】

这句话是讲，如果跟人因事情争起来了，要冷静地反省自己，平心再想，多想想。因为，怎知道不是我的过错？

从事上讲，这是教我们不要与人争。与人争，得理不饶人，这就错了。为什么？得理不饶人，就伤了和气，伤了和气就错了。即使自己立场是正确的，但是跟人争，争得非常厉害，面红耳赤，已经把自己置身于不仁的立场上。古人讲得好，一个巴掌拍不响，凡是争执，两个人都有错。过去，如果是学生打架、争吵，找到老师那里评理，老师不用问，各打十板，逐出山门。为什么？一个巴掌打不响。两个人争，肯定两个人都有错。要是有一方忍让，绝对争不起来的。

恩师忍辱　自我修养

我们的恩师，他年轻的时候就有这样的本事。人家骂他，他绝不还口。甚至有时候人家很生气，要打他，他就躺在地上接受别人打，绝不还手。他这一个动作，让打的人都无所适从，打不下去了。两个人要是打，你一拳我一脚这打起来，那最后就造成惨案了。你打，我不打，我任你打，他就打不下去，下不了台了，到最后反而会来道歉，因为他被你感动，惭愧了。所以这是什么？是真正有修养。有了争执的时候，真正君子一定是"行有不得，反求诸己"。遇到不如意的事情，首先不是责怪别人，是反过头来责怪自己，肯定是自己做得不够，才会导致这样的局面。要是我有足够的智慧，有足够的福德，那这个事情也一定会圆满，怎么会产生争执？古人讲，行有不得，要回头想是自己"德未修"，而"感未至"，你的德没修好，所以你不能够感应到这个事情做得圆满。那事情不圆满，你又怎么能够去责怪别人？所以是自己的不是。

这里重要的是"平心再想"，把心平静下来。这心一平下来了，道理就清楚了，这个气也就和了。所谓心平气和，理得心安，那怒气也就生不起来了。当我们不生怒气，不生烦恼的时候，往往就生智慧，反而事情做得很圆满，还会化怨为亲，化敌为友。不仅不会再有什么争执了，而且会让跟你争执的人感动，配合你把事情做好。

凡夫有教　亦成圣贤

过去我们遇到一位妇女，她跟先生是"小吵天天有，大吵三六九"，就是天天吵架，小吵天天都有，大吵就不能天天有了，只能三六九，逢三逢六逢九才吵，为什么？天天大吵体力就不够。所以夫妇两人真的是闹得很僵，几乎要离婚。

后来听了传统文化经典的课，就意识到，所谓"各自责天清地宁，各相责天翻地覆"。发生事情了，如果是每个人都先自我批评："我不好，我做得不够，对不起！"不是去责备别人，而是先检讨自己，"各自责"，一定是"天清地宁"。试想，你一自责了，对方还能责备你？他肯定也自责："不是你的问题，其实我做得不好。"这样和气就生起来了。各相责："这事情你怎么办得这样，你怎么没长心眼？"你一句骂，我一句回敬，就天翻地覆了，闹得是不可开交。所以圣贤教导我们，先是反求诸己。结果这个妇女回家去力行，先学着不批评别人，不责备别人，所谓"以责人之心责己，以恕己之心恕人"，把原来的习气改掉，跟她先生和好，关系也非常融洽，其乐融融。所以古德讲，"忍一时风平浪静，退一步海阔天空"。为什么要跟人争？跟人争对自己没有好处。

从心上来讲，要知道，境由心造，一切的环境是我心所造，我心所感的，心外无物，一切是唯心所造，唯心所现。所以，当我们看到外面物质环境、人事环境有不好的，要马上想到：是我的心里头有不圆满、有缺欠，才感应到这样的环境。所谓"依报随着正报转"，立即反求诸己，在心上检点，在心上改过，这是圣人。

圣君诸己 万方无罪

上古时代的大禹，他继承帝位之后，有一次看到犯人，伤心痛哭。左右的官员就问禹帝："为什么您伤心痛哭起来?"禹就说了:"尧舜之时,民皆用尧舜之心为心,而予为君,百姓各以其心为心,是以痛之。"尧舜是禹之前的两位帝王,尧舜禹是禅让,尧传位给舜,舜传位给禹,尧舜禹三位都是圣王。禹说,在先帝尧和舜那个时代,人民百姓都以尧舜之心为心,都学圣人,以圣人的存心为自己的存心。他自己检讨说,但是我当了帝王之后,百姓(他是指这个犯罪的人),"各以其心为心",各有自己的私心,只想自己了,没有想到别人,所以才会犯这个罪。大禹看到这种情形,心里很悲痛,就自己深刻的检讨,主动承担一切的责任。

禹之后是夏朝,夏朝灭亡之后商朝建立。商朝的国君汤王也是一位圣人,他建立王朝之后,适逢连年大旱,五谷不收。负责宗教祭祀的大臣说,应该要用人来做牺牲、做祭品,向上帝祈雨。可是汤王没有这样做,他反而把自己头发剪下来,把自己的指甲剪断,拿这些代表自己去做牺牲,做祭品。而且自己深刻地自责,他说:"这是我一个人的罪过,跟天下万民没有关系。天下万民有罪,都在我一个人身上。"所以汤王说:"万方有罪,罪在朕躬。"朕就是帝王自称,躬是身体,万方是天下。一切万民他们有罪,他们有不幸,这个罪是在我身上,责任在于我。不要因为我一个人的罪过,使老百姓遭殃,还要拿人去做祭品,这是伤人的命。结果这番话说完之后,百姓都非常喜悦,立即感应天降大雨。这是什么?圣王的德行,感召万民喜悦。万民跟帝王的心融在一起了,感应上苍,天降大雨。

所以我们看到,一代贤君都是有这样的一种德行,都是"行有不得，反求诸己"。禹和汤能够罪己，把罪过归到自己，所以国家社稷能够兴旺起来。反过来我们看，夏朝的最后一个帝君桀，商朝最后一个帝君纣，他们不是罪己而是罪人，归罪给别人，从来不检讨自己，结果他们是亡朝、亡国。所以"因事相争"，首先想自己不是，有不顺利的时候首先反求诸己，这便能够契入圣贤之域，其妙无穷。

第四十讲　真心施与　清净有功

【施惠无念。】

这是讲对人施与恩惠，不要记在心里。

"无"就是不要，不要老念着给过别人什么恩惠。从事上来讲，这是告诉我们，行善、布施要用真心，不要求报答。真心是什么？是不计得失，也不计较别人会不会感恩，这件事情应该做，于是就做了。有的人对给人施加的恩惠念念不忘，彼此见面，不待别人提起来，他就先提起来了："某年某月某日，我给你多少恩惠，帮助过你多少。"一条条给你讲出来，讲得别人也不好意思，当然是："感恩，感恩。"但是他心里真是感恩了吗？本来可能很感恩，经你这么一说，他的感恩心就退了半截。为什么？他会觉得你不是真心。真心行善的人，绝不会记在心里的。记在心里是什么？"我"没有忘记。你看，我给你多少多少恩惠。有我就有私心，有私心他就会图回报，或者是图名利，计较得失。有目的、有所图，这就给人压力了，那他的感恩心当然就不会那么真诚。

施与后悔 至弟非命

在春秋时代一位著名的贤臣范蠡，他曾经辅佐越王勾践打败了吴王夫差。勾践打败吴国之后，范蠡就知道勾践这个人是只能共患难，不能共富贵，于是他就离开了，隐姓埋名，在陶这个地方做生意。他改姓朱，所以称为陶朱公。他做生意发达之后，把钱财统统布施掉，救助贫苦，然后又到另外一个地方重新做起来，又发家，又把它散掉，前后一共三次，就是有名的"三聚三散"。

他有三个儿子，有一次，二儿子因为杀人在楚国被囚禁起来了。陶朱公就想看看能不能够派一个可靠的人去探视，他说："杀人确实应该偿命，但是身价千金的人，不该死于大庭广众之下。"因为这时候陶朱公也是一个富贵人了，所以就想能不能解救自己这个二儿子。他就考虑派谁去好，觉得应该派老三，自己的三儿子去。于是准备了一牛车的黄金，给他做公关费用。

结果这时候，陶朱公的大儿子就来请命，坚决要自己去，陶朱公不同意。这长子就说："我身为长子，现在弟弟有罪，不派我去，而让我的三弟去，那是我不成器，我感到很羞愧。"说完之后就要自杀。陶朱公的夫人一看，马上就劝阻陶朱公说："你还是派老大去吧，如果老三去，也未必能够把二儿子救出来，现在大儿子就要自杀了，那怎么行？"最后不得已，就派老大去了，让他去找楚国的一位大臣庄生，叮嘱他说："到了楚国以后，你要把这千两黄金进献给庄生,然后全听他安排,千万不要跟他争执。"千叮嘱万叮嘱,这个大儿子说:"放心吧,我一定能办好的。"就带着黄金出发了。

陶朱公的长子到了楚国以后,就把陶朱公的信和重金进献给庄生。厚礼,表示对庄生的礼敬,请他来帮忙。临别的时候,庄生就告诫这个长子说:"我会帮你办这件事情,但是你现在赶快离开,千万不要停留在楚国,等你的弟弟出来以后,也就没有事了。"结果他没有听庄生的话,而是私自留在楚国,还把一部分私扣下来的数百两黄金分给他自己认为可以帮得上忙的那些楚国的贵人,要另谋渠道。

这庄生其实也是一位贤臣,他是很廉洁的,绝对不是贪恋这些黄金,他本来没有想要接受这些供养,就是想帮他这个忙,作为一个信义的报答,准备等到事情办完了,就把这些黄金还给陶朱公。接受陶朱公的献礼是让他们安心,表示自己愿意帮这个忙。当然,这个意思,那个大儿子根本不知道。

楚王平素对庄生的人品很敬重,所以非常信任他。庄生进谏楚王说:"我观察天上有某一个位置的星相,表明楚国会有灾害。"楚王一听紧张起来了,就问庄生:"那怎么办?"庄生就说:"只有德行可以消除这个灾祸。"那要怎么办?他就建议楚王要大赦天下,把那些罪犯都赦免,以此来消除天灾。于是楚王立即下诏,大赦天下,当然也包括陶朱公的二儿子。

这个消息后来就传出来了,那些楚国的贵人就把这个消息告诉陶朱公的大儿子。这大儿子听到就很高兴,楚王大赦天下,弟弟也就可以获得赦免了，可又一想，那我给庄生的千两黄金不就白送了？因为他根本不知道这个计策是庄生出的，他以为反正楚王是大赦天下，用不上庄生了，这是施惠还老念着。于是他又去拜访庄生，庄生一见他，很惊讶，说："你怎么还没走？"这个大儿子说："我是准备走了，因为楚王现在也要赦免我弟弟了，我就特别来辞行。"庄生知道他的意思，就说："这样吧，那些黄金我还没动，你自己到我房里头把那些黄金拿走吧。"这个大儿子就高高兴兴地把黄金拿走了。

庄生就感到受了侮辱，非常羞愤，他毕竟还是凡夫，所以气不过，又去见楚王，说："楚王，您以德行来消除灾难，现在大家都知道了。但是有人说您这个举动是因为陶朱公的二儿子杀了人，囚禁在您这个国家里头，陶朱公就用重金贿赂您左右的人，让您大赦天下，其实是为了救陶朱公的儿子。"楚王听后大怒："怎么是这样子的！怎么可以说我对陶朱公的儿子特别去照顾？这样就失去平等了。"所以楚王又下令先杀掉陶朱公的儿子，次日再大赦天下。

事后，老大带着黄金，也带着他弟弟的死讯回到家中。他母亲也就非常地悲哀，陶朱公就在旁边无奈地说："我其实早就知道大儿子一去，这个二儿子就不能保命了。"他太太就问为什么？"我之所以让老三去办这个事，是因为老三从小没有受过苦，他是我们这个家富裕起来后才出生的，一直都是享福，对于金钱并不吝惜，他能挥金如土，所以这个事他能办成。老大因为从小跟我们共过患难，知道这个钱财来之不易，所以对钱财非常执著，派老大去，二儿子被杀自然也是情理中的事了。所以我已经不悲哀了，日夜等着他的死讯到来。"

从这里看到，这个大儿子未能够看轻财物，不能够"施财无念"，所以导致他的弟弟被杀。《弟子规》上讲，"财物轻，怨何生"。如果这个大儿子能够轻财，"施惠无念"，那也不会激起庄生的这种怨恨报复。所以贪财物，反而生怨恼，这个不幸就产生了。

"施惠无念"从心上来讲，教我们要有三轮体空的布施精神。什么叫三轮体空？就是布施的时候，不能有布施的我相，认为是我在布施；也不能够有被布施的人相，布施给庄生千两黄金。有我相，有人相，还有布施的中间物，这千两黄金。这我相、人相和中间物的相，叫三轮，都要把它空掉，无念就是离念。要知道，真心离念，真心里没有我相、没有人相，这样的布施功德是最大。如果我用这个财物布施给贫穷的人，能做到内不见我这个相，外不见人相，中间不见所施之物，这叫一心清净，这叫三轮体空。即使布施一点点的财物，功德都无量无边，这真正是"施惠无念"，无念，没有念了，完全是性德自然流露，回归到本性本善上来。

第四十一讲　知恩报恩 滴水涌泉

【受恩莫忘。】

这句是教我们，受了别人的恩惠，一定要记在心里，不能够忘记。

从事上来讲，这就是知恩报恩。《弟子规》上教导我们，"恩欲报，怨欲忘；报怨短，报恩长。"人家对我们的恩德，要一辈子不忘记，常常想着报恩。哪怕是点滴的恩德，我们都要长久地、丰厚地去报答。所谓是"滴水之恩，当涌泉相报"。人家一滴水布施给我们，我们要还给别人一眼泉水，这个心多么厚道，对于怨恨一定要化解，要忘记。

知恩报恩　一饭千金

汉朝时代，刘邦的大将韩信，就是一位能够念恩报恩之人。历史上记载，年轻时，他还没有发达，生活非常困苦，常常在淮阴钓鱼，终日可能都吃不上一顿饱饭。有一天在河边遇到一位妇女,见到韩信面有饥色,可能真的是好几天没吃上饭了,于是立即布施给他一顿饭。韩信非常感恩,跟这位妇女许诺说:"如果我日后功成名就,一定要重重地报答您。"那个妇女听了之后不以为然,说:"大丈夫应该自食其力,我并不要你来报答,就是看到你太可怜了,没饭吃,才给你一顿饭,说什么报答呢?"

还有一次,韩信在市场上卖鱼,遇到一个恶少来侮辱他,因为看着韩信懂武功,常常佩着剑上街,就挑衅他说:"你常常佩着剑,你敢刺我吗?你要是不敢刺我,你就要从我的胯下爬过去。"因为韩信是很有胸襟的人,看着这种恶少,也就不与他计较,二话不说就从他的胯下爬过去,市场上的人都笑话他很胆怯。

韩信是能忍胯下之辱的人。后来他做了刘邦的大将,节节胜利,刘邦封他为楚王。他当王之后,立即派人去找年轻时候遇到的那位妇女和那个恶少。两个人都被找来了,跪在殿下,不敢仰视。韩信这时候就命令左右,赏赐给那位妇女一千两黄金,那个妇女高高兴兴地拜谢而去。这是历史上有名的"一饭千金",布施给我一顿饭,我还给你、报答你一千两黄金,这是"受恩莫忘"。然后对那个恶少说:"你还认识我吗?""认识,小人知罪!当时愚昧无知,侮辱了大王,小人知罪。"韩信就说:"我也不会杀你,这次叫你来,实际上是希望你能够在我旁边做一个卫士,你愿不愿意答应?"这个恶少原来是忐忑不安,以为自己必死,结果韩信竟然没有杀他,还赏赐他一个职位,那他当然非常地欢喜,也是再三地拜谢。韩信说:"大丈夫怎么能念私怨?应该是以德报怨才对！"韩信的这种举动令手下的人都非常地佩服，真正做到了"恩欲报，怨欲忘；报怨短，报恩长"。

这句话"受恩莫忘"，从心上讲，是常怀着感恩心。如果一个人常念别人的恩德，以感恩的心来对待周围的一切人、一切事、一切物，那这个人就是活在天堂里了。所谓"心作心是"，以感恩的心对待一切境界，这一切境界也就变得非常美好，不就是如天堂一样了？如果以怨恼之心来对待周围的人事物，那这个人就活在地狱当中了。

感恩一切 仁者无敌

我们的恩师，一生受过不少的毁谤和排挤，几十年从事弘扬传统文化教育的事业，也是历尽了千辛万苦。他老人家常心存感恩，对一切人事物都感恩。即使是来侮辱他的、来毁谤他、陷害他、障碍他的，他都用感恩的心对待，绝没有丝毫怨恨。他曾经写过一段话，说："感激伤害你的人，因为他磨炼了你的心志；感激欺骗你的人，因为他增进了你的见识；感激鞭打你的人，因为他消除了你的业障；感激遗弃你的人，因为他教导你应自立；感激绊倒你的人，因为他强化了你的能力；感激斥责你的人，因为他助长了你的定慧。"这是何等的心胸，在逆境、逆缘当中，都能怀感恩之心，心里没有怨恨。古人讲"仁者无敌"，仁慈的人他心里没有敌人。为什么无敌？因为他心中没有对立、没有怨恨、没有冲突。内心里化解了这些怨恨、冲突、对立的时候，外面哪能见到敌人？

心内无贼 天下无贼

我记得有一个电影叫作《天下无贼》,演的就是一个打工者,赚了钱后要回家盖房子,在火车上遇到了好几群贼,都想争夺他的钱。可是这个人老实,他就不知道周围的人都是贼。这些贼他们也是手段很高明,跟他聊天,探听他的情况。有的还说:"我这很困难,需要钱。"他竟然说:"那我可以借给你。"可见他多么厚道,完全对任何人都没有那种戒心。所以,在他的心里没有贼。心里没有贼,他的天下也就无贼了。天下的贼怎么来的?因为心里有贼,所以你就看到外面境界有贼。那个影片也是很有禅味,让人深思。古人讲的"仁者天下无敌"也是这个道理。他心中没有对立,没有敌对,那怎么可能看到外面有敌人?都是朋友,都是我应该去感恩、去报恩的人。"受恩莫忘"做到这样的境界,这可谓是圆满了。

第四十二讲　适可而止　宽厚仁慈

【凡事当留余地。】

这是讲无论做什么事，都应当留有余地。

从事上来讲，是说做事不可以太绝，要懂得适可而止。对人来讲，不可逼人太甚，应给人留下情面，对人对自己都好。

苛虐无度　死有余辜

在刘宋时代，有一个人叫奚显度。他担任员外散骑侍郎的职务，孝武皇帝曾经命令他监督领导一个工程。这个奚显度是一个待人苛刻、暴虐，不讲道理的人。他为了赶工程，动不动就对那些工役（工人）鞭打责罚，不管是炎热的夏天、雨天，或者是寒冬下雪，都不让工人有暂时的休息。工人们都被他逼得受不了，有些人因而还自杀了。这是逼人太甚。为了把工程赶完，讨好皇帝，因为自己的私心导致别人去受苦，这叫"虐下取功"，虐待下属去取得功劳。做事情不留下余地，功利之心太重。结果这个奚显度后来因为一个案情, 受到牵连而被处死了。

人如果懂得凡事留有余地, 留人生路, 天也能留给他生路。不给人生路, 也就把自己置于死路之上。儒家特别强调中庸的道理, 中庸这个 "中" 字, 是无过、无不及。不能偏左也不能偏右, 左倾右倾都不行。"庸" 是什么? 长久。所以, 办事、说话要学会用中庸之道。不能够过分, 也不能不及。办到恰到好处, 也留有余地, 这样才可以长长久久。

所以 "凡事当留余地", 从心上来讲是教我们心常存中道。一个人能行中道, 他待人也必定是宽厚仁慈, 做事也必定是留有余地。

仁人之心　留有余地

在唐朝玄宗天宝年间, 有一位很有名的道士翟干佑, 他有神通, 能够预知过去、现在、未来, 并且有召鬼神的本事。

有一次, 他到了一个江边, 这条江有15处的险滩, 他看到这个险滩会使那些来往路过的船只有危险, 就把那些滩神、河神江神们召来, 跟他们讲, 要把这些险滩搞平, 不要那么危险, 路过的船只在江上走, 就不至于翻船。结果14处险滩的滩神都来了, 只剩一位女滩神没有来。后来把她召来了, 就问她: "为什么你来这么晚? " 结果这个女神就跟他讲: "我看道长您的意思, 不过是为了方便路过的船舟可以安全, 可是这些险滩都搞平了, 所利益的也就是过往的这些商船, 而这些商船的主人都是很有钱的,即使是请江边的那些纤夫来拉一拉船渡过险滩，他们也是负担得起这个花费的。但是江边那些以拉船为生的小民，他们没有耕田，不能够种植桑树，除了拉船以外，没有其他的谋生手段。如果把这些滩都搞平了，这三四百家的小民，他们的衣食又从哪里来？"这个道长一听，觉得很有道理，他只想到了要把险滩铺平，但是还没有细细地去考虑，做这件事情会不会砸别人的饭碗。最后他就决定，把这些险滩的滩神都送回去，不再做这些工程，使到那些小民都能够赖以生存。处处都能留有余地，使百姓不至于丢掉饭碗，这是仁人之心，一种仁慈心。

智保庶母 富贵显达

《德育古鉴》讲到一个故事，从前有个人叫王毓俊，他的父亲叫作王复齐，是做官的。王复齐年轻的时候曾经买了一个妾，这个妾常常遭到正妻的虐待。

有一次，王复齐去外地出差，他的妻子竟然把这个小妾锁在阁楼上，不给她饭吃，想把她饿死。当时王毓俊才八岁，对他母亲说："要是把她饿死了，人家就会说母亲不贤惠。不如每一天就给她一点稀粥喝，让她慢慢死去。"他母亲也觉得有道理，就听从了他的意见。结果王毓俊又偷偷地把一些食物装到小布袋里面，跟着稀粥一起送进去，因而小妾也就保住了性命。半年之后，这小妾生了一个儿子。王复齐为了避开妻子的嫉妒，将小妾母子俩送到别的地方去居住。后来王复齐去世了，王毓俊也长大了，他就把小妾母子都接回来, 对同父异母的小弟弟关爱备至, 就像同一个母亲所生的一样。后来王毓俊自己生了好几个儿子, 都是富贵显达。

我们从这里看到, 王毓俊对母亲那种不道义的、残忍的行为, 没有马上去制止, 说话还挺顺着母亲, 这是懂得留有余地, 但是心里面又把持着正义, 委曲求全, 不使母亲陷于不义。这种孝心难能可贵, 所以他自己的后代能够富贵显达, 这不是没有道理的。

第四十三讲　富在知足　贵在知退

【得意不宜再往。】

这句话教我们，人在得意之时，要懂得知足，不应该再进一步贪得无厌。从事上来告诉我们，人要懂得知足常乐。

古人说得好，"人有悲欢离合，月有阴晴圆缺"，难免都会有旦夕的祸福。所以在得意之时要想到失意之时，人就懂得知足了，知足就能常乐。你看天道，"月满则亏"，月亮到十五那天是最圆的，可是过了十五就一天一天的亏下去了。水，这是地道，"水满则溢"，水满起来到一定程度就会溢出了。所以得意的时候，人在高峰的时候不懂得回头，不懂得早些退步抽身，那么往往接下来的就是亏损、就是失意。

股市沉浮　多因贪心

最明显的例子，是在股市里玩股票的股民。股市的价格起起落落，所以人在这里头有得意时也有失意时。在股市是牛市的时候，价格一直被推上高峰，有一些头脑发热的人，我们说非理性的投资者，他们会盲目去跟从，一直往上追，当突然大势急转直下时，他们就被套牢了。在高峰时候买的股票，价格一下跌下来，他们也卖不出去，套牢了，这是什么？得意的时候，头脑发热了，就落得这个下场。

这桩事情是有股市以来就存在的。欧洲股市发展起来的时候是18世纪，英国的大科学家牛顿，他也买过股票，当时第一次股市崩盘，都被套牢了。我们讲的股市危机，危机是什么原因？就是因为人盲目跟从。古德教我们"得意不宜再往"，他得意了还再往，下面就是深渊。

中国的股市发展也很早，19世纪就有了。第一次崩盘的时候，那是在清朝，当时上海的股市出现崩盘，一下子就发生了股市的危机。当时的报纸还特别说明，就是因为人不懂得这个股票的优劣，公司业绩的好丑，盲目跟从，导致崩盘。

美国第一次股市危机是在1929年，当时美国最著名的经济学家凯恩斯，也买了股票，并因为这次危机几乎到破产。这些大科学家、大经济学家都难以逃得过，根本原因是什么？人有贪欲，有贪心就很容易得意之后再往，不懂得收敛。

所以从心上讲，我们要戒贪心。古人教我们要求缺，不要求圆满。为什么？因为人生在世，不如意事十常八九，我们要事事圆满，这是不可能的。要求圆满，最后烦恼必定多。倒不如求缺，求缺的人懂得知足，他就能做到得意不再往。

居安思危 守谦修福

《了凡四训》是明朝袁了凡进士写给儿子的家训。里面说到："即命当荣显，常作落寞想；即时当顺利，当作拂逆想；即眼前足食，常作贫窭想；即人相爱敬，常作恐惧想；即家世望重，常作卑下想；即学问颇优，常作浅陋想。"这是什么？求缺、知足、守谦。即使我们的命运非常好，算命得知自己会荣显，那怎么样？还要做落寞想，所谓居安思危。万一自己遇到灾难、挫折，会怎么样？能退一步想，就少烦恼、少危机。自己顺利的时候，也要想到不顺的时候怎么办。自己眼前丰衣足食，要想到如果有一天发生灾荒，吃不上饭，贫困了，这时候怎么办。

所以，自己丰衣足食的时候要多修福、多布施。见到有人需要，我们马上去帮助。谁知道自己有一天会不会也像那个人一样落魄？到自己贫困落魄的时候，多么希望别人帮助我们。即使是人家对我们非常敬爱，我们也要生恐惧想，不可以引以为豪，觉得自己了不起。要清醒地认识自己，想想人家为什么会敬爱我们，如果自己的德行不够而名声在外，人家对我们的敬爱我们就当不起。要知道，人如果有名，人家对我们敬爱，而我们是有其名而无其实的话，灾难就会来了。即使是自己家世望重，出身于名门，也要想着自己其实是很卑下的。守谦，不可以傲慢、看不起人。古人讲，富不过三代，我们的德行有多少？如果傲慢，德行就亏减了。

孔老夫子说得好,假使"有周公之才之美",周公是孔子最佩服的,你有像周公一样的才华,这样的家世,但是如果"使骄且吝",那么"其余不足观也已"。自己还骄傲,还吝啬,骄傲是看不起人,吝啬是不肯帮助人,那就不用再看他了。这个人好极了,有限,不可能太好。即使是自己学问非常好,知识丰富,也要常常做浅陋想,自己其实知道得还很浅。所学的、所知的比起未学的、未知的要少得多。山外还有山,你怎么知道你遇到的那个人不是一位高手?所以,常常生这种谦下的心,就会减少困扰。

得意有定 名高受谏

清朝的曾国藩先生,位高权重,可是他教自己的子弟一定要求缺,不可以骄慢,生活一定节俭,不能奢侈,更不能骄奢淫逸。所有子弟都要习劳,耕田种菜、做家务。这就是什么?得意处能够守谦,所以他能长久。那些一得意起来就忘形的人,不知天高地厚,那一定是不长久的。我们看到,一些富豪乍富起来,很短时间就积累了几十个亿的,因为得意的时候脑袋就会发昏,往往很快就会败家,甚至导致家破人亡的都有。

从家世上我们讲"得意不宜再往",要懂得守谦,人有才华也要守谦。在宋朝的时候,黄庭坚是著名的诗人、文学家,文笔很好,很喜欢写艳词,人民都争相传诵。他曾经去拜访圆通秀禅师,这位禅师是得道的高僧。见到黄庭坚就呵斥他说:"你的学识高妙,难道甘心用它来写这些艳词?"当时这位秀禅师刚刚劝谏了当代的一位画家李伯时，因为李伯时喜欢画马，这禅师就告诫他："你常常画马，心里老想着马，心作心是，恐怕你会堕到马道，将来就会做马去了。"

黄庭坚听了秀禅师的劝导，一开始不以为然，笑着说："我写的这些艳词也是空头语言，并非真有做了什么事情，难道我将来也会投胎到马肚子里去吗？"这位禅师就很严肃地说："李伯时只是念念想着马，堕落的只不过是他一个人。你写这些艳词，催动天下人好淫之心，这个罪恶的报应何止是堕到马腹，恐怕要堕到地狱了！"因为秀禅师是得道的高僧，黄庭坚也是非常地尊敬他，听到这番严肃的教导，非常惭愧，也非常恐惧，以后就再也不写那些艳词了。这也是难能可贵，能够听得进劝谏，知过必改。这是什么？如果自己有才华，善写文章，他就会得意，没想自己在得意的时候所做的事情是不是正确。所以要退一步想，要站在局外来想，这样往往能够头脑清醒。

第四十四讲　嫉妒不平　怨人害己

【人有喜庆。不可生妒忌心。】

这是讲见到人有喜庆的事情，不可以生嫉妒。喜庆包括很多方面，譬如说道德人品，才智学识，功名富贵，名闻利养，或者一技之长，乃至美貌、仪容，等等，这都是人所希求的，得到了，这属于喜庆。见到人有这些，不可以生嫉妒。嫉妒是心灵的肿瘤，对自己危害很大。

嫉贤妒能　不得善终

战国时代魏国的大将庞涓，他跟孙膑同出一个师门，都是拜鬼谷子为师，学兵法的。但是庞涓不如孙膑，在学识、兵法运用方面都逊孙膑一筹，庞涓就嫉妒孙膑这种才能。庞涓心地很阴险，他做了魏国的将领之后，就去请孙膑来，跟他讲了一番好话，说："我们是同门兄弟，一起共事，打虎亲兄弟，上阵父子兵，你来，我们一起来为魏国服务，一定会有一番建树。"结果把孙膑骗来之后，他并没有向魏君去推荐，反而把孙膑幽禁在家里，最后还将孙膑的双脚给砍了，让他残废了，不让孙膑有机会显示他的才华。孙膑后来知道庞涓的那种阴险，于是就装疯，用巧计脱离了庞涓。最后他终于做了另外一个诸侯国的大将，打败了庞涓，把庞涓杀死了。所以，有妒忌之心，害人就是害己。

排挤贤才 被人诛杀

南宋，有一个官员叫韩侂（tuō）胄，他跟朱熹是同一时代。

朱熹是非常著名的大儒，南宋的理学家。他批注过《四书》，有一个《四书章句集注》。后人把这个《集注》作为《四书》最重要的解释。南宋以后都采用朱熹的批注，甚至连朝廷考核官吏，科举考试，都将朱熹的《四书集注》作为主要教材。因为朱熹的才华、人品都非常高，韩侂胄就非常嫉妒，结党来排挤朱熹，而且把朱熹所提倡的这些理论斥为是伪学。跟着朱熹一起学的那些大儒、那些学者，都被排斥、被抑制。结果后来韩胄也被诛杀了，下场是他自己不得好死。所以可见得，凡是嫉妒他人，那心里已经长出了肿瘤，害人之心一生，自己必定会受害。

毒辣待妾 烂头而死

在《感应篇汇编》也讲到一个故事。说唐朝一位著名的将军，叫梁仁裕，当时被称为骁卫将军。

他娶了一个婢女做妾，正室妻子李氏非常妒忌她，而且心狠手辣。有一次竟然把这个妾绑起来，狠狠地打她的脑袋。这个婢女在哪里号呼，说："我虽然身份卑贱，没有自由，娘子何至于对我这么苦毒，这么心狠手辣？"最后这个婢女就死去了。一个月左右之后，这个李氏突然生了病，头上长了很多毒疮，痛得不得了，天天大叫号哭，最后脑袋溃烂而死。这个报应多么神速，敲打婢女的脑袋至死，自己也落得个头脑溃烂而死的下场。

从心上讲，妒忌心是属于嗔恚。这贪嗔痴叫三毒烦恼。贪是贪爱，贪婪；嗔是嗔恚，怨恨、妒忌都属于嗔恚；痴是愚痴，这叫三毒。心里有这三毒，这个身体，乃至自己的命运、家族都会不好。

蒋瑗改过 九子病愈

宋朝时代有一位官员叫蒋瑗。他有十个儿子，没一个儿子是健康的。

一个是驼背、一个是跛脚、一个是四肢萎缩、一个是双足残废、一个是疯癫、一个是愚痴（就是弱智）、一个是耳聋、一个是瞎眼、一个是哑巴、一个死在监狱里头。有人看到了这样的情形，就问他说："蒋大夫，您到底做什么事情，为什么有这种灾祸？"这蒋瑗还算不错，能够反省自己，他说："我平生也没做过什么坏事，只不过总是嫉妒别人。比我好的人我就嫉妒他，奉承巴结我的人我就喜欢他。听到别人做了善事就加以怀疑，听到别人做了恶事反而深信不疑。看到别人得到好处，好像自己损失了什么似的。看到别人有了损失，好像自己得到好处一样。"见人之得他就若己之失，见人之失若己之得。他的这个朋友就很感叹地说："你的心术是这样坏，一定会有灭门之灾，恶报岂止是这些。"蒋瑗听了之后，非常恐惧，就问他该怎么办。他朋友告诉他说："上天虽然高远，但洞察世间的一切。如果你能够痛改前非，就一定可以转祸为福。你现在马上改，还来得及。"

蒋瑗非常地感恩，于是下决心痛改前非。没有几年的时间，他的九个儿子，一个一个的病都痊愈了。

所以我们看到，嫉妒让人产生不平，产生怨恨，甚者会做出伤天害理之事。嫉妒是以自我为中心，是极度自私自利的表现，所以上天的责罚就重。蒋瑗能够认识到自己的这种心态，断恶修善，就能够转祸为福。《易经》上讲的："积善之家必有余庆，积不善之家必有余殃。"能够转不善为善，就能够转灾殃为喜庆。所以我们要把自己的妒忌心彻底抛弃掉，要学会随喜别人的好处，见到别人好，就好像自己好一样，"见人之得，如己之得"，还要深信因果，知道别人有喜庆，那是因为别人过去修福。自己想得到同样的喜庆，那必须自己要好好修福，才能得到这种喜庆。

第四十五讲　灾祸旦夕　当怜勿喜

【人有祸患。不可生喜幸心。】

这一句是教我们，见到人有"祸患"，"祸"是灾祸，"患"是忧患，不可以有幸灾乐祸之心。

从事上来讲，人难免会有祸患，所谓"人有旦夕祸福"，这是属于不幸，我们应该同情怜悯才对，怎么能够还反生喜幸之心？这是幸灾乐祸。自己如果幸灾乐祸，以灾祸为可喜可幸，那当然灾祸就肯定会随你而来了。所以这个祸患不在别人，而是在自己。愚昧的人，才会生这种幸灾乐祸之心。

俞英徇私　反而殃己

古时候，有一个人叫作李士衡，他奉命到高丽国去出使，跟从他的一位副官叫俞英。他们到了高丽，接受了当地人的馈赠，得到了很多礼物回来，李士衡把他那份礼物都交给俞英来保管。俞英就把自己的礼物，跟李士衡的礼物放在一起。船在海上漂流，海水有湿气，湿气往下走，所以船底比较湿，俞英就把李士衡的东西放在船底，自己的物品就盖在李士衡物品之上。他本来是想让李士衡的礼品垫底，过海的时候自己的礼品就不会受潮，是出于自私的心。没想到过海的时候突然遇到大风，船夫们就说："这个大风大浪太危险了，我们为了保全人的性命，要先把东西扔到海里，减轻重量。"于是大家七手八脚把东西往海里抛，当然就先把上面的东西抛下去。结果俞英的东西全都被抛到了海里。那剩下的，在船底李士衡的东西却一无所失。确实，人有私心，想把灾祸推给别人，把好事留给自己，有这一念私心，反而是什么？变成自己遭了殃。所以古人教我们，放下私心，长养大公之心，大公无私。

所以从心上讲，这就是什么？心中要常常祝愿别人得到好处，随喜别人的喜庆之事，怜悯同情别人祸患的遭遇。有这种心，功德就很大了，得到的福分也就很大了。

康节大量 示范后人

宋朝的名士邵康节有一首诗说："每日清晨一炷香，谢天谢地谢三光；所求处处田禾熟，惟愿人人寿命长；国有贤臣安社稷，家无逆子恼爹娘；四方宁静干戈息，我若贫时也不妨。"这是常常只想别人，不想自己，这是放下了私念，只存一个公心，克己而治自己的心。看到这首诗就体会到仁人的心量。如果念念都是私心，就会造重重的罪恶。

第四十六讲　真心行善　不求世名

【善欲人见。不是真善。】

这是讲做了好事，很想让别人看见，很想让别人知道，所做的善事也就不善了，这个人也就不能称为真正的善人。

从事上来讲，这个善事有阴阳之分，有阴善有阳善。

了凡先生在他的家训里面就说得很明白，他说："凡为善而人知之，则为阳善。为善而人不知，则为阴德。阴德，天报之。阳善，享世名。名亦福也。名者，造物所忌，世之享盛名而实不符者，多有奇祸。人之无过咎而横被恶名者，子孙往往骤发。阴阳之际微矣哉。"这段话讲得很好，他讲到善的阴阳。凡是做善事，人都知道，你做慈善，你布施，大家都知道，这是阳善。你做了善事人家都不知道的，这就是阴德。人虽然不知道你做的善，但天知道，所以"天报之"，天给你报答。那我们做的阳善，如果是人人都知道了，在世间享受人家的赞叹恭敬，还有新闻媒体报道，你是大慈善家，你在世间享有盛名。

要知道，名也是福，这个福不好受，为什么？名太高往往为造

物所忌，特别是在世间享有盛名而名不符实的。譬如，人家赞叹，
"你真是一位大慈善家，心地慈悲，大公无私"，或者说"你很有
德行，你很有智慧，很有操守"。那假如名不符实，名过于实，则
往往会有奇祸。我们偶尔也听到世间的所谓大慈善家，竟然会死
于横祸，这样的事情，大概就是因为名太高了，而实不符。所以，
真正有智慧的人，他所修的是阴德，他不希求阳善，做了好事不
愿意别人知道，那这个是真正的福，往往是子孙后代都能得到他
的福荫。

反过来，如果人没有过错而被人侮辱、毁谤，有了恶名的，
蒙受不白之冤的，他子孙往往会骤发，一下发达起来。为什么？
这是消业障。横加的逆缘，往往是给我们加福。所以从这个阴阳
分判，我们细细去考虑，确实很值得深思，到底我们是想要做阳
善，还是真正做阴德。

邹瑛护嫂 己寿子贵

《德育古鉴》里面讲的一个故事。宋朝有一个女子叫邹瑛，
她是继母所生，她还有一个同父异母的哥哥，后来哥哥娶了媳
妇荆氏。这继母很厌恶儿媳，竟然常常不给她饭吃。邹瑛就暗中
把自己的食物给她嫂嫂吃；继母迫使荆氏干极重的活，而邹瑛一
定也跟嫂嫂一起做；假如荆氏犯了过错或有了失误，邹瑛就尽量
不让母亲知道，而是把错误归到自己身上，当继母鞭打荆氏的时
候，邹瑛就会跪下来，苦苦哀求说："女儿今后难道就不会当人

家的媳妇吗? 如果将来婆婆对我也像您对嫂嫂一样, 那您会有快乐吗? ”就这样去开解母亲。有时候母亲非常愤怒, 甚至要打邹瑛, 她就会跪下来说: “我愿意为嫂嫂受鞭打, 嫂嫂没有错, 是我有错。”邹瑛这样做是积累了很多的阴德。

后来邹瑛嫁给了一个读书人。有一次, 她抱着只有几个月大的儿子回娘家, 她的嫂嫂把小孩放到床上, 结果孩子掉到了火里头, 竟然死了。这个继母就大怒, 邹瑛就马上说: “是我睡在嫂嫂的房间里, 不小心就烧伤了孩子, 嫂嫂并不知道。”邹瑛还为嫂嫂开脱, 嫂嫂痛不欲生, 不吃不喝。邹瑛却安慰她的嫂嫂说: “我夜里做了一个梦, 说这孩子应当死, 否则我会不吉利。”这样来开导, 嫂嫂才勉强忍住悲痛, 肯吃饭了, 而且邹瑛一定要嫂嫂先吃饭, 自己才吃饭。最后, 她以这种孝悌之心感化了母亲, 母亲本来也是非常的暴虐, 后来也转变得很慈悲了。

邹瑛后来有一次患了重病, 嫂嫂还为她吃素三年。邹瑛一生共育有五个儿子, 有四个都中了进士, 而她自己93岁才去世, 得到高寿。

所以, 真心行善, 像邹瑛那样为了不陷母亲于不义, 又为了保全自己的嫂嫂, 把所有的过失归至自己, 而并没有丝毫求嫂嫂报答的心。她的这个果报是夫荣子贵, 长寿而终。所以天的报应真的是丝毫不爽。《书经》上讲: “作善, 降之百祥; 作不善, 降之百殃。”一个人真正行善, 不要人家知道, 天就会降下吉祥给他; 如果不是真心行善, 还是以自私自利, 图名图利的心去行善, 那就不是真善了, 所以也往往会有灾殃降临到他身上。他修的这点善, 这点福, 因为他享受世间的名誉, 就已经报掉了, 剩下的是不善, 所以会遭到灾殃。

假善世名 果报暴死

民国初年, 在上海流传着一个真实的故事。这是清末的一个官员, 后来退休了, 辞职回到家乡。他自己很有钱, 于是做起了慈善事业, 在家乡修桥补路, 做很多善事。人人都非常夸奖他, 认为他是一个很有仁慈心、很有德行的人。结果没想到, 有一天他竟然暴死了。他太太很不解, 为什么先生行善, 结果得到这样的一个下场, 于是她就去找了一个通灵的法国人。大概这个法国人也有点本事, 可以看到人死了以后到了哪一道。她就问这个人, 这个人就用他的法术去找、去看。当时这家太太的儿子因为吃喝嫖赌, 也夭折了, 这个法国人就去找, 先找到她的儿子, 在鬼道受苦。又找她的先生, 怎么找都找不到, 就跟这太太说: "我怎么都找不到你的先生, 但是找到你的儿子, 要不问问你儿子, 看看你的先生现在在哪一道?"于是就用通灵的方法来问。这个法国人是个灵媒, 这个儿子的魂魄就附在这个法国人的身上, 跟他母亲说: "我见到我的父亲, 他现在在地狱道。"这个太太听了之后大吃一惊, 说: "怎么可能我的先生会在地狱道?"她怎么都不能相信。他这一生行善, 大家人人都夸他是善人, 怎么会堕到地狱道?

后来偶然的因缘, 找到了她先生过去做官时代的一个朋友,这朋友也很老了,说出她先生过去一段没有人知道的历史。原来这个官员在没有退休之前,曾经奉朝廷的旨意去赈灾,朝廷拨了一大笔款项去赈灾,结果他贪污了这笔赈灾款,致使很多灾民就饿死了。这件事情,除了他们密谋瓜分赈灾款的几个人,也没有什么人知道。后来他拿了这些钱,退休回家过晚年的生活。他拿出来做慈善的这些钱,都是他贪的这些赈灾款,而且只是拿出一小部分,所以他所修的善,抵不过他的罪业,更何况他修的善人家都见到了,是阳善,而他心中的阴恶没有人知道。这个没有人知道的恶叫大恶,下面讲,"恶恐人知,便是大恶"。他那个"善欲人见",就不是真善,所以他会堕到地狱道,善的真假全在自己的心地。在心源隐微处,自己要默默去检点。特别是不被人知晓的这些事情,我们去细细省察,到底这个心是私心还是公心,我修的善是真善还是假善。

所以从心上讲,我们要完全修一颗真诚的善心,而不是做表面的功夫。

高僧中峰　阐明善恶

在元朝时代有一位佛门高僧中峰和尚,他住在天目山。

当时有几位儒生上山拜访他,就向他请教说:"佛门里面讲善恶报应如影随形,可是我们现在看到某人很善,但是他的子孙却不发达。某人不善,非常恶,可是他的家门隆盛。这难道是佛讲的不对?因果报应是不是有问题?"这位中峰和尚,当时是元朝的国师，就是皇帝的老师，他说："凡夫这种凡情没有洗涤干净，正眼没有开，所以往往会认善为恶，指恶为善。那是因为自己不能明辨是非，怎么能怨天的报应会有差错？"结果这些儒生就不服，问到："那善恶怎么会有相反？怎么可能说看见善事说是认善为恶，指恶为善？"中峰国师就说："那你们说说看，什么是恶，什么是善？"有人说："打人骂人的，那是恶；对人礼敬这是善。"中峰国师摇摇头说："未必。"一个人说："那贪财妄取是恶，廉洁有守是善。"中峰国师还是摇摇头："未必。"结果每一个人都讲了自己所认为的善恶的样子，中峰国师都说："未必然也。"

于是他们就请教了："那到底什么是善？什么是恶？"中峰国师告诉他们："有益于人，是善；有益于己，是恶。"当对别人有利益的时候，即使是打他骂他也是善。如父母教子，老师教学生，那心真是为他好，打人骂人都是善。如果是为自己的利益，自私自利的，你去恭敬别人也是恶。所以"利人者公，公则为真"，什么是真善？纯是利人之心，这是真的，这是公心。如果是利自己的，自私自利，这个私心就是假了。真诚心做善事，不计得失，不图回报，不要名利，这个心是真心。如果只做表面功夫，装模作样，表现出俨然一个慈善家模样，那是假的。能够无为而为，这是真善。无为而为是什么？你不是刻意一定要计较后果，得失心重，你放下得失的心，这是真心。有为而为，得失心很重的，一定要见到结果，用这个心来行善，这是假善。这里面善恶真假，我们要细细去考虑，里面有大学问。

薛包孝悌 轻利重义

东汉时代，有一个人叫薛包，这也是《德育古鉴》上面的一个故事。薛包对他的父母非常孝顺。父母去世之后，他几个弟弟要求分家，自立门户。薛包本来不想这样，但是也没有办法阻止，只好勉强同意。分家的时候，首先分家里的佣人，薛包就专挑那些年老的，他说："这些人跟我相处的时间久了，我使唤起来很顺手。"把年轻力壮的这些佣人就留给自己的弟弟。当分家里这些物品的时候，他就专挑那些老朽毁坏的，然后说："这些东西我都用了很长时间，用习惯了。"当分田地的时候，他专挑那些最贫瘠的，把肥沃的土地分给弟弟，他说："我年轻的时候就常常在这些贫瘠的土地上耕作，我很留恋这些土地。"弟弟们要什么东西，立即都给他们。结果后来这几个弟弟都破产了，薛包总是救济他们。真是，人有善心，天就会报答他。希望利益的，重利而轻义的，往往他会失掉大利。薛包难能可贵的是，他行这个善，用非常巧妙的方法，让几个弟弟根本不知道，让弟弟们都很容易接受，不露声色地让利给弟弟们。他不希望弟弟们知道他的善行，这个是真善，是一片利人之心，而没有丝毫利己之心。

所以《了凡四训》上说："凡欲积善，决不可徇耳目。"什么是耳目？让别人听到，让别人眼睛看到，觉得你这是在积善，这叫"徇耳目"。更不能够自己欺骗自己，自欺欺人，那不是真正积善。"惟从心源隐微处，默默洗涤"，我们要从自己的内心深处默默地洗去那些自私自利的念头。"纯是济世之心",这是端,端就是直,正直的心,大公无私。"苟有一毫媚世之心,即为曲",这个心就弯曲了。在行善的时候,里头夹杂着一丝毫媚世之心,媚世是什么?讨好,讨好世人,让别人知道,你看我是善人,我是慈善家。有句俏皮话说得挺有意思的:"慈善家,慈善家,慈善起家。"用慈善事业来图名图利,这媚世之心。"纯是爱人之心,则为端;有一毫愤世之心,即为曲",就像薛包对他的弟弟,纯是爱人之心,没有一丝毫怨恨。他弟弟要求分家,把好的完全都让给他们,没有丝毫计较,这是没有愤世之心。"纯是敬人之心,则为端;有一毫玩世之心,即为曲",这个心纯是敬人,尊敬别人,我行善,我积德,我对别人是一种恭敬的心,没有丝毫玩世之心。

报众生恩 做圣贤师

譬如说,我们这些从事传统文化教育的老师们,从事这个行业,这是崇高的事业,是"为往圣继绝学,为万世开太平",真正挽救世道人心,响应胡主席提倡的"构建和谐社会、和谐世界"。那我们从事这个行业,就是敬自己的行业,敬业。讲课认认真真,恩师教导我们,讲课不求有功,但求无过。以恭谨的态度上好每一天的课,不希求自己有名闻利养。对于名利,对于人家的报答,对于人家的评价,不在乎,不放在心上。如果是想着:"你看我做得多么崇高。"俨然一个圣贤的样子,这是什么?媚世之心。讲课随便乱讲,没有经过认真地考据,特别是一些历史的史实、数据我们都应该去查阅，"知之为知之，不知为不知"。如果是不知道还硬装着知道，这是玩世之心，讲出来的话就很容易误导大众。所以这都要"皆当细辨"，细细地去思维辨别，自己的心到底是什么样的心。是善的，恶的；是正的，是偏的；是直的，是曲的；是真的，是假的；都要细细地去辨别。

第四十七讲　文过饰非 错上加恶

【恶恐人知。便是大恶。】

这是讲，做了坏事，而怕他人知道，这是真正的恶人了，这个事情就变成大恶事了。

这从事上来讲，教诫我们做了恶事必须要忏悔改过。"过则勿惮改"，有过不要怕改。古人讲的，"人非圣贤，孰能无过？过而能改，善莫大焉"。

过而能改　善莫大焉

我们不是圣人，当然会有过失，这是难免的，习气使然。可是有了过错，假如要掩饰，怕别人知道，不肯去认真地改过，这就是真正的恶了。所以，恐人知的恶，这是大恶，为什么？怕别人知道，是因为没有改过的决心。《弟子规》上讲，"过能改，归于无；倘掩饰，增一辜"，有过能改，这过失就改掉了，没有了。但是如果掩饰自己，怕别人知道，就增了一辜，又增加一恶。《弟子规》又讲，"无心非，名为错；有心非，名为恶"。一开始做错了事情，这个是难免，这叫错，"无心非"，没有心的，不是故意的。可是如果怕别人知道，掩饰自己，这是有心非了，原来是无心非，还能救，有心非，这叫恶，就没得救了。

所以做错了事情，造了恶，要忏悔，怎么忏悔？忏悔包括发露忏悔。发露是把过失说出来，承认错误，不要怕别人知道。别人知道了我有过错，人家都骂我，批评我，把我这个业障就消掉了，我以后就再也不会犯这个过失了。忏悔另外还有一层意思就是后不再造，这叫真忏悔。所以，作恶，做了错事，这个忏悔的心最难得。古德讲，"天不加罪于悔过之人。"他能悔过，天会给他以转机，给他以机会。

我们"恶恐人知"，这个恐惧的心，也不是坏事。为什么造了恶会恐惧、怕别人知道？证明还是有良心，真是"人之初，性本善"，做了错事不好意思，受到自己良心的责备，天良还未丧尽。这个恐惧是人的本能，孟子所谓的，"人皆有之"，也就是"羞恶之心，人皆有之"。

可是这个心要用在造恶之前，既然你恐别人知道你作恶，那你不要作恶就好了。所以这个恐的心理，恐惧，用在作恶之前，这是有益的。《了凡四训》里面讲的，这是畏心，这是耻心。畏惧，畏惧什么？畏惧报应，畏惧天地鬼神责罚，畏惧人的轻蔑毁谤，畏惧世间法律制裁，这是畏惧心。他有畏心，就不敢作恶了。那有耻心，以作恶为耻，他也就不愿意作恶了。他怕别人知道之后自己无地自容。所以这个恐惧的心理要用在作恶之前，防范自己作恶，这是最好的。

从心上讲，这是要有诚意慎独的心。

《中庸》里面强调一个"诚"字，真诚，诚意。诚意的功夫是从慎独中来。慎独就是自己独处的时候，没人见到你的时候，人不知不觉的这个地方，我们能够还是那样战战兢兢，如履薄冰，如临深渊，不敢放肆，不敢造次，这叫慎独。能够慎独，他就有诚意，意念就真诚。为什么？独处的时候和在大庭广众的时候都是一样的，这就是真诚。人家面前一套，背地里一套，这就不是诚意了。意不诚也就心不正，心不正也就身不修，那后头的齐家、治国、平天下，就不要再谈了。所以《大学》里说到，"十目所视十手所指"，我们在暗室屋漏当中，就好像十个手指着你，十只眼睛盯着你。虽没有人在现场看你，但是天地鬼神在鉴察，所以"君子慎其独也"，要慎独，圣贤的品性真的要从慎独中得来。

第四十八讲　万恶淫首 殃及妻女

【见色而起淫心。报在妻女。】

　　这一句是教导我们淫乱之害。见到美色，就起了邪淫的心，这个报应，往往会在自己的妻子、女儿身上。所谓淫人妻女，自己的妻女也被人淫。这个因果报应非常神速，也非常惨烈。古人讲的，"百善孝为先，万恶淫为首"，这"淫"字的害处，那是说不尽的。古人讲的，"色字头上一把刀"，往往人见到美色的时候，被这外表的一层面皮给迷惑住了，看不到这色字头上有刀，而且这个刀是杀人不见血的刀，让人败德、败身、败家。色这个罪业又是最容易犯的，相比贪财杀生这些事情，要戒除它更难，难上百倍，这是人无始以来的习气。而它的祸害，使人败坏道德，招致灾殃，又比其他的罪业要严酷惨烈百倍。《朱子治家格言》里面教导我们，见色起心的时候，不可以不谨慎。淫念稍有启动，要立刻奋勇一刀斩断，不可以纵容，不可以犹豫，不可以容有丝毫的情念，让这个淫心滋长。这个时候是天堂地狱分判的时刻。如果在这个时候认不清、看不破，不能够斩钉截铁，立定脚跟，那么就会让这个淫心瞬间牵引滋长，蔓延开来，就不知不觉飘入罗刹鬼国了，后来的报应也是会很惨烈。

慈心营护 福德天报

有一部古书，叫《不可不可录》，这是专门讲戒淫的，里面说了一个故事。明朝末年有兵乱，福建这个地方有一个人叫张文启，跟他的同乡一个叫周某的人，一起躲到深山里面避寇。结果到了这个山洞里头，发现有一个少女已经在那里避难了。这个女孩子见到两个人进来，就很慌张，想要赶快避开，要跑出去山洞外面。这时候张文启就对这个女孩子说："你还是不要出去，你要出去会遇到这些劫匪，对你会有不利。我们都是诚实的人，绝对不会侵犯你的，你就放心好了。"结果这三个人就在山洞里面过夜。到了晚上，跟张文启一起来的周某就起了淫心，想要侵犯这个少女。张文启立刻制止他，阻止他作恶，一直看守着他，不让他侵犯这个女孩子。一直到了快天亮，张文启就拉着周某先出到山洞外面，不让他再待在山洞里头，留这个女孩一个人在那里，让她安心。他们俩出去察看后，发现那些劫匪都已经退掉了，所以就马上帮这个女孩子去找她的家人。家人来了，把这女孩子迎回家中，这个女孩子就安全了。

后来这个张文启要娶媳妇了，因为古代结婚，男女双方很多都是没见过面的，父母双方约定了，所谓媒妁之言。张文启娶了这个太太，回家一看，发现太太不是别人，就是当年在山洞里面他保护的这个女孩子。他这个时候觉得，真的，天给人的这种报答，实在是丝毫都不会有差错。假如当年他没有很好地保护这个女孩子，也跟周某一样起了淫心，他这未来的妻子恐怕当年就已经落难了。后来这个女子，他的太太，为张文启生了两个儿子，都登了第，做了进士。真的是所谓天道好还，因果报应丝毫不爽。特别是在这个见色起心、天地阴阳分判的时候，我们如果能够起善念，那个善报不可思议；如果是起恶念，那个恶报也是非常残酷的。这句我们刚刚开了头，接下来还要细讲，因为现在这个社会，淫乱的邪风滋长得太厉害了，这句话我们要细说、详说。

一切的罪恶当中，古人说，淫乱是为首的，所以我们要多花点时间来细细地讨论，目的是希望我们自己能够戒除邪淫之心。这是成圣成贤，做正人君子一个非常重要的标准。

这里讲的"见色"，色就是美色。见到美色，一般人都会起爱心，这个爱心，它是一种淫心的前期，假如不能够当机立断将它斩除，就会发展成邪淫的心。淫人妻女，果报一定也是别人来淫我妻女。所以古德教导我们，"皇天不可欺"。虽然是在没有人看到的地方，也不能够胡作非为。因为皇天在上，鬼神难欺。即使没有动作，只是起了念头，天地鬼神都已经知晓了。假如见到美色动了念头，则立即要提起正念，想到这一句话："见色而起淫心，报在妻女。"我不想自己的妻子女儿被人侵犯，那我怎么能够起这个邪心去引诱侵犯别人的妻女？孔子讲恕道时说："己所不欲，勿施于人。"这样换位思考，邪心就能够停息了。

人皆至亲 便息色心

明朝王龙溪先生，是王阳明先生的弟子，也是一代大儒。有一个人非常好色，很难控制自己的淫欲，有一天这个人向王龙溪请教如何是好。王先生就问他，假如这里有人跟你介绍说，某处有一个名妓在等着你，长得是如花似玉，那你一定是兴冲冲地跑到那里去，等到进到房间一看，发现竟然是你的女儿，或者是你的妹妹。请问，此时此刻你的一片淫心是不是立即就息灭了? 那个人说:"是，真的是遇到这种状况，当然就不会再起那种淫心了。"于是王龙溪先生告诉他，"这证明，淫心本来是空，只是你在那里妄念执著，让它念念相续，你把它当作真实了。如果它真是真实的，它就不会停息。当你这一念回头，淫心不就马上熄灭了? 所以，当淫心起来的时候，立即转念。"古人教我们: 见到年长的妇女，要把她当作母亲或者姐姐看待; 看见年幼的女子，把她当作自己的妹妹、自己的女儿看待。这样，这一片邪淫之心就能够熄灭。如果不能够控制，要知道，果报就是这里讲的，"妻女酬偿"。有句古谚语说得好:"劝君莫借风流债，借得快来还得快; 家中自有代还人，你要赖时他不赖。"

古人讲，"奸近杀"，奸淫人家妻女，这跟杀人差不多了。实际上讲，说近杀，这是说得比较粗浅，克实而论，这个奸比杀是有过之而无不及。凡是涉及奸淫的，没有不连带杀人的。譬如说，淫人妻子，她的夫君知道了，会很愤怒，可能操刀就把那个淫夫给杀掉,甚至把自己的妻子也会杀掉。或者是因为嫉妒,譬如说男女朋友之间,假如感情不专一,有好几个朋友,那几个朋友可能就互相嫉妒,甚至会导致情杀。如果发生这种惨案的,国家法律一定是严厉制裁,故意杀人罪,那是判死刑,这也是杀。即使是幸免于法律制裁,但是也要知道,阴律不能够饶恕。天地鬼神,特别是被杀害的怨鬼,他会来报复,这也会导致人暴死。最起码的,淫欲心重,会导致自己身体虚亏。得了这种亏损的病,即使是扁鹊再来,也很难医治,这不也是自杀?所以,一有奸淫这种事情,那常常是跟着就有杀害发生。只有愚人才会犯这种事情。

更何况,讲杀人,那只是杀一个人。而如果是淫乱,侵犯人,这是杀人的三世。不仅是破人的节操,也是损人的慧命。而且,受到侵害的人家,她的父母,她的兄弟叔侄,她的丈夫子女,等等这些亲属,都会悲痛欲绝。或者她本人因耻羞而自杀的,或者有丈夫杀妻子,妻子杀丈夫,父亲杀儿女,儿女不认父母等等。亲属因为这种羞辱的事情也抬不起头来。如果是未嫁的女儿,可能以后再谈婚论嫁也很困难。你看看,这个淫人者,对人的这种伤害,那比杀人的身命是有过之而无不及。为了自己的欲望,造作这种弥天罪恶,真如古人讲的,绝嗣的报应都不足以抵挡这种罪恶。

古人讲的五伦关系,父子、兄弟、夫妇、君臣、朋友。先有夫妇,才有父子、兄弟。家庭中,夫妇这一伦在最先。要是淫人妻女,是乱人夫妇这一伦,这一伦一乱,那父子这一伦、兄弟这一伦也随之而乱了。你看,五伦当中就乱了三伦了。进一步讲,让这一家祖宗蒙羞,而且朋友、君臣这些关系也会受到影响。所以,这种罪恶真的是神诛鬼戮，遭天谴。

淫乱之报 何止妻女

再者，淫乱之报，又何止是报在妻女，更有报在自身病苦夭折这上面的；也有是报在子孙，得不肖子孙；也有报在自己锦绣前程丧尽；甚或是自己死于非命；当然还有报在来世恶道受苦的。这个报应，那就说不完了。

为了这一瞬间的欲念，放纵这个欲望，把自己的健康、长寿、子孙、前程，乃至来生的福禄全都葬送掉，何苦来？所以，这一时的欲念容易消灭，像刚才王龙溪先生讲的，刹那之间这欲念就放下了。但是这一生的功名富贵、锦绣前程、百年的名节、祖宗的积累、子孙的福禄，那可不是容易得到的。怎么能够为这片时的偷欢而葬送掉？风流债借不起，这种惨痛，是难以言喻的，真的要高度警觉。正人君子，有智慧的仁人，绝对不会去干这种傻事。

那我们来看看，除了报在妻女以外，还有报在自身病夭上的，疾病夭折的，先讲这一部分。要知道，淫念多，善念就必定少，淫念少，善念必定多。所以，能够把淫念控制住的，那么古人讲的五福临门，这五福里头就获三福了。第一是寿，长寿；第二是康宁，健康平安；第三是考终命，就是善终；反之，这淫念常常起来，必定会有疾病困扰，甚至会有意想不到的凶灾，乃至会早死。为什么？因为人有这个精，正如树之有脂，树如果树脂多，它就繁茂；如灯之有膏，像点油灯添的灯油，你滋养它，它就能持久，如果灯油烧尽了，这灯也就枯灭了。人常起欲念，这种淫火就把人的精气神都烧掉，这个欲念一动，精气就耗损。精气耗损，愈会使欲念旺盛，这是虚火，然后互相地引发，一直把人烧尽烧干为止。世间还有一类愚人，还嫌自己烧得不够，还服一种导淫的壮阳药，使自己五脏六腑都受这种煎熬，最后都没有好死的。我们从因果上来看，这是什么？常起欲心是亏损阴德，消减福寿，所以他会夭折。

生活糜烂 中风瘫痪

我们在北京认识一位中医大夫，他是北京中医药大学毕业的博士，他说开门诊，会遇到很多的患者，都是四十岁上下的人，很多都是有钱人、大款，年纪不算很大，就得了各种各样的病，甚至还有中风的人。

本来中风的病，一般是老年人得的，现在这种病年龄向低龄发展。他告诉我，这里头最关键的一个原因就是淫乱、纵欲。他遇到一位患者，四十岁上下，做企业，生意做得很好，很有钱，但是生活糜烂，包养情人，天天纵欲。结果就患了这种肾气衰竭的病，来找这位彭大夫。彭大夫告诉他，说"你现在没有别的药治，只能够断欲事一年，否则可能你就会发生中风"，这样警告他。可是他说"这样我做不到"，那就没办法了。结果半年以后，他就出现中风的病状，一年之后就变成严重的中风，瘫痪了。可悲！一个很有建树的人，竟然放纵自己而成了欲望的奴隶，成为一个瘫痪的病人。

吕祖劝勉 制欲康寿

唐朝吕祖有诗曰："二八佳人体似酥，腰间仗剑斩愚夫。虽然不见人头落，暗里催人骨髓枯。"二八十六岁，"二八佳人"，这个女孩子好像很美貌，可是她引诱人，引诱谁？那些愚夫，不能控制自己的欲念，做了欲望的奴隶。欲望能使人枯竭，所以欲望的刀剑斩人头，人头虽不落，但是暗中已经把人的骨髓都搞枯竭了，那比刀剑还要可怕。所以你看中国文字，这个色字，头上有一把刀。看到这个字，马上要觉悟，不能做愚夫，被它砍倒。人能够控制自己的欲念，降伏淫心，他必定得到康寿的果报。

彦宾自守 己贵子荣

五代时期，伪蜀国罗城兵马使，叫程彦宾，他是山东临淄人。当时他领兵攻打宁城，攻下城之后，他的左右在这个城中夺来三个年轻的处女，献给程彦宾，都是美貌的女孩子。当时程彦宾饮酒后有点酒醉，可是他这个人是一位正人君子，对这些女孩子说："你们也不要害怕，我看你们就像我自己的女儿一样，怎么会侵犯你们？"说完之后，就命人把她们三位女子关到一个房间里面保护起来。到第二天就去找她们的父母，然后把女孩子平安地送还给她们的父母。她们的父母也非常感恩，拿出很多金钱来报答、酬谢程彦宾，程彦宾一概不收。后来程彦宾升官了，在仕途上也很发达。93岁寿终，走得非常的自在，临终是正念分明，跟自己的亲友告别后才去世。他的几个儿子都得到显贵。所以你看看，这都是智慧人。能够忍一时，得到的福分是绵长的。

第二部分我们要讲，报应有报在自己子孙身上的。自己如果淫乱，那儿孙必定也是淫乱。古人有句话讲，妓女之祖先多是烟花浪子。意思就是说，那些淫乱的烟花浪子们，他们的后代如果是女的，多会做妓女；如果是男的，那也必定是淫乱无德的子孙。我们每个人都希望自己有很好的子孙保守家业，那就必须自己要修德。

靳瑜不淫　得子宰相

在一部古书《懿行录》上记载着明朝镇江这个地方有一个人叫靳瑜，到五十岁还没有儿子，他的夫人也很焦急，于是就出资买了邻居家的女儿给他做妾，希望能够留下香火。

这天，靳先生回到家中，那夫人已经摆了酒席在房间里，并把这个情况跟靳公说了，叫这个女孩子来侍奉靳公。靳公听了之后脸都红了，他夫人还以为先生不好意思，就赶紧出去了，让这个女孩子单独来陪他的先生。没想到靳公就从窗口跳了出去，跟他夫人说："你对我的这个厚意我都能明了，可是要知道，这个女孩子是谁？是咱们邻居家的女儿。我是看着她从小长大的，她小的时候我还抱着她。我都这么大年纪了，怎么还能让她嫁给我？这是等于毁了人家一生,不可以侮辱她,马上送回去,给她备上礼,帮她去嫁人。"

这件事情以后,第二年他夫人竟然就生了儿子。这个儿子就是以后的文僖公,他从小聪明伶俐,十七岁就考上了举人,后来一直做官做到了宰相。

你看,不淫能得贵子。人很希望自己有子孙保守家业,置妾也是出于这种目的。但是看到靳翁,他能够把买来的妾还回去,反而生了子嗣,这是德行感召。假如他没有还妾,未必能生儿子。有些人没有儿子了,马上就想再娶。要知道,欲火愈炽盛,福德愈轻。就好像口渴的时候拼命饮盐汤,愈饮愈口渴,而子孙是自己德行之感召,袁了凡先生说,"有百世之德者,必有百世之子孙保之。有十世之德者,必有十世子孙保之","其斩焉无后者,德至薄也"。有没有后代,全看你的德行。

严谨自持 荫子及第

另外又有一个故事,这是戒淫书上常常引用的故事。是说古时候有一位陈大夫,他非常慈善,医术也很高明。常常给贫人治病,还都不收钱。有一次,有一个穷苦的人请陈医生治病,他这个病是很危急的,陈医生把他治好了,而且还不收他的钱。这个穷人也是非常有恩义情义,知恩报恩,他就想着,一定要报答。想来想去,自己家什么都没有,怎么报答? 就跟他太太说:"这样,我们请陈医生到家里来过一夜,你就服侍他一夜,就算是我们对他的报答了。我们实在没有其他的方式来报答。"这个太太听了之后也无可奈何，勉强答应了。到了晚上，太太来到陈大夫的房间，跟他把这个意思说清了，今天晚上是自己的先生让来服侍一夜，报答他的恩德。结果陈医生正色地告诉她："这不可以！"结果这位穷人的太太还要勉强地来照顾服侍他。陈医生就连呼几声："不可不可！"而且自己和衣而坐，衣不解带，坐到了天亮。到晚间差一点不能自持，就拿笔在桌子上写了"不可"二字，而且自己大声地叫："不可二字最难。"然后自己走到了院子外面，一直到了第二天天亮，他就赶紧回家了。

后来这位陈医生生了儿子，这个儿子长大了去考试。考完试之后，主考官拿他的卷子来看，看了之后大概觉得这个人写的文章平平，就要把它抛弃掉。正想要抛弃的时候，突然这主考官就听到有叫声说："不可！"他听到这个话，就把这个考卷又拿起来看。怎么看都还是觉得不能够录用，又把它扔掉。刚要扔的时候，又听到有叫声说："不可不可！不可二字最难。"于是这个主考官心里就明白了，古人都懂得，凡是考上的人，祖上都有阴德的。每次他要扔掉这个考卷，都有叫声说不可，又不知道声音是哪来的，那这个人祖上一定积了阴德。于是就把这个卷子收录了。发榜以后，这个陈医生的儿子考上进士了。主考官就把这儿子叫来，跟他讲了这件事，问他什么原因。他儿子也不明白，因为他的父亲没跟他说过。他回去就把事情讲给父亲，他父亲这一听，汗毛直竖，然后才把过去的那一段因缘跟他儿子说出来，才知道原来当时战胜了自己的淫心，连自己的儿子都得到后福，真正相信

"积善之家必有余庆"。倘若那时候天理战胜不过人欲，那怎么可能自己的儿子获进士及第？所以，希望自己子孙发达的，必须自己要好好地持身，戒除淫心。

我们从第三个角度来谈，这个报应有报在前程上的。一个人希望有锦绣前程，必须要有德行，要修善。而修善积德，一个是行孝，一个是戒淫。所谓孝为百善之先，淫为万恶之首。

始乱终弃 无后早死

在《感应篇广疏》这部书里面记载着一个故事。说在南昌有兄弟二人，他们是同胞兄弟，同年同月同日生，同时生，所以八字一模一样，他们的性格也很相似，甚至容貌音声都一样，他们一生的穷通福禄都很相似，连他们的父母有时候都很难辨别他们俩。只好给他们兄弟两人穿不同颜色的衣服来区分。到他们长大后，又是同时入学，同时娶媳妇，真的是荣枯得失，无不相同。这八字一样的，所以命运就一模一样。有一天，这两个人一起去应试，赴考，住在一个旅店里面。有一个邻家的女孩子就来挑逗那个兄长，兄长正色拒绝了，并且跟他弟弟说："你要注意，这个邻家的女孩子比较轻佻，可不要跟她混在一起，否则会损坏德行，那你就考不上了。"这个弟弟听后只是表面上答应，但是心里就起了邪心。结果就竟然冒着他哥哥的名义去看这个女孩，不但跟她私通了，而且还答应这个女孩说："等明天我考完试之后，一定来娶你。"

结果考试完发了榜，发现这个哥哥考上了，弟弟竟然名落孙山，这命运有了差别！那个女孩子因为兄弟两人相貌完全一样，根本辨别不出来谁是谁，她还以为是跟自己私通的那个人考上了，于是非常地欢喜，就等着他来迎娶，并且还给了这个弟弟很多钱财让他先回家，然后来迎娶。到了第二年春天，这个兄长又考中了进士，登第了。这个女孩得知了这个消息，又以为是自己未来的夫君高中进士，就很高兴，于是把行装都准备好了，等着出嫁。可是等啊等啊，竟然杳无音信，最后这女孩以为自己未来的这个夫君变心了，所以愤恨而死。后来的结果是，这个兄长做高官，得到高寿，而且他的子孙都很荣盛，而这个弟弟竟然早死，而且没有后代。

所以，从这个例子我们看到，其实命相吉凶，都是人宿世的善恶念头所感应来的。如果过去行善，自然在胎中就有贵相，出胎就会正值良时，八字就会好。如果宿世做恶业，那就会相反，命运会非常贫困。可是，虽然有命相，我们相信有，但是命相起于心。人出生的八字虽然是前定的，可是人的心是不定的，这个"祸福之门"，就在于心地。善恶的报应是"惟人自召"的，命运是掌握在自己手里，"命自我作，福自己求"，这个福不是八字带给你的，那个八字也是你这个心之所感。所以我们不能说完全不信命相，但是也不能尽信命相。要信命由心造，看看南昌兄弟这两个人的下场、后果，我们就能够悟得出来了。

王曾不淫 贵盛无比

不淫得贵，我们这里再讲一个故事。

宋朝有一位名士叫王曾，他上京赶考。结果在路上见到母女二人，听到她们哭声非常悲切。于是就打听，为什么这母女二人会这么悲痛？才知道原来她们欠了官钱，没办法偿还，这母亲被迫要卖女儿，所以这样哭泣。于是王曾就去拜访这母女俩，跟她们讲："这样吧，我替你还这个官钱，你把女儿卖给我。"这个母亲无可奈何就答应了。然后王曾就替她还了钱，告诉她："我三天之后来迎娶你的女儿。"结果三天之后这个王曾没有来迎娶，这个母亲就等，等了一些时日还不见来，于是就去找这个王曾。找到他住的地方，结果人已经走了，王曾留下一封书信，上面说："我不需要来娶你的女儿了，你还是为她另择佳婿吧。"

所以王曾是代她还了官钱就走掉了，这是一片救济、仁爱之心。后来王曾他是乡试、省试、殿试三次的考试都获得第一名，这是历史上少有的，叫"连中三元"，这是考上状元了。后来王曾被封为沂国公，一生贵盛无比。所以看得出，不淫则贵。

好色无德 失人败国

如果是自己好色，即使是有尊贵的地位，最终也会失去这种地位，或者是被人瞧不起。

《论语》里面有一句话："齐人归女乐。季桓子受之，三日不朝。孔子行。"这是讲到，孔子在鲁国时，鲁国的国君鲁定公，当时接受了齐国馈赠的女乐，就是那种艺伎，结果一天到晚沉迷于酒色，连国事都不闻不问，三日都不早朝。孔子本来是在鲁国做大司寇的，即在鲁国做到了宰相这种位置，把鲁国治理得很好。因为治理得很好，与鲁国相邻的齐国就担心鲁国强大起来对他齐国不利，所以就用美人计，把八十名美女送来给鲁定公。当时是鲁定公的一位大臣季桓子替国君接受的，于是他们天天作乐。这是成了扶不起的阿斗了，最后孔子没办法，就辞官离开了鲁国，去周游列国了。所以圣人见到这种好淫好色之徒，都瞧不起。圣人不会责骂他们，只是离开他们。孔子离开了，当然鲁国国势也就随之削弱。

我们从第四个角度来讲，淫乱的报应会让我们死于非命。

轻佻赴会 杀身之报

在《安士全书》里面记载着明朝有一个读书人，他到南京应试，当时隔壁有一个指挥使，他的女儿羡慕这个读书人，对这个读书人生起了感情。考完试以后，这个女孩子就叫她的婢女邀请这个读书人晚上去相会。这个读书人是一个有正气的、高风亮节的君子，他知道做这种事情有损阴德，所以就没有答应。跟这个读书人同住一个客栈的另外一个读书人，他的朋友，很轻佻，见到这种情形，就趁机假冒这个读书人的名义去赴会。因为这个婢女是晚间来找，也辨别不清，结果这个轻佻的人就被引到小姐的房中，跟小姐过了一夜。等到第二天早晨（晚上他们可能忘关门了），这个小姐的父亲从外面回来，发现这个门开着，进去一看，竟然看到这一对男女，非常的愤怒，拔出剑来把两个人都砍掉。考试发榜这天，这位正直的读书人果然高中榜首，而他的这个朋友，已进入了阴界。所以，一登举子路，一登鬼子路。荣辱苦乐，天渊之别。正念与邪念只是一念之间，但是果报却是有天渊之别，怎么能够不谨慎？

总裁好色 刀下亡魂

另外，我们看到报纸上也登了一则信息。这是在《中山商报（2005年6月15日）》，后来转载到《新晚报》上面的一则新闻。

是讲香港一个公司的副总裁，到广州会一个女网友，结果被骗。实际上这网友是一个色诱抢劫集团的犯罪分子，这个年轻的女子约这个副总裁来见面，一起喝酒，酒里面放了蒙药，让他不省人事。等这个人醒来以后，发现全身被扒光，而且被五花大绑，所有的财物都被抢空了。他是被一桶冷水给浇醒的，他睁开眼睛一看，前面站着一个17岁的少年，拿着刀，威逼他讲出信用卡的密码。这个副总裁，看着是年纪轻轻的这些孩子来威逼他，于是他就大叫，想用叫声来吓唬他们。没想到对方是心狠手辣，竟然乱刀就把他刺死了。这个副总裁年薪是140万，有妻子儿女，本来过的是幸福的生活，竟然惨死于犯罪集团的刀下。当然，这个血案后来被破了，凶手也抓住了，都是十几岁二十几岁的孩子。可是我们反过来看看，这个副总裁如果没有邪淫的心，又怎么会招致这样的一种下场？所以要引以为戒。

我们前面讲到见色而起淫心，犯奸淫之事，不只是报在妻女；有报在自身的，自身的寿夭，健康与疾病，跟这有关；有报在子孙的，自己有没有子孙后代，有没有显贵的子孙保守家业，跟这个有关。有报在自己的，淫乱者会死于非命；也有报在自己前程上的，淫乱则前程丧尽，不淫则得贵。下面跟大家讲，有起淫心者的来世受报。

淫心邪念　果报变驴

《五种遗规》这部书，是清朝乾隆年间一位进士陈弘谋先生编撰的。

《五种遗规》的第五种叫《在官法戒录》，是告诫做官的人要修养什么样的德行。其中记载着一个故事，讲到从前有一个官员叫刘自然，他是泰州人。在某处做官的时候，听说当地有一个叫黄知感的老百姓，他太太的头发很美，就起了爱欲之心，于是跟黄知感说："我希望要你妻子的头发，否则你就需要去服兵役。如果你能够把妻子的头发供养给我，那你就可以不用去了。"因为服兵役是很苦的，而且有可能是死而无还。黄知感回家跟妻子说了这个事情，他妻子就跟他讲："如果把我的头发拿出来，能够使你不需要去服兵役远征，那我当然是愿意的。不要说我的头发，就是我整个生命都可以贡献出来。"黄知感也非常地感动，虽然非常不情愿，但还是把这个头发献给刘自然。其实刘自然之意并不在头发，所以最终还是把黄知感送去服兵役了，后来黄知感就死在阵中。

黄知感死了以后，就在同一年，这个刘自然也死了。后来黄知感的一个亲戚家，有头母驴产下了一头小驴，发现这个驴的左肋下面有字，写着"刘自然"，就是刚死的这个官员的名字。消息传出来，大家很好奇，都争相来看。后来刘自然的妻子听说了，就希望用钱把这头驴买下来，于是跟她的儿子说："你的父亲平生很好饮酒食肉，你要不然拿点酒肉去供养这头驴，看看这头驴是不是喜欢饮酒吃肉。"这儿子就拿着酒肉去供养这头驴，结果看到这个驴真的使劲喝酒，喝了几升的酒，肉也吃得很多。吃完之后长鸣一声，就掉下很多眼泪，大概是认出了自己前世的儿子了。于是这个儿子就要用很多的黄金赎这头驴，但是这家人不肯卖，天天就用这个驴来干活，打它，让它做很辛苦的这些劳力，后来这头驴就累死了，刘自然的儿子也因为非常悲痛而死掉了。

本来做百姓的父母官，应该以父母之心来关怀爱护百姓才对。我们看到，刘自然这个官员在任时竟然见色而起淫心，没想到还没有实施淫行，自己就丧命了，来生竟然做了畜生，受尽折磨而死。而他自己的后代也死了，等于就绝后了。所以看到，起这一念邪心，果报竟然这么惨烈，怎能够不省悟！这都是记载在儒书上的。

不仅是男子要戒淫，女子更要戒淫。爱欲之心是人无始以来的深重习气，所以男女都要戒。古时候有专门教诫妇女的书，其中有一部叫《闺箴》，说到如果妇女淫乱、节操不保，终身都洗不清，即使是孝子慈孙，都不能帮她洗涤。所以，真正的淑女名媛，是守身如玉，容不得半点瑕疵。假如遇到狂徒想来侵犯，那自己需要一身正气，凛然不阿，不可以屈服。所以，在这样的一种情形下，鬼神都会呵护，这种是所谓的香闺正气。如果妇人淫乱，那恶报也是惨烈的，阳世会被人唾骂，阴间也会受报应。

这个淫报非常惨烈，所以我们要提起高度的警觉去防治，防治自己的淫心，遇到诱惑要马上提起正念。现在的社会诱惑特别多，譬如说走到路上，一些广告、画面，乃至男男女女的穿着举止，无不是一种诱惑。还包括电影电视的节目，网络上的内容，一些新闻媒体，报刊杂志所刊载的这些东西，如果被它导引而不能自律，逐渐逐渐就会生起见色贪染的心，所以孔老夫子教我们，"非礼勿视，非礼勿听，非礼勿言，非礼勿动"。至于写出那些故意导人邪思的作品，或者是创作这些广告、文娱节目，乃至在网络上发布种种色情不健康的这些内容，那我们就可想而知，这种罪恶之大，果报之深。

诲淫诲盗　祸己祸孙

我国历史上，《水浒传》被认为是最著名的四大小说之一，其中写了不少助长邪淫、诲淫诲盗的内容，对那种淫盗的情节描写得绘声绘色，这是对人有很多的误导，结果施耐庵的儿子、孙子、曾孙生下来全都是哑巴，报在子孙。

《西厢记》也是历史上一部有名的，我们现在叫言情小说，它是元朝的王实甫所作。里面就描写了男女私会的这些内容，导致许多人看了《西厢记》，都起邪思淫念，而这部书还没有写完，王实甫就没有办法克制自己，嚼舌自尽。嚼舌而死是现报，可以想见，未来恶道的果报就更为惨烈了。

所以，有文学的修养，为什么不写一些劝导人修身立德的这些著作？而去写男女之间的这些事情，让人起邪思，这是什么？害人害己。写作这些东西，自己和子孙都会遭到报应。

明朝袁了凡先生说："取淫秽邪书恶状及谤语焚化者，得子孙忠孝节义报。好阅淫词小说和称说淫书故事，及家藏淫书淫画者，得子孙娼优报。"这后一句是说子孙也会淫乱，因此，自己的一言一行，关系到子孙。欲要子孙昌盛，必须自己立德。如果好谈男女之事，无聊，好奇，讲这些闺房中事，甚至一些猥亵的事情，讲者津津乐道，听者跃跃欲试，那么必定导致最后造作邪行。口业如山，用语言来引发人邪思的，这是犯天怒，那果报也是惨烈的，所以，正人君子非礼勿言。听到人讲这些事情，应当立即远离，更不能够去想、去参与。想入非非，那是自己把自己德行给毁掉了。

外守内修 戒淫在心

戒淫之事很多很多，而最关键的是要从心上去戒除。万恶淫为首，而这淫是从心而生。

这淫心一生，恶缘就凑合了。你有这样的心，往往就感应这样的缘，就会有这一类的朋友来帮助你做恶事，这个心要懂得去观照，淫心是很深重的病根。这个病根往往遇到外面的缘时，它就会起作用，所以这里讲的"见色而起淫心"，淫心是根，见色是缘，有因遇到缘，就会结果，果就是后面讲的有报应了，"报在妻女"就是报应。

前面讲的，爱欲是我们人一生的一个病根，要断这个根不容易，但是我们能做到的是断这个缘。所以这个见色的"见"字是我们着力处。最上的功夫是所谓"非礼勿视"，见了就好像没见一样，心地清净不动摇，这是最上乘的功夫。次一级功夫，见了之后会动心，心一动的时候立即提起正念，把圣贤之教提起来，说服自己把这个念头控制住压下去。这其中有伦理道德的道理，人懂得伦理道德了，就耻于作恶；有因果的道理，懂得因果报应了，不敢作恶。这是用理来降伏欲望。如果没有办法降伏自己的欲念，而让这个欲念念念相续，终究就会产生邪行。所谓一念之差，后果不堪设想，一失足成千古恨。

修心的功夫，古德教我们三个方面，所谓"未见不可思，当见不可乱，既见不可忆"。"未见不可思"就是还没有见到，不要去思量，不要去想，这是讲我们平时要修存养功夫。平时生活起居独处，对自己的念头要收拾得干干净净，时时警觉，时时提起。提起什么？提起天理，天理存在心中，那人欲就自然不起现行；最怕天理提不起来，人欲就会作乱。天理是什么？道德仁义。把自己的心炼得光明正大，这是君子主敬存诚的学问。有这种功夫了，心就定了。

那么"当见不可乱",这第二个层面,是讲见到色,见色心就定。即使是美色当前,任她百端引诱,我心也不动一分一毫,这就是定力。这个定力必须平时要修养,平日操持严切,炼得诚意正心。诚意正心是从格物致知而来,格除我们的物欲,恢复我们的良知,诚意还要从慎独中练就,有了诚意,心正了,也就能够心定了,见色而不乱,不动心,心不动了,当然就不会有邪淫之事发生。所以,"欲戒其事,先戒其心",想要美色当前而不乱,必须平日操守要非常的严谨,这才能办到。所谓"养兵千日,用在一时"。

"既见不可忆"就是见到了美色,或者是见完之后,不可以去追忆。不追忆,当然也就不会起淫心。这是过后要细细地去省察,不可以让淫心浮动。

所以,这"未见不可思,当见不可乱,既见不可忆"讲的是过去、现在、未来三种境界。这个思是讲未来,没有见到,你就在思了,这就是未来。乱是讲现在,现在见到了,这个心就乱了,动了。忆是什么? 讲过去,已经过去了还要追忆。假如能够在这过去、现在、未来三种境界中成就我们的定力,这个心就清净了,那淫行也就没有它的落脚之处了。

理顺清白 三年无染

明朝有一位贤士叫刘理顺。他在年轻的时候勤奋好学,曾经在一户富人家做教书先生,后来积累了一点路费准备上京赶考。主人见到刘理顺学问德行非常好,很敬重他,于是就找了一个婢女,到他的房间作为侍女来侍奉他。刘理顺在主人家里住了三年,这个年轻貌美的侍女也就跟他一起同房住了三年。三年之后,刘理顺要拜别主人上京赶考了。临行之前,就跟主人说:"非常感恩主人的好意,安排这个侍女来照顾我生活。现在我要上京赶考去了,您是不是也做个安排,备一份嫁妆让这个女子嫁一个夫君?"主人一听就有点不高兴了:"这个女孩子已经服侍先生三年了,感情应该不错了,那就送给先生做妾就好了,为什么还谈适配他人?"刘理顺非常严肃地跟主人讲:"我们读圣贤书的人,志在学圣学贤,我现在没有成家就娶妾,这是礼法所不容许的,我怎么能干出这种事情?虽然这个女孩子年轻美貌,跟我在一起住了三年,但是我是把她当作自己的小妹妹一样看待,对她绝对没有丝毫的侵犯之意。"

主人听了刘理顺这番话,又见到他的这种义正言辞的态度,还是有点半信半疑:怎么能够在美色当前而不乱?他不相信。于是找了一位年纪比较大的妇女来给这个婢女验身,发现她果然是清白的。这个时候,主人对刘理顺就更加地敬重,给了他很多的路费。后来刘理顺果然是状元及第,考上状元,日后也成了一位非常有名的理学家。从这里看到,一位真正学圣学贤的君子,他绝不会在这些男女之事上去留意。淫心不动,心存天理,不给欲望留下能够作乱的机会。所以人的志向非常重要,能够秉持这样的操守,才能够真正见色而不乱。

防止自己的淫念,要用智慧。这个智慧,古德教导我们用不净观，这是帮助我们认清事实真相。要知道，一个人的容貌再美丽，也就是表面一层皮。这皮底下包的那些血肉、那些体液、那些骨头，你看了，你也不想要。更何况人在年轻的时候才有这种美色，假如说年纪大了，或者得了重病，甚至死的时候，那个身体臭不可闻，又何以让我们生起爱念？

不净观身　自他相保

　　唐朝有一位贤相，就是武则天执政时期的宰相狄仁杰，在年轻的时候是英俊潇洒的少年。他上京赶考的时候曾经住在一个旅店里，那个旅店的主人是一个新寡，丈夫刚刚死去，她还很年轻，长得也有几分姿色。这位妇人见到狄仁杰，内心生起爱慕，晚上就来找他。狄仁杰打开房门见到她来，心里一愣，随后知道了来意，就很严肃地跟她讲："从前有一个老和尚，他会看面相，对我说过，我的相貌是一种贵相，将来会显贵，但是一定要注意，在美色当前的时候要把持好，否则这显贵未必能保得住。"

　　狄仁杰就请教老和尚："美色当前而不乱，这是不容易做到的，请问用什么方法可以降伏自己的淫心？"老和尚就告诉他，用不净观。狄仁杰就跟这个寡妇说，不净观是如何观人身体之不净，让那种欲心立刻冰释。狄仁杰说："人至美色在前，急思此妇，异日抱病而死，其尸溃烂，蛆虫攒聚，臭秽熏人，懔乎可畏，邪念便释矣。"意思是，人见到美色的时候，观想眼前这位女子，将来得了重病了，病死了，尸体溃烂的时候，发臭，里面长了蛆虫，蛆虫把尸体咬出来一个孔一个孔的，每个孔里面都布满了蛆虫，在那里蠕动，而且气味非常难闻，可能几里路之外都能闻到，还引来无数的苍蝇。这么一具尸体摆在你面前，多么可怕，你一想到这样的一个情景，什么邪念都马上就消除掉了。那种火热的爱欲就如一盆冷水浇头，全部就消除殆尽。

狄仁杰告诉这位寡妇说，"刚才你一进门，我心里一愣，马上就提起老和尚对我的教诲，用这个不净观，所以心地还是清净的。现在你也可以用不净观，观察我的身体也是如此，每个人的身体都是这样不净的"。这个妇女果然依照狄仁杰的话去做了观想。观想之后，她非常感恩，向狄仁杰拜谢："以后我就能够为我的死去的夫君守节了。"后来这个妇女确实以守节而受到朝廷的表彰。狄仁杰后来也是考上了进士，做了宰相。做了宰相以后，也非常着力于烧毁淫书、导正社会风气的这种工作。所以，这种智慧是什么？认清事实真相。人的身体臭秽不堪，有什么可乐？

达摩吕祖 殷殷劝诫

梁朝时的达摩祖师从西土来，他曾经作过一个《皮囊歌》，说到："尿屎渠，脓血聚，算来有甚风流趣。"人的身体，真的像屎尿的渠道一样，你看这头进那头出。身体里头包的是脓血，五脏六腑你把它挖出来是臭秽不堪，讲什么风流趣？有什么值得爱恋的？

唐朝吕祖也说："休夸年少趁风流，强走轮回贩骨头，不信试临明镜看，面皮底下是骷髅。"这是说到真实处，人的面皮底下包的不就是骷髅吗？再美貌也就是表面一层皮。

而凡人往往在见色的时候，提不起这种正念，美艳当前，就难以克制自己欲望的冲动。在这一刹那，就会有三种魔来了。第一种，当你眼睛看到美色的时候，对方的这种妖冶的姿态，使自己心里头心波汹涌，骨头发热了，神识飞腾起来了，就好像火焰在那里燃烧，这种叫火魔。自己欲根发动，任督二脉暗中地开张，像江上的江堤崩溃了，江水一涌而出，一发不可收拾，这叫水魔。在这水火相互烹煮，身体和魂魄互相激荡的时候，就像一个轮子在转动。这个效果就好像那个圆环，像太阳的光晕不断向外扩散，这种叫风魔。这水、火、风三种魔在煎熬着人，所以导致身体的疾病，导致道德的亏损。

我们要斩三魔，过三关，靠的是一把慧剑。用慧剑斩除自己的淫心，功夫就在于忍。忍耐再忍耐，坚忍再坚忍，恒忍再恒忍。要知道，不忍不行。就好像人口渴，也不能去喝有毒的鸩酒一样；就好像毒蛇咬了手指，壮士立即拿起刀把手腕都砍掉，否则毒会侵入身体，人就要死掉；就好像英雄中了毒箭，忍痛去刮骨。这是讲忍，忍得过，就能够功德圆满，就能感动天地鬼神，就能得到殊胜的福报；假如忍不过，这一念犹豫徘徊，把持不定，逐渐逐渐就堕落到深渊里去了。要知道，对方就像路边的野花，转眼成空。而自己要是犯了邪淫，那个付出，那个代价，那实在是太大太大。自己的寿命、福禄、富贵、功名、儿女，乃至来生的这些福报，可能就在这顷刻之间都葬送掉了，所以，怎么能够不忍耐?

这种忍,最初的功夫就是坚忍。欲兴起来的时候,一定要忍住,克制住。忍到最后,慢慢忍成习惯了,用自己的高尚的志向导引,心乐于圣贤之道,乐于做君子,乐趣不在这些男女之事上,慢慢就把欲心淡了。淡到一定程度,自然就断了,连这个细微的淫念都不产生了,那么见色也自然不会起淫心。到了见如不见,境界现前都不起心不动念的地步,这个功德也就圆满了,到了这种地步,就不知不觉进入圣贤的境界之中。

"见色而起淫心,报在妻女",这一句,我们花了比较长的篇幅来详细地开解,目的就是希望我们斩除恶习,使心地清净光明。那么,修身、齐家、治国、平天下,有这种格物的功夫是不难做到的。

第四十九讲　暗箭伤人　祸及子孙

【匿怨而用暗箭。祸延子孙。】

"匿"是怀在心里，"匿怨"就是怀恨。怀恨在心而又暗中伤害人，这种行为会把祸患留给子孙。

从事上来讲，这是告诉我们，不可以跟人结怨，怨仇宜解不宜结。即使是人家对我不好，他冒犯我、毁谤我、陷害我，我也不能暗中怨恨，宁愿人负我，绝不可以我负人。心怀着怨恨，还要暗中去伤害人、报复人，必定会有恶的果报。

咒语王旦　自身灭亡

宋朝有一位名宰相叫王旦，当时有一个卢某，他在黑夜当中，拿着一百两黄金，来贿赂王旦，请求王旦帮助他升迁。结果王旦告诉他说："你的才能还不足以担当那份高位的职务，你虽然是我的朋友，但是我也不敢以私废公。"这个卢某听了以后，只好离开了宰相府，但是他也因此怀恨在心，居然天天焚烧一些咒语, 要咒王旦早死。这是用暗箭, 用阴恶来咒人。结果有一天晚上, 他就梦到神明来呵斥他说:"王旦忠心为国, 不徇私枉法, 你却要咒他早死, 上帝因此要降罪于你, 很快你就要受处罚了。"果然没有几天, 这个卢某就死了。所以用暗箭伤人, 自己就得到立毙的果报。

口蜜腹剑 身死家灭

唐朝的宰相李林甫, 有名的口蜜腹剑之人。他善于巴结皇帝, 当时是唐玄宗执政, 因为他是王室, 李家的宗族, 再加上很会巴结讨好, 所以很快做了宰相。可是这个人阴险狡诈, 对于才能高的人, 他就嫉妒, 看见皇帝重用的这些官员, 他就设法排斥。表面上跟人是甜言蜜语, 称兄道弟, 可是却在背后里使绊子, 用这些狡诈阴恶的手段去谋害人, 所以当时就有人称他叫"口有蜜, 腹有剑", 口头是甜蜜的话语, 肚子里却是刀剑要伤。当时跟他一起做宰相的好几位, 包括张九龄、裴耀卿、李适之等人, 都遭他排挤, 被罢了官。他为了专权, 又阻塞言路, 威胁朝臣, 谁都不敢向皇上进谏。他做的恶是不可枚举。

结果后来, 就有人揭发他, 历数他二十多条罪状。但是李林甫就编了一个莫须有的罪名把告他的人逮捕、杖杀, 把他活活打死了。这是心怀怨恨, 就这样心狠手辣。到了李林甫自己要死之前, 他就见到一个鬼物, 张牙舞爪, 全身是毛, 眼就像电一样, 非常凶恶, 来打李林甫, 没有几天李林甫就七窍流血而死。

李林甫生前还跟另一个奸臣杨国忠有过节。所以他死后，杨国忠就唆使安禄山诬告李林甫要谋反。唐玄宗就把李林甫生前的官爵全部削掉，没收了他的财产，把他的棺材打断，把他的尸体碎尸万段，他的儿女都被流配到远方，从此李林甫这家也就全部破落了。这就是"匿怨而用暗箭，祸延子孙"。所以，古德教我们不可以对任何人有怨恨，哪怕是他对我有怨恨，我也不能怨恨他，要化敌为友，化怨为亲。

这是从心上来讲，必须自己要化解对一切人、一切事、一切物的怨恨。别人对不起我了，绝不生怨恨，永远都以宽恕厚道待人，内心没有对立了，没有对一切人、一切事、一切物的矛盾冲突，那外面的世界也就能和谐了。

现在我们国家提倡构建和谐社会、和谐世界。要想外面和谐，首先自己内心要和谐。假如我们内心还有怨，怀在里头叫匿怨，那想想看，我们的世界能够和谐吗？所以真正圣贤君子，别人对我有怨，别人对不起我，我绝没有怨恨，绝不报复。做得最圆满的是舜王，大孝，你看他父母这样对他，几度三番要把他置于死地，可是舜王心中完全没有怨恨，还是这样对自己的父母尽孝，更不会有报复。孔子称舜为大德、圣德，真正做到了"亲憎我，孝方贤"，对父母如是，对人人都如是。把《弟子规》扩展到对一切人，人憎我，我也不报复，我还是对人爱敬，这个人不就是圣贤了吗？

第五十讲 礼敬谦让 和气平安

【家门和顺。虽饔飧不继。亦有余欢。】

这句话是教我们要以和为贵。家里能够和气平安,虽然衣食缺少了,也觉得快乐。"饔"(yōng)是指早饭,"飧"(sūn)是指晚饭;这是讲到衣食、物质条件,说明一个家里能不能得到欢乐,其实跟物质条件的优劣关系并不是很大,最重要的是是否和顺,所谓家和万事兴,以和为贵,和气生财。家里头父子、兄弟、夫妇,长幼内外,都能够和气,互相地恭顺,那么这个家里必定是没有怨恼。大家团结和睦,也就能够共建好的事业。

士选和家 阴骘高中

在《德育古鉴》里面讲到,过去有一个人叫张士选。他很小的时候父母就过世了,是跟他的叔叔在一起生活,叔叔对他如同是亲生儿子一样的关爱。他的叔叔有七个儿子,面对祖上留下来的产业,叔叔说:"我应该把产业分成两份,一份是我们家七个儿子的，另一份应该归你。"可是张士选要求把这个遗产分成八份，自己和叔叔的七个儿子，应该是八个人来分，自己只能拿一份。叔叔就不接受他的意见，可是经过张士选再三地请求，最后还是把家产分成了八份。

后来，张士选十七岁入京赶考，住在一个旅馆里，当时旅馆里住着二十几个考生，都是来应考的。有一个看相的人仔仔细细地把他们的相貌看了一遍，然后就指着张士选说："只有这个少年可以金榜题名。"大家听了都很不服气。看相的人就说："你们写文章好坏我不知道，但是我看到这个少年人满面都是阴德的气息，有阴骘纹长出来了。"结果揭榜之时，果然只有张士选一个人高中。

所以我们看到，张士选这种以和为贵，在家里面对自己的叔叔能够像父亲一样，对叔叔的七个儿子，如同自己的同胞兄弟一样，在分财产的时候，要求少分，这样的心，确实是难能可贵，所以阴德便在其中。他的叔叔也是一位难得的正人君子，对张士选并没有见外，把他视为自己亲生儿子一样养育；分财产的时候，却又把他视作自己兄长的后代。所以，这一家和顺，能够出金榜题名之士。

我们看到现代许多人，一到分财产的时候，往往是兄弟相争，父子反目。钱愈多、家里愈富有，那种亲情反而愈淡薄。往往我们看到，富足的人家、富贵的人家，和顺的少，反而不如贫苦家里的那种骨肉亲情之深，兄弟如手足一样的和睦。这是为什么？就是被一个利字给害了。人如果重利，必定是轻义。如果是为富，那就往往不仁了。这个为富是什么？把物质、钱财看成是主要的，所以他会为富而不是为仁，也必定是为富不仁。为仁就不富，为仁是什么？他想行仁道，和顺是指仁道，那他就不会把富裕当作他的目标，因而他也就不在乎钱财了。

所以，和顺是要家里的人都把利字放下，把心放到恩义、情义、道义上。张士选这一家，我们就看到，真正是以和为贵，家里和睦，就能够有贵气，子孙就能够高中，有功名。过去的功名，正如我们现在讲的学位，这家的子孙能够得到高学位，能够得到好的工作，能够有富贵。所以，富贵的基础就在于和顺。

《大学》里面讲："德者本也，财者末也。"有德之家就能和顺，和顺便能生财，而和顺的基础又在于孝悌，《孝经》里面告诉我们，孝能够使天下都和顺，上下都无怨，更何况是一家。所以，以孝治家，就家门和顺了。以孝治天下，就天下和顺，就是和谐世界。我们看到张士选一家，他的对叔叔如同对父亲一样孝顺，叔叔对他也如同对自己亲生儿子一样慈爱，父慈子孝。兄弟之间能够和睦，"兄弟睦，孝在中"，所以基础还在于孝悌。

章氏兄弟　仁爱有义

在《德育古鉴》里面我们又看到另外一个例子，讲昌化有一家姓章的，兄弟两个人都没有儿子。

于是这个哥哥就去抱养了同族的一个小孩当儿子，希望有香火延续。不久，这个哥哥也有了自己亲生的儿子，于是弟弟和弟媳妇就向哥哥请求说:"哥哥,您现在已经有了亲生儿子了,可不可以把您抱养的这个儿子送给我们?"哥哥把这话告诉了妻子,这妻子就说了:"我们没有儿子的时候,要抱养人家的儿子。自己有了儿子又抛弃了人家的儿子,别人会怎么样看待我们?这属于不义。况且新生子还不一定能够保得住。"所以还是保留这个抱养的孩子。可是弟弟就请求,因为想到哥哥这一家养两个儿子不容易,他要帮助哥哥抚养一个抱养的儿子。结果嫂嫂就说:"这样吧,为了不违背弟弟和弟媳的心愿,我们宁愿把亲生的儿子给你们。"这个弟媳当然说:"这不敢当。"嫂嫂就说了:"这个孩子固然是我生的,但是我们同族的儿子,不也如同儿子一样吗?怎么可以有分别?"我们看到这一家,兄弟之间、妯娌之间,能够这样地和敬,互相关怀,互相帮助。后来,这家的两个儿子又都为父辈生了两个孙子,而且全都考上进士,也就是出了六名进士,这才真正相信古人讲的,以和为贵。

从心上来讲,"和顺"是要从我心做起,不能要求别人。首先我要跟人和顺,不能要求别人跟我和顺。如果要求别人跟我和,往往不能和。你要求他跟你和,那他也要求你跟他和,两个人就对立起来了。应该怎样?我先要求自己跟他和,不管他是否对我和顺,我也要对他和顺,从我心做起。"境由心造",心能转境界,我的心能和顺了,那外面境界也一定和顺。以和顺之心待人,还怕不能把人转化为和顺吗?

少娣化嫂　千古佳话

在《德育古鉴》里面讲到，古时候有一个妇女叫苏少娣。

其实她娘家姓崔，她是嫁到苏家，做苏家最小的一个儿子的媳妇。苏家有兄弟五人，四个哥哥已经娶妻，等她嫁到这家来，是五媳妇了。当她出嫁的时候，她已经听闻，这苏家四房的媳妇常常争吵，而且她们都会听信奴婢的闲话。大概这个家也是比较大，所以闲言闲语，是是非非就不少，有时大家争得面红耳赤，甚至到了互相动刀子的地步。当少娣出嫁的时候，她娘家还挺担忧的，到这个不和顺的家庭里面，将来有危险怎么办？结果少娣就说了："如果是木头、石头、鸟、兽，我可能没有办法跟它相处，可是天底下哪有不能相处的人呢？"

少娣嫁到这家来之后，对四个嫂嫂非常恭敬，嫂嫂缺什么东西，她马上说："我有。"于是马上派奴婢送过去。如果婆婆叫嫂嫂们做事，大家都不情愿，少娣马上说："我是后来的，我应该做。"娘家如果有一些礼品送来，她一定先叫奴婢把礼品送到四个哥哥家里去。有些糖果之类的，一定是先分给四个哥哥的孩子。如果是嫂嫂互相传一些闲话、是非的言语，少娣总是笑而不答。当自己的奴婢回到家里，来讲嫂嫂对她不满的话，来告状，少娣就先把这奴婢打一顿，然后就自己到嫂嫂那边去道歉，说自己做得不好，请嫂嫂原谅。

有一次，她刚刚穿了一件锦缎的新衣服，抱着嫂嫂的儿子时，正好孩子撒尿了，嫂嫂一看，马上就要跑过去接。少娣说："不急，小心吓着孩子。"完全没有去可惜那件新衣服，这让嫂嫂非常感动。过了一年，那四个嫂嫂都互相说："哎呀，这五婶太贤惠了，我们跟她相比，简直就不是人了！"后来，这妯娌之间就能够和睦相处，再也没有互相抱怨，说闲话的了，这个家庭就变得非常和顺。

《迪吉录》上说到，家庭不和睦，常常是由于妇女。因为古时候妇女学习、读书的机会比较少，可能目光比较短浅，心量比较小。所以，嫁到这一家来，往往只认自己和丈夫是一家，而把公公、婆婆、伯叔、妯娌这些人都看成是外人，因而常常就会有隔阂、有对立。而自私自利，就会损人利己，容易结怨。如果做丈夫的没有广大的胸怀，没有见识，常常就会被妻子牵着鼻子走，甚至自己察觉不到，种种的这些不和的事情就会发生。譬如说，只把自己的儿子当儿子，不能把叔伯的儿子当儿子。如果兄弟贫穷，也不能够及时地帮助。在奉养父母方面，一味要求别人，兄弟一定要跟自己至少是均等，哪怕是自己家里富足，都不愿意多出一点。甚至如果是别人不肯出的话，自己也不愿意出。到安葬父母的时候，费用又要求兄弟之间平摊，如果不平摊，甚至可能会对父母留丧不葬，而分财产的时候，就非要尽量地多分一点。对于妯娌，往往会有毁谤中伤这类的家事，不和的这些事情不胜枚举。

要知道，其实家门和顺没有别的，只是人品多一些忠厚，互相之间多讲一分恩德，多讲一分礼敬，肚肠放宽一些，多一些忍耐,多一些谦让,那么和顺并不难得到。当我愿意跟人和好,而别人未必能够跟我和好的时候,我们一定要放宽心量,不要与他计较。要知道,我果然是以好意对人,别人迟早一定会知道。可能当时不知道,以后必定知道。纵然他本人不知道,旁边的眷属也都会知道。你真有德行,在这一家里面,大家就能够尊敬你、爱戴你。所以,真心真意地对待别人,像苏家的五媳妇少娣一样,时间久了,就能感动一家。

当我能够真心实意地待人而不期望别人来回报,往往会感动对方,不要怕别人不知道自己是真心的,时间会说明一切。如果怕自己做好事、待人好,别人不知道,那这种心也不是真心。《朱子治家格言》里就说,"善欲人见,不是真善",施与别人的恩惠,也不要常常念着,施惠毋念,受恩莫忘。以这种真心对人,怎么能不感动人? 少娣也说,没有不能够相处的人。其实说老实话,以真心对待一切境界,木石鸟兽都能受感动。我们没听说过"精诚所至,金石为开"吗? 连金石都能感动,何况是人心。当我们真正有这种和顺的心,与人一体的心,外面什么样的境界,原来不和顺的,肯定都变成和顺了。境由心造,境由心转。

第五十一讲　愿报国恩 乐交国税

【国课早完。即囊橐无余。自得至乐。】

"国课"就是国家的课税，税收。"囊橐（tuó）"就是口袋，钱袋子。这句话是说，尽快地把赋税上缴给国家，即使是自己口袋里所剩无余了，也自得其乐。

从事上来讲，这句是教我们绝不能够偷税漏税，不能欠国家、欠人民的。要知道，税收是国家的主要财政收入，是用来帮助全国人民兴建一些设施，造福于人民的；如果我们偷税漏税，不肯交足税或者不能及时缴税，这就是等于偷盗，犯了偷盗戒，盗用国家的财物，欠了国家的，等于全国人就是你的债主了。要知道，如果我欠某人的钱，那只有一个债主，这好还；假如我偷税漏税，就等于欠了一国人民的，像中国十四亿人口，我都欠了他们的，他们都是我们的债主，那怎么能还得起？因此，偷盗的这种心要把它革除干净。

革除盗心　诚实交税

我们要明白，上缴税收等于是支援国家，帮助国家做经济的建设、文化的建设，营造一个很好的环境，使你未来的收入更得到保证。我们不会因为多交点税就穷了，也不会因为偷税漏税而富了。古人教我们："命里有时终须有，命里无时莫强求。"命中该有多少财富，从出生八字就能看得出来，何苦要用这种非法手段去妄求？妄求所得的财富其实都是命中该有的财富，并不是分外多得到一点。可是，用非法的手段得到的这种分内本有的财富，就是亏欠了品德。所以古人讲，"君子乐得作君子，小人冤枉作小人"。君子绝不会偷税漏税，得到的是命中该有的财富，所以他"自得至乐"，他乐，是因为他对国家、人民没有愧意，但是小人反之，想尽方法去谋财、去偷税，其实得到的这些财富还是命中该有的，你不用这种手段，命里还是有，这不是冤枉吗？反而冤枉做了小人。

记得前几年，我在广州给爷爷奶奶买了一套房子，给他们养老用的。那时我还在昆士兰大学教书，用我的收入买了这个一厅三室的房子，请了一个保姆来照顾他们生活。后来爷爷奶奶喜欢回自己家乡住，于是他们就搬离了这个房子，这房子空锁了一年。我知道他们确实不再回来住了，于是就又把这房子卖掉。卖的时候，找了一个卖房的中介，我们签订委托合同的时候，他说："我们这里要卖房子，都可以私下跟买主约好，把这个房价写低一些,这样可以少交税。"说的这种态度,我就感觉到这是一种惯例了,大家好像都在这么做。但是我就跟他说:"我找的买主,要跟他先说明,我们卖房子要卖多少钱就报多少,绝不能够有偷税漏税的现象。"中介说:"这样子你就吃亏了,你很难找到买主的。"我说:"不怕,我就找那些老实的买主,吃亏就吃亏,多交点税给国家,让别人受益,自己吃点亏何妨?"结果后来还是很顺利地把房子卖掉,税一分钱没少交,心里坦然。我们卖房子还挺特别的,我是先把税收以现金的方式交了,然后买主才把房款支付给我们。这是什么?"国课早完","自得至乐"。

从心上来讲,这句话是告诉我们,要除尽偷心。偷盗的心不能留一点,就能够无愧于天地,才能有至乐。至乐是圆满的乐,是没有丝毫苦、没有丝毫后遗症的乐。世间人所谓的享乐是五欲之乐,得到财色名食睡这五欲,他觉得很乐。但是这种乐不能叫至乐,为什么?这种乐里头有苦,它有后遗症。贪欲之乐,当你得到欲望的满足时,你感觉好像乐,可是并不见得如此?我们讲"欲壑难填",欲望就好像大的深坑无底洞一样,填不满的。你愈填,贪欲愈增加,所以,乐终究还带着苦。譬如说你贪财,得到财富了,你觉得乐,乐那么一下子,马上你就觉得:别人比我的财富更多,你就马上觉得很苦,又想贪更多的财。

戒除私欲 人生真乐

贪色也是如此。我们前面说到,贪欲之人,往往都会得到自身疾病早夭的果报，断子绝孙的果报，葬送功名富贵的果报，妻女不贞的果报，这些都是苦。贪图一时之乐，后头就是苦，那哪是至乐？真正至乐是什么？从本性当中流露出来的那个乐趣。本性是本善的，"人之初，性本善"。能够跟本善相应了，你就得到本性中的至乐。这种乐是从里头往外流出来的，性德的流露，不是外面刺激得来的。五欲之乐是外面刺激得来的，刺激一下好像就振作一下，就像吸毒打吗啡一样，毒瘾来了，非得吸毒，不吸就苦，吸了之后，飘飘然就觉得好像乐了，后头就更苦。

所以这里讲到的乐是为善之乐。孟子说过："君子有三乐，而王天下不与存焉。"除了以德服天下之外，君子的乐有三种，哪三种？"父母俱存，兄弟无故，一乐也。仰不愧于天，俯不怍于人，二乐也。得天下英才而教育之，三乐也。"

"父母俱存，兄弟无故"，这是讲到家人平安，健康长寿，家门和顺，就是前面讲到的"家门和顺"，"亦有余欢"，这就是"一乐也"。

第二，"仰不愧于天，俯不怍于人"，仰望天空对上天没有任何愧意，为什么？没做亏心事，无愧于天；低头，"俯不怍于人"，这个怍是跟愧是一样的意思，无愧于人，这是君子的第二个乐。这里讲到的"国课早完"，没有偷税漏税，这是心地坦荡光明，没有做亏心事，无愧于国家人民，也无愧于自己，这个是君子至乐。

"得天下英才而教育之"，这是教导人。自己学习圣贤之道，有缘分的学生跟着我们学习，因为自己不求名，不求利，只求做圣贤，就自然有同类的人跟你学习，而且来求学的人都是像你一样立志学习圣道的英才，这是君子第三乐。也就是后面讲到的"读书志在圣贤，非徒科第"。

五十句，五十一句，五十二句，连着的这三句跟孟子所说的君子三乐相对应。而这三乐当中，朱熹夫子在批注里面讲，一个是对天的，一个是对人的，一个是对自己的。家庭和顺还有对天无愧，这是对天；得天下英才而教育之，这是对人；而自己是不做亏心事，无愧于人，这是讲自己所得到的乐趣。

因此，把偷盗的心舍掉了，那我们就得到真正的大乐。其实本性中本来就具足了大乐，往往就是因为我们有那些不必要的烦恼，贪嗔痴，把我们本性中的大乐给阻塞了。像一眼泉水，你把它堵住了，它涌不出来了。要得到至乐，把阻塞物除去就行了。那阻塞物包括哪些？杀、盗、淫、妄，这些都属于阻塞物。杀心，盗心，淫心，妄心，把这些念头都去除掉了，本性就能显发出来，至乐就自然流露。

第五十二讲　学贵立志 志在圣贤

【读书志在圣贤。非徒科第。】

这里就教导我们，要读圣贤书。读书的目的是志在圣贤，效法圣贤，学得跟圣贤一样，不只是为了科举及第。所以这是教我们，学贵立志。

学而不志　苦而无成

在事上来讲，立志很重要。志要是没立起来，读书就得不到真正的受用。朱熹夫子曾经说过："书不记，熟读可记。"我们对于这些经书里头的文句要是记不下来，多读就能记了。"义不精，细思可精"，如果对于经典里头的意思搞不明白，你去细细地琢磨，多方请教，也能够把它搞明白。"惟有志不立"，就没有"着力处"了。所以读书最重要的是立志，这样功夫才能下得踏实，你的学问才叫实学。那读书的志向是什么？不是为了考取功名，将来做官，或者是现在不一定做官，而是经商，想要成名，这都是为自己打算。这里朱柏庐先生就教导我们，读书不要做贵人，应该要做好人。他告诉我们，"读书志在圣贤"，不为科第，不为功名，这样的学习才会有快乐。

在《论语》"学而第一"里，第一句夫子就讲："学而时习之，不亦说乎？"这个"说"通"悦"，是喜悦，至乐。学习为什么会有快乐？因为他立了志，志愿学习做圣贤，学一点做一点，依教奉行，做一点就证明一点。证明什么？圣贤说的没错。所谓信、解、行、证。对于圣贤教诲，我们信、我们解，能相信、能理解，然后去力行，力行了之后，证明圣贤所说的是真实不虚。自己相信的，自己理解的，确实是这样，自己得到受用，这个受用就是不亦悦乎，喜悦，所以读书乐。

现在人觉得读书很苦，体会不到这种读书乐。你看现在的小学生上学，背着大书包，里头放着好多好多书，一脸愁容，他哪里能体会到读书乐？为什么他体会不到读书乐？首先他没立志，读书干什么？父母叫他读，他只好读，不得已。那父母有没有立志？要培养孩子做什么？父母也没立志。父母的志向可能是让孩子将来得到功名富贵，这个理念传给孩子了，那么孩子也就为了功名富贵而读书。所以读书，互相之间攀比，造成很大的心理压力，追求分数，这样读书就很苦。不知道读书的根本是什么，说老实话，他们读的书，也不见得是真正圣贤书。可能有一点点圣贤教诲的内容，但是主要的内容还是这种科技、知识的传递，是填鸭式的教育。

另外，读的科目也特别多。最近有一位小学老师来告诉我，他教小学一年级，说一年级的学生，书包里就要放14本书。我听了，眼睛都瞪大了，孩子们真苦，真可怜。而且，除了这些书以外，还要学很多的技艺，什么钢琴、舞蹈、计算机，等等。而且样样都要比赛，参加什么音乐比赛、舞蹈比赛、体育比赛，这个赛那个赛，都是比名比利，因此就苦了。所以，我们看到"读书志在圣贤，非图科第"，不是图名图利的，那才叫真正的读书乐。

用心不善 失掉功名

在《德育古鉴》里面讲到古时候一个读书人，叫李生，他是福建人，很喜欢读书作文，文笔也很好。有一次他去赶考，住在一家旅店。结果头一天晚上，店主就梦到土地神，说："明天有一位李秀才要来，他是科甲人才，要登举人的，你要好生接待。"果然，李生第二天就来了。店主一看到他来了，当然十分热情周到。李生还觉得不好意思，就问："你为什么对我这么热情？"店主就把这个梦告诉他，李生听了之后就很欢喜，他晚上就想，我考了功名，将来要做官，做官了之后，我就要换一个老婆，现在娶的这个老婆，不配做夫人，要换掉。李生离开这个店后，店主又梦到土地神，告诉他："李生用心不善，功名还没到手，就想抛弃自己的妻子，已经失去科举功名的机会了。"结果，李生果然落榜归来，又住到这个旅店。店主又把第二个梦告诉他，李生大惊失色，又愧又恨，只好回家去了。

由此看来，读书如果不是志在圣贤，而是为了考科第做大官，将来有名有利，能够骄奢淫逸，这种心态，那是人神共怒的，天地谴责，那功名自然就丢掉了。为什么？德没有了，福也就没有了。这是这个李生没有立志，这个志向偏了，所以得到这种果报。

十五有志　终成大圣

这从事上来讲，是教我们立志，立志做圣贤。从心上来讲，当然要有圣贤人的存心。圣贤人的存心是什么？在《礼记·礼运》篇里面讲到："大道之行也，天下为公。选贤与能，讲信修睦。故人不独亲其亲，不独子其子。使老有所终，壮有所用，幼有所长，鳏寡孤独废疾者皆有所养。"圣贤的志向在于，推行大道于天下。这个大道是什么？"天下为公"，也就是大同世界，现在国家领导人提倡的"和谐世界"：贤能的人都能够被选拔任用，在社会上大家都能够"讲信修睦"，讲求信义，能够修和睦、和谐。人人都是公心，而没有私心，所以"不独亲其亲，不独子其子"。这"亲其亲"的第一个"亲"是动词，敬爱的意思；第二个"亲"是名词，是我们的父母。不仅是只敬爱自己的父母，而是把孝敬的心扩展，对全天下人，都如同对自己父母一样去孝敬。"不独子其子"就是不仅对自己的儿女慈爱，也用同样的慈爱之心对待天下一切的儿女。能令"老有所终，壮有所用，幼有所长"，各得其所。包括那些鳏寡孤独的人，那些我们说的残疾、失业的人，不幸的人，都能有所养。这真的是天下人和乐融融，这是圣贤人的志向。圣贤人的事业就是为实现这种大道而努力。

孔子十五有志于学,他十五岁就立志向了。立了志向做什么?首先要学,要读圣贤书,学做圣贤。只有圣贤人才能真正推行圣贤之道,才能够做圣贤的事业。圣贤的事业是什么?《礼记·学记》里面讲到:"建国君民,教学为先。"现在我们讲和谐社会、和谐世界,如何才能得到和谐?首先要众人内心得到和谐,那才有社会的和谐。所以,和谐世界,从心开始,关键就在于转化人心,转恶为善,转私为公,把私心变成公心,转迷为悟。迷惑颠倒才会有自私自利,真正觉悟的人必定是大公无私。最后是转凡成圣,把所有的人都转化为圣人了,那么圣贤的事业就圆满了。那怎么转?转是转这颗心,所以一定要用教学,启发人觉悟,这才能转化人心,所以"教学为先"。读书,果然以这样的志向为志向,那一定会学有所成。《大学》里面讲:"心诚求之,虽不中,不远矣。"我们的内心很真诚地希望推行圣贤之道,而从事圣贤教育的工作,这样去求,为了这种理想志向来奋斗。"虽不中",即使可能未必达到,但是"不远矣",也就不算远了。

郑玄有节 风范可嘉

在东汉时代有一位大儒叫郑玄,郑康成。郑公自少年时代就一心向学,确立了学习圣贤经典的志向。他也有志于学,终日就埋在书卷里头,孜孜以求。他不尚虚荣,天性务实,有真实的学问。

郑公拜当时的大儒马融做老师,马融教学有一个特点,他喜欢边教课,边安排一些女孩子在幕后唱歌,一边听歌,享受歌舞,一边教学。所以马融会下的学生要好好地学习,那必须要专注力很强,不受那些歌舞音乐的影响。这么多学生里面,只有郑康成一个人,学了这么多年,从来没有一次去偷看幕后的那些女孩子,专心致志,全神贯注地来学习。所以他的学问连他的老师马融都自叹不如。这是什么?因为他真正立了志向,就不会受外面的境界诱惑干扰。换句话来讲,如果还受外面境界诱惑,还会动心,证明志向立得不够坚实。

郑康成先后游学十几年,走遍了全国各地,真是"读万卷书,行万里路",成为当时全国著名的经学大师。他的著述也很丰富,弟子非常多,当时也是享有盛名。朝廷对郑康成的大名早有所闻,所以就聘请他来担任要职。可是郑公并不求功名,对当官没有兴趣。他真正了解,"建国君民,教学为先"。郑玄宁愿做一个教师,他教学真正是学而不厌,诲人不倦。一生就一心一意地从事著书讲学的工作。朝廷多次邀请他出来为官,他每次都是婉言拒绝。

有一次,在朝廷掌权的一位外戚大将军何进,他为了笼络人心,想招聘郑康成入朝做官,显出他礼贤下士的这种风范,这是有所图的。结果郑玄拒绝了,后来官吏强行威逼他,郑公不得已,只好入朝去见何进。何进对郑公是礼敬有加,以上宾之礼来接待他。可是郑公保持他的名士节操,入朝没有穿朝服,他不愿做朝中的官员,只是穿普通儒者的便服跟何进相见。只在何进那里过了一夜,没等朝廷下诏给他官职,他就溜走了,终身不仕。

我们看到,郑玄真正是读书志在圣贤,不是志在功名富贵。

他对儒家经典的批注, 成为历史上最权威的批注之一。宋代把他对《诗》、《礼》所做的注本都列入《十三经注疏》当中, 真正为振兴儒学传统的文化做了重要的贡献, 他的福荫泽被后世。

舍弃名位 志做圣贤

当我们学习传统文化这个志向立了之后, 对于人生的选择也就明确了。记得在几年前, 我们跟随恩师从美国到了澳洲, 那是舍掉了美国的绿卡, 舍掉了美国大学的教职, 到了澳洲, 在昆士兰大学任教。也很幸运, 学校因为我连年都在学术刊物上, 重要的刊物上刊登论文; 同时又常常获奖, 在国际上, 在学校里面获奖, 还担任大学的国家科研项目, 所以两年之后, 昆士兰大学就给我终身教职, 并且第二年, 即2006年, 就准备升我做教授。当时国内也有知名的大学以高薪、优厚的待遇来聘请我做主席教授。此时此刻, 我跟母亲就在思考 (因为家里就我们俩人), 将来是在澳洲工作好, 还是回到国内来工作? 于是我们就请教恩师。

有一天随恩师一起在散步, 母亲代我请教, 就问恩师:"在澳洲工作好, 还是在中国工作好?"结果恩师回答我们的是:"要做圣贤。"这话让我母亲还一愣, 乍听起来似乎答非所问, 我们明明问在哪里好, 怎么是"要做圣贤"? 似乎充满了禅机, 一下子把我们原来的思维给打断, 把心中的疑情震开了。我们一思考, 真的, 学习圣贤之道, 跟恩师学习这么久了, 志向还没明确。恩师的话是帮我们立起志向, 志在圣贤。过去孔子15岁就立志了, 时值2006年,我是33岁了,志向还未明确,惭愧!还是为自己打算。要想想,圣贤的事业是推行圣贤的大道,要靠教学,而今对社会最有利益的就是推行圣贤教育。那我作为大学的一名金融教授,自己想想,社会是更需要一名金融教授,还是需要圣贤教育的师资?于是我们就决定了,我跟我母亲商量好,放弃金融教授的职位,辞职来从事圣贤教育的工作。

《孝经》上讲:"立身行道,扬名于后世,以显父母,孝之终也。"孝道到终极,大孝、至孝,是自己要做圣贤,立身行道,推行圣贤教育,这样才能让父母荣显。所以我母亲在给我的一个生日贺卡里说到(当时我已经得到了终身教职),母亲告诉我说:"茂森儿,做母亲的希望你更上一层楼,希望儿子做君子,做圣贤。你能满我的愿吗?"于是我们用行动做出了回答。

辞职以后,我跟母亲一起去恩师门下拜师,恩师非常地欢喜,接受了我这个学生,于是我从教授的职位上下来,重新做一名学生,开始学习中华传统儒、释、道的文化,边学边力行,也觉得非常快乐。虽然没有了名位,也没有了薪水,过去在澳洲有房有车,都舍掉了,但是心境比以前更欢喜。孔老夫子说:"学而时习之,不亦说乎。"颜回那种"箪食"、"瓢饮"、"居陋巷","不改其乐",我们也浅尝到一点了。

母亲鼓励我说:"能孝敬自己的父母是小孝;能孝敬天下的父母,全心全意为人民服务,是大孝;能成就圣贤,普利众生,使千秋万代人获益无穷,是至孝;我支持儿子走上大孝,奔向至孝。"在母亲这种高尚德行的感召下,以及她这种真心的鼓励下,我们无怨无悔地走上这条路。我跟母亲又重新回到了国内,她还有退休金,生活也能过得去;我每天就在摄影棚里面,练习讲解传统文化的经典。

我在2006年9月拜师之后,给母亲写了一首诗为她祝寿,这首诗是《感恩慈母颂》,为她祝贺六十大寿。这个《感恩颂》是这样写到:"春秋六秩转瞬间,育儿辛苦三十年。昔有孟母勤策励,而今家慈不让贤。不恋高薪教授衔,唯希独子德比天。从来豪圣本无种,但以诚明度世间。"读书志在圣贤,不是求名求利,求高薪水,得到高名位。只要放下这种贪求,把私心放下了,转私心为公心,其实,人皆可以为圣贤。孟子说的,"人皆可以为尧舜","尧舜之道,孝悌而已","圣贤之道,惟诚与明"而已。"诚"是真诚,"明"就是智慧,用真诚的爱心,用智慧来从事圣贤教育的工作,这不正是孔老夫子、郑康成、古今圣贤所从事的事业吗?真正要去进入这种角色,真干、真放下,我们才能够真正体会到读书之乐,学习圣贤之道之乐。

第五十三讲　苟利国家 何计己身

【为官心存君国。岂计身家。】

这句话是说，做一个官吏，要有忠君爱国的思想，怎么可以考虑自己身家的幸福安乐？这是讲到忠，忠君爱国。

从事上来讲，这是对国家、对人民尽忠。现在我们国家领导人胡主席提的社会主义荣辱观，八荣八耻，头两条就是尽忠。"以热爱祖国为荣，以危害祖国为耻。以服务人民为荣，以背离人民为耻"，这就是讲到忠君爱国。过去是君主时代，君就代表着国家；现在是民主的时代了，人民当家做主，所以君在现在来讲，应该解释为民了，爱国爱民。

德服蛮夷　感化物类

在南北朝时期，有一位忠臣叫孙谦，他是东莞人氏。他17岁那年在豫州刺史会下做左军行参军，帮助刺史处理事务，就表现出这种治理的才能。后来他出任一方县令，清廉谨慎，当地的这些百姓都把他奉若神明。因为他真是忠于职守，爱民如子，刘宋宋明帝把他升任为明威将军，做巴东与建平二郡的太守。这两个郡是当时的长江三峡地区，那里住的都是蛮、獠这些所谓蛮夷不化的少数民族。当时地方官一直是用武力去镇压他们，孙谦上任之后，宋明帝还特别命令他招募一千人为兵去镇压，怕这些蛮、獠不服从命令，可是孙谦却说："蛮獠不服从命令，是由于对待他们失去节制。不必麻烦征兵，这样耗费国家的资财。"他要用德去感化他们。到了任上，他就广施恩惠，推行教化，使这些少数民族的人民都十分感动，争相献上黄金珍宝给他。孙谦对他们都加以抚慰劝谕，让他们回家安居乐业，对于所献的东西一件也没有接受。甚至原来抓起来的那些蛮人，孙谦也把他们释放回家，结果这里的百姓都非常安定，从此孙谦威信大增。

后来他历任各种官职，为朝廷做出很多的贡献。每次在一个地方任职之后，要离职了，百姓都会给他送很多的礼物，感谢他的恩德，可是他从来都不接受。甚至做了很大的官，都没有自己的房屋，所谓的私宅，每到一处，都是借官府空着的车棚来居住，可见他非常清廉。

相传他任零陵太守的时候，零陵郡当时有很多猛兽，这些虎豹还会伤人，而孙谦到了那个地方，那些虎豹猛兽一个都没有了，等到孙谦离开这个地方之后，那些虎豹又重新出来害人了。可见得，连虎豹都被他这种德行所征服。

还有人见到他晚上从来都不用蚊帐，因为他居官非常简朴，冬天只用这些布做的被子，睡的是一般的粗席，夏天也没有蚊帐，但是竟然发现晚上睡觉从来没有蚊虫去骚扰他，这是他德行的招感。

孙谦一直到90岁，身体都非常强壮，像50多岁的人一样，每次出行他都比别人走得快。他是92岁死在任上，真正是为朝廷"鞠躬尽瘁，死而后已"。当时，梁武帝亲自为孙谦举哀，十分地惋惜悲痛。

所以我们看到，一个真正心存君国的官员，他的德行不仅感动世人，也真正感动万物，而自己也得到高寿，得到全国上下的尊敬爱戴。做官最怕的是有私心，最忌的是要钱。所以曾国藩先生说，"居官以不要钱为本"，真正忠诚清廉的官，就是最好的官。当然，这需要整个家庭的配合。古人讲"忠臣出孝子之门"，一个家庭有良好的家风，就能培育出忠臣孝子。但是对于我们自身而言，要立志做圣贤、做孝子、做忠臣。

孝子辞官 正气守义

有时候表面上看可能是忠孝不能两全。譬如说，如果我们为官心存君国，爱国爱民，但是可能没有考虑到身家了，那对家里父母要尽孝和对国家人民尽忠，这忠孝不能两全，又如何呢？这里我给大家报告一个真实的故事。这是2008年2月3日在辽宁青年网站上面的一个报道，《孝子辞官记》。

这是讲到湖北有一个孝子，许某。他出生在一个普通的干部家庭。父亲早年过世，他一直跟母亲相依为命，很不容易，母亲

将他拉扯大。许某大学毕业之后，分到政府机关做文秘。许某对
母亲非常孝顺，可以说是百依百顺，挣得的钱都给母亲，在同事
眼里，他是大孝子。后来许某结了婚生了孩子，也是妻贤儿孝，一
家人都非常美满和睦。许某做事情也很认真负责，忠于职守，深
得领导的器重，很快就当上了行政主管机关的局长。当上局长之
后，有权了，自然求情的人就多了，可是他从来都没有收受过别人
的贿赂，从来也没有徇私受贿，都是秉公来处理一切事情。

有一次，局里有个干部因为上班时间打麻将，被公安机关抓
了，按照纪律，许某就决定给予他适当的处分，没想到，他的母
亲就把他狠狠地责备了一顿，要他高抬贵手，放过这个干部，而
许某因为一向对母亲都是百依百顺，那这次也只好违心地从轻
处理。后来又有一个新分来的女大学生，她很想到这个机关工
作，不想到基层。许某本来没有答应，可是这个人就找他母亲来
求情，所以母亲就求他要通融一下。许某就说："这种事情是工作
上的事情，你不要管了。"可是他母亲大概是比较执著的人，说：
"你要这样铁面无私，那我的面子往哪里搁？"把许某也臭骂了
一顿，结果这个孝子心也就软了。

后来偶然的一次，他的妻子突然对他说："我怀疑咱妈帮别
人说情是不是收了别人的钱。"许某一听很震动，于是就找到这
个刚分配来的女大学生，问她说："你老实告诉我，你家有没有
给我母亲送钱？"在这种追问之下，这个女大学生只好承认说：
"我爸给你母亲送了三万元。"这是什么？受贿。许某立即把自己
家里的存款取出三万元还给她。然后他跟母亲说明："以后你不

能再干涉我的工作了。"但是他母亲却哭着在那里责备他说："我一生守寡就为了你。现在你有出息了，就不把我当娘看了，我弄一点钱不就是为了孙子吗？"母子之间就产生了意见的分歧，生平以来，许某第一次跟他母亲吵架。

后来，在又一次人事的调整当中，他母亲又替一个基层干部说情，当然也是收了他的贿赂。这一次许某就不答应了，结果闹得非常僵，最后他母亲含着泪把他臭骂一顿就离家出走了。好久之后才获悉母亲去了舅舅家，而且扬言，如果许某不听从她的建议，她就不回来。这下母子俩的关系陷入了僵局。许某真是进退两难，一个是要尽孝，一个是要尽忠，忠孝如何两全？最后经过再三考虑，他就向领导递了辞职函，申请辞掉自己的工作，因为他没有办法处理这种两难的状况。

辞职以后，他就去跑到他母亲面前跪着跟他母亲承认错误，由于他的真诚，使他母亲也感动了，大概母亲离开这段时间也是有点受良心的责备，也后悔了，知道自己错了，最后母子也和好了。

许某这位难得的孝子，在这样的一种两难的处境当中，选择辞掉自己的官职，这样对于国家也不会带来不好的麻烦。因为徇私枉法、贪污受贿这是一个官员不应该有的行为。辞掉官职，就不会身陷不义了，也不会使母亲陷于不义了，这也是孝道的一种表现。

《孝经》上，曾子曾经向夫子请教："敢问子从父之令，可谓孝乎？"曾子问孔老夫子，如果是儿女一味听从父母的号令，这属不属于孝？子曰："是何言与！是何言与！"这是什么话？两次说"这是什么话"，当然夫子是非常反对，不能愚孝。

他讲："昔者天子有争臣七人，虽无道，不失其天下。"过去天子，做皇帝的，有七个能够谏净的大臣，看到天子有过失，马上提出批评，帮助天子改过，那天子即使是无道也不失天下。

"诸侯有争臣五人，虽无道，不失其国"，一个诸侯国国君，能够有五位这样地敢于劝谏的臣子，即使自己无道也不会失国。

"大夫有争臣三人，虽无道，不失其家"，大夫管一个家，在自己的家里，能够有三个这样的净臣，即使他也是无道，没有智慧，也不至于破家。

"士有争友，则身不离于令名"，一个士人，就是读圣贤书的人，有一个朋友敢于劝谏他，敢于指出他的过失，他的声名就不至于有损，令名就是美名，不会损害美名。

"父有争子，则身不陷于不义"，父母身旁有敢于劝谏的儿女，帮助父母改过，那么父母也不至于陷于不义，如果让父母陷于不义，这就是不孝了。

所以夫子讲："故当不义，则子不可以不争于父，臣不可以不争于君。故当不义则争之。"当父母有不义的时候，想错了，做错了，做儿女的有义务帮助父母改过。即使改不了，像许某一样，没办法改变他母亲，也要用一种善巧的方式，不能够让自己和母亲陷于不义的局面。

那做臣子的，对待领导，见到领导有不义之行为，也应该敢于劝谏，而不能够随便附和，这样，自己和领导都陷于不义了。所以，当不义的时候，要净之，净就是劝谏，坚持正义，这是忠心、孝心。

第五十四讲　乐天知命　随缘行善

【守分安命。顺时听天。】

这是教导我们，要守住本分，努力地工作生活，上天自会有安排，我们要听命于天。

从事上来讲，这是教我们"敦伦尽分，闲邪存诚"。"守分"就是尽自己的本分，"敦伦"就是在五伦关系里面我们尽自己的义务，"闲邪存诚"就是防止邪念，内心要真诚。

魏溥贤妻　苦志守节

在北魏时期，有一个官员叫作魏溥，他的妻子姓房，房氏。

当魏溥重病的时候，他对妻子说："我死不值得遗憾，可是就忧虑你太年轻了，不能让你终身守寡。我的母亲现在年老了，而且贫穷，儿子又太小，没有依靠，你还是另嫁他人吧。"结果房氏就哭着说："我遵照先贤的遗训，服侍夫君，是期望我们夫妻白头偕老，今天既然如此，这是命中注定。婆婆还在堂，儿子又在褓襁之中，我怎么能因为自己年少就弃老别幼远嫁他人，这不是陷我于不义吗？"后来魏溥死了以后，要入殓的时候，房氏把自己左耳割下来，投到棺材里头，对她先生的遗体说："以后我们黄泉再会！"结果她婆婆一边哭一边对她说："你何必要这样？"房氏说："这是要表白我的决心。"从此房氏就对她婆婆尽心尽力奉养，而且自己足不出户，终身不听音乐，不赴宴席，就在家里奉养婆婆，教导儿子。后来朝廷知道了她这种苦志守节的德行，特别下诏封房氏为诰命夫人。这是什么？难得的就是她有这种"守分安命，顺时听天"的心。即使是有不幸，也绝对没有逃避，另求新安的这种心理。

所以，从心上讲，这句是教导我们要乐天知命，懂得随缘行善。《名贤集》里有一句话说"但行好事，莫问前程"，这就是守分听天的心理。古人讲，"谋事在人，成事在天"，能不能够实现，这是天命。而我们只是勤勤恳恳，认认真真地去尽到我们的义务，这就对得起天，对得起自己了。

第五十五讲　如此修学 近乎圣贤

【为人若此。庶乎近焉。】

这句是总结，如果像以上这五十三条格言当中所说的那个道理去做人，那么"庶乎近焉"，那就差不多靠近圣贤了，这个"近"是近于圣贤了。

人性本善　尧舜驯致

孟夫子说，"人皆可以为尧舜"，是说人人都可以做圣贤。每个人都有圣贤的本性，圣贤就是把本性恢复了。"人之初，性本善"，他把本善彰显出来了。凡人就是没有把自己的本善恢复，不能回归本性。那如何回归本性，彰显本善？就必须要修养德行，儒家讲的修身。怎么修身？此篇《朱子治家格言》里面所说的，就是修身的道理。虽然人人都有圣贤的本性，所以人人都能做圣贤，但是我们必须要修德才能够成圣，所谓"修德有功，性德方显"。我们不去修，没有把那些障碍本性的东西去除掉，那我们何以能够恢复本性？

这篇治家格言虽然是讲治家的道理，可是条条都是修身，都是德行，我们要时时去检点对照，看看能不能够符合这篇格言中所说的教诲，能不能够去落实。果能够时时与这个格言相应，处处不忘成圣成贤的志向，那真的你"庶乎近焉"，成圣成贤就很接近了。"若诚求之，虽不中，不远矣"。这里说的近于圣贤，要近的程度，靠近多少？全靠你自己修德功夫的浅深。

如果你全部百分之百做到，那就恭喜你，你成圣成贤了。为什么？因为圣贤本来就若此。你为人若此，就跟朱子教诲所说的一模一样，那你当然就成圣成贤了。《弟子规》到最后也是这样鼓励我们："勿自暴，勿自弃；圣与贤，可驯致。"所以，我们不能自暴自弃，自甘堕落，作圣作贤是可以通过不断地修身而得到的。

结　语

　　《朱子治家格言》到这里就学习圆满了，我们总共是用了20个小时，其实说得还并不是很深入。如果要细说，那真的，它是涵盖了整个圣贤之道。

　　我们学习的目的，是为了真实受益，成就我们的学业、事业、家业乃至道业，成就我们人生的幸福。真正的学习，重在力行，所谓"好学近乎智，力行近乎仁"，唯有"学而时习"，才能够落实圣贤教诲，才能够有学圣希贤的乐趣和法味，也才能够真正做到解行相应，知行合一，走入圣贤之域。

　　感恩大家能够在此共修共学，在整个的讲习过程中，肯定会有不妥之处，请大家多多批评指正。

　　谢谢大家！

后　记

中华民族历来以重视家风、家教闻名于世，这也是我们的文化源远流长的根本原因。中国人的家庭教育智慧，是中华优秀传统文化中最珍贵的部分之一。从古至今，已经发现的家训有几百篇，以《朱子治家格言》最受推崇。

本文篇幅短小，虽五百余字，却字字珠玑，仅文辞赋丽之妙，亦是难得之作，涉及内容，涵盖小学、大学，可谓道尽了天下事。

交友择偶，田舍嫁娶，伦常物用，妻妾奴仆，慈心爱物，戒淫立志，应对进退，读书科第，衣食住行等等无所不包。我辈读之，将会人情练达，世事洞明，仁者得仁，智者得智，意味深邃。朱柏庐夫子若非涵养功深，学问得力，断无此功夫，无怪乎三百年来，脍炙人口，广为传颂。

《朱子治家格言》也称《朱子家训》，所谓家训就是治家不可改变的原则，明确家族弟子的生活规范，没有委曲道理，须直下力行。《朱子家训》融合古圣先贤学养精髓，以"修身齐家"为宗旨，积淀儒家做人处世方法之大成，不仅是治家训诫篇，更是治国平天下，和谐世界之和睦篇，我辈于当今之世学之，意义更是深远。

《朱子治家格言》通篇都是伦理道德乃至因果教育。当今家庭，要重新提倡中华先祖之道统，唯有重视家训的学习力行，才能真正恢复优秀的家教，培养圣贤人才。现在我们讲和谐社会、和谐世界，如何才能得到和谐？首先要人的内心和谐、家庭和睦，有了二者做基础，社会和谐也就不再遥远了。

过而能改 善莫大焉

"人不学，不知道；人不学，不知义"，观照自己从前的生活，私用公家水电，习以为常，乃至支持朋友"合理避税"，现在才知"从心上讲"都是偷心、盗心，读到《格言》中"国课早完"、"自得至乐"，倍觉汗颜。

博士告诉我们，税收是国家财政支撑，兴建设施、造福人民，有赖于斯，若人人偷税漏税，国何以堪？"皮之不存，毛将焉附？"没有国，哪里有家？哪有我们个体安然的生存？

博士循循善诱，便宜贪到了吗？"君子乐得作君子"，君子不会偷税漏税，因为明白财富是命定的，用尽手段得到的财富，还是命中该有的，所以只有小人才"冤枉作小人"。所谓"命里有时终须有，命里无时莫强求"。况且偷税漏税等于盗用国家的财物，全中国十四亿人口，都是我们的债主，那怎么能还得起？

读来真是战兢惕厉，缘何早不知乎？孔夫子云："朝闻道，夕死可矣。"改过不为迟，有道是"过而能改，善莫大焉"。

居身勤俭 格物致知

本文开篇："黎明即起，洒扫庭除，要内外整洁；既昏便息，关锁门户，必亲自检点。"

曾国藩先生也写过"家败离不开一个奢字，人败离不开一个逸字，讨人厌离不开一个骄字"。历代圣贤都有教诲后人戒除"骄奢淫逸"的文字。

所以《朱子治家格言》开篇就讲要早起。曾国藩说："勤字工夫，第一贵早起，第二贵有恒。"勤字的工夫，第一个讲的就是早起，所谓"三更灯火五更鸡，正是男儿读书时"。真正有志气的人，第一珍惜时间；第二持之以恒。博士讲到早起，感恩母亲给他做了很好的榜样，母亲一生都是早起。因为姥姥就有早起的习惯，母亲自然从姥姥那里承继下来，传给了博士。志贵有恒，博士早起这个习惯已经家传了几代，可谓有恒矣。"一斑而见全豹"，一切德行都是自强不息，慢慢积累涵养终至功成，这是修身治家的根本。

博士又直指心地：勤劳，这是一种恭敬的心态，《礼记》首篇《曲礼》，第一句话就说："毋不敬。"这是强调恭敬，古德也说："一分诚敬，得一分利益；十分诚敬，得十分利益。"真正的成就，都是从恭敬心中得来的。

"要内外整洁"，内是讲心地，外是讲环境，所谓"心净则国土净"。心是清净的，家居环境也能够非常地清洁整齐，因为心境一如不二。

《大学》讲, 治国平天下在修身, 修身在正其心。心正了, 身正, 家也正, 整个国家天下也正, 心和身、家、国、天下不二, 一正一切正, 一净就一切净。所以人所生活的环境, 是由自心的善恶决定的。"如响应声, 如影随形", 因果报应, 丝毫不爽。

故而"要内外整洁", 要修身为本, 从内心中每一个念头去细致地检点, 为别人的就是善, 为自己就是恶的, 这是内整洁; 随着清净和谐仁爱的念头, 周围的磁场慢慢就扩展, 而使得整个外部世界都和谐了, 这是外整洁, 也必定能够影响家、国、天下。

"内外整洁"的深义无穷尽, 其实没有内外, 内和外是一不是二, 这是和谐世界的大道理!

家居要防盗, 怕的是谋财害命, 可是人多不知"关锁门户"之深意, 人若心上没有门户, 于五欲六尘, 不能够防心离过, 贪心、嗔心、慢心, 种种不善的恶念起来, 很容易迷失, 所以"必亲自检点"。曾子所谓的"吾日三省吾身", 以保持"内外整洁", "苟日新, 日日新, 又日新"。

"既昏便息, 关锁门户, 必亲自检点", 也有极深广的意思, 真正学人要细细涵泳体会, 名、闻、利、养, 财色名食睡五种欲望, 哪一种欲望不能"关锁门户, 亲自检点", 亦必有后患矣。

社会发展, 物质日益丰富, 奢靡之风日盛, 朱柏庐夫子多次教诫勤俭, "一粥一饭, 当思来处不易; 半丝半缕, 恒念物力维艰", "自奉必须俭约, 宴客切勿留连", "器具质而洁, 瓦缶胜金玉; 饮食约而精, 园蔬愈珍馐", "勿营华屋, 勿谋良田", "居身务其质朴", 古德亦云: 勤俭为持家之本。博士讲到节俭处言之谆谆, 我辈于金钱物欲，难忍处能忍，难行处能行，格物致知诚意正心，则圣贤之域可通达矣。

欲戒其事 先戒其心

目前各种声色诱惑堪忧，博士因而应机说法，戒淫用了比较重的篇幅。

"欲戒其事，先戒其心"，一位真正学圣学贤的君子，修的是存养功夫，平日操守严谨，时时省察，乱心不可微细浮动，也绝不会任欲望作乱。因为心存天理，所以能够把持操守，因此人的志向非常重要。除了立志做圣贤君子，戒淫还要有智慧。

比如"不净观"、"作亲人想"，都可以有效地戒止乱心。古人教诲我们，"未见不可思，当见不可乱，既见不可忆"，是说没有见到不要想，见了心不动，过去之后不追忆，这是古德戒淫的智慧。假如在过去、现在、未来三种境界中都能够成就定力，我们的心就真的清净了，诚意正心，那淫行也就没有落脚处了。孔老夫子的"非礼勿视，非礼勿听，非礼勿言，非礼勿动"，也是切实可行的断除染缘的智慧。

自古好色失德者，或者自身受报，或者殃及家亲眷属，若是位高权重者，更是累及国家民族，成为千古憾事。

当年唐玄宗不顾父子人伦，迎儿媳杨玉环进宫，"从此君王不早朝"；"一骑红尘妃子笑，无人知是荔枝来"，一骑快马奔过数个驿站，民众以为有国家要事奏报朝廷，原来是给妃子送新鲜荔枝；相看不厌，相守不倦，爱到"在天愿作比翼鸟，在地愿作连理枝"……而"安史之乱"，兵难到来，昔日贵妃成祸水，旦旦誓言皆成空。江山美人孰为重？一袭白绫系红颜。贵妃被赐死在马嵬坡，后人叹曰："华清池水马嵬土，洗玉埋香总一人。"

这段故事千年来，多少人唏嘘扼腕，其实这是注定的结局。仅用《朱子治家格言》检点，在衣食住行的事相上，古德教诫断除的"骄奢淫逸"无一幸免。玄宗身为一国之君，后宫佳丽数千，却仍贪欲无厌，"见色而起淫心"，忘记了当初登上帝君之位，曾经立下的为国为民的恢宏之志，见色丧志，为色失德。杨玉环所谓倾国倾城，衣饰亦必是华美，大概没有受过"妻妾切忌艳妆"的教诲，想来也是玄宗未能理智的诱因之一；虽是君命难违，为人妻、为人母委身事家翁，已使家国蒙羞，若略有女德，亦当是屏声敛气，如何敢恃宠而骄，乃至食之果，浴之池，弹之曲，衣食住行，娱乐往来极尽奢华，言语态度恣肆皆是"昭昭"于天下，本已失德在先，又添不义。二人嫁非"佳婿"，娶非"淑女"，为欲走使，何以垂范天下，母仪万民？所谓"伦常乖舛，立见消亡"。

若"英雄"过不了美人关，那是曲解了"英雄"。尧舜禹汤、文武周公会如此吗？康熙皇帝会如此吗？红颜祸水，只不过是不能格物致知者的借口而已。"行有不得，反求诸己"，此儒家心法；佛家也常讲"依报随着正报转"，所有环境不过是当事者心的映现而已。

"无念尔祖，聿修厥德"，玄宗后期国势衰落，不仅重色，还因此重用了一些小人，先祖以及自己继位之初开创的大好基业，几欲断送，天子人君，守业难，难就难在，不能一如，所谓"靡不有初，鲜克有终"。

当人欲大过了天理造化，超出了"天理人情"，不仅不可能演绎真"爱"，还为丧身辱家乃至灭国埋下了隐患。

两千多年前，孔老夫子叹曰："已矣乎，吾未见好德如好色者也!"我辈谨记：学贵立志，志在圣贤，久而不忘平生之志，戒事戒心，近德远色，坚定把持，不负圣贤教诲。

治家教子 学问经纶

治理家庭是大学问，教导子孙是大经纶。

《中庸》云"夫孝者，善继人之志，善述人之事者也"，《学记》云"善教者使人继其志"，博士能孝亲尊师两全，乃至于教化天下，普利群蒙，是列祖列宗之护念，慈母懿德之培养，恩师德义之感召，更是家庭教育之硕果。

"教子要有义方"，钟母启发博士："茂森儿，做母亲的希望你更上一层楼，希望儿子做君子，做圣贤，你能满我的愿吗?"恩师云："要做圣贤!"

"志不立，天下无可成之事"，母亲、师长帮助明确了圣贤志向，博士即用行动做出了回答，毅然放弃金融教职，义无反顾地走上圣贤教育之道。

正如慈母所云："能孝敬自己的父母是小孝；能孝敬天下的父母，全心全意为人民服务，是大孝；能成就圣贤，普利众生，使千秋万代人获益无穷，是至孝；我支持儿子走上大孝，奔向至孝。"

孝道到终极，是大孝、至孝，是立身行道，成圣成贤。"一人得道，九族升天"，一人向道，何尝不是九族之幸？万法心生，心外无法，虚空世界，悉自一心，一念真诚，遥感寰宇，所谓"圣贤之道，惟诚与明"而已；若至孝至德，立身行道，法则天下芸芸众生，成就千秋圣贤功业，乃是中华民族之大幸矣。

学圣希贤，非独博士能为。孟夫子说"人皆可以为尧舜"；《弟子规》说"勿自暴，勿自弃，圣与贤，可驯致"；《格言》结尾劝勉大家"为人若此，庶乎近焉"。"人之初，性本善"，是说人人都可以做圣贤，每个人都有圣贤的本性，所谓的圣贤就是把本性恢复了。

二十个小时的研习报告，涵盖了整个圣贤之道。

我辈果能时时与《格言》相应，处处不忘成圣成贤的志向，与圣贤就很接近了，所谓"心诚求之，虽不中，不远矣"。

学习若想真实受益，唯有"学而时习"，才能"不亦说乎"。所谓"好学近乎智，力行近乎仁"，只有解行相应，知行合一，真正落实了圣贤教诲，才会有学圣希贤的趣味和法乐，也才能够渐入圣贤之域。

"建国君民，教学为先"，真正的教育是德行之感召，自己"读书志在圣贤，非徒科第"，一定会有四海之内的兄弟遥感相应，正如博士在录影棚内，而同仁同道遍及天下，"有朋远方"，天涯咫尺，转恶为善，转迷为悟，转凡成圣，正己化人，一心一念同气遥感，共同圆满圣贤事业。

"祖宗虽远，祭祀不可不诚；子孙虽愚，经书不可不读"。博士之今日，何尝不是自幼得益于母教，一直在传统经典的智慧中成长，而今凝聚渊源之家学，乃至十几年来恩师加意指导后的"学而时习"，自然又是一番新天地。

本书钟博士多处以经解经，诸家典籍之精华信手拈来，把一篇五百余字的家训解读得融通自如，使诸圣先贤之教诚、风范熠熠生辉。

一个个精彩的案例，皆源自《二十五史》以及史料可考的典籍文献，历朝历代多少的忠臣孝子，那荡气回肠的名士节操，高山仰止的圣贤风范，被博士以《朱子治家格言》为载体，生动地带到了我们面前，又加之博士"从事上"、"从心上"鞭辟入里的分析，在缺少榜样的当今之世，这些圣贤的襟度胸怀，行持风范让人油然而生效法之心。

有缘学人，速当开卷，何忍历代圣贤久待我辈乎？

——编者敬记